EUROPA IM MITTELALTER

Von Heinrich Hirschfelder und Emil Wanek
unter Mitarbeit von Harald Focke
und Volker Herrmann

BUCHNERS KOLLEG. THEMEN GESCHICHTE

Buchners Kolleg. Themen Geschichte

Europa im Mittelalter

Von Heinrich Hirschfelder und Emil Wanek
unter Mitarbeit von Harald Focke, Volker Herrmann
und der Verlagsredaktion

Dieses Werk folgt der reformierten Rechtschreibung und Zeichensetzung. Ausnahmen bilden Texte, bei denen künstlerische, philologische oder lizenzrechtliche Gründe einer Änderung entgegenstehen.

1. Auflage [4 3 2 1] 2010 08 06 04
Die letzte Zahl bedeutet das Jahr dieses Druckes.

www.ccbuchner.de

Lektorat: Britta Köppen

Gesamtherstellung und Druck: creo Druck & Medienservice GmbH, Bamberg
Bindearbeiten: Universitätsdruckerei H. Stürtz AG, Würzburg

ISBN 3 7661 **4683**-1

Inhalt

1 Das Verhältnis zwischen geistlicher und weltlicher Herrschaft

1.1 Das Frankenreich ... 7
Drei große Macht- und Kulturräume in Europa ... 13
Die Bildung des fränkischen Reiches ... 13
König Chlodwig und die Begründung des Frankenreichs ... 13
Ausdehnung des Frankenreichs unter Chlodwigs Nachfolgern ... 14
Der Aufstieg der karolingischen Hausmeier ... 14
Das Bündnis mit dem Papsttum ... 15
Die Expansion des fränkischen Reiches unter Karl dem Großen ... 16
Die Kaiserkrönung Karls ... 16
Die Auflösung des Frankenreiches ... 17
Die karolingische Kultur ... 18

1.2 Königtum, Adel und Kirche: bestimmende Kräfte der Reichsorganisation ... 19
Königshof und königliche Ämter ... 24
Die Verwaltung des Reiches ... 25
Die Entstehung des Lehenswesens ... 26
Veränderungen des Lehenswesens ... 27
Das Reichskirchensystem ... 28

1.3 Die Auseinandersetzungen zwischen Königtum und Papsttum ... 29
Entstehung des Deutschen Reiches ... 35
Stärkung der Königsgewalt durch Otto den Großen ... 36
Italienpolitik ... 37
Das mittelalterliche Kaisertum ... 38
Ottonische Ostpolitik ... 39
Das Reichskirchensystem: Höhepunkt und erste Widerstände ... 40
Die cluniazenische Kirchenreform ... 41
Ziele der frühen Kirchenreform ... 42
Schwäche des Kaisertums – Erstarken des Papsttums ... 42
Gregor VII. und der Investiturstreit ... 43
Das Wormser Konkordat ... 44

1.4 Die Zeit der Staufer ... 45
Staufische Italienpolitik ... 51
Staufische Reichsideologie gegen päpstliche Vorherrschaftsansprüche ... 53
Niedergang der Staufer – Aufstieg des Papsttums unter Innozenz III. ... 53
Friedrich II.: letzter Höhepunkt und Ende der Staufmerherrschaft ... 54

1.5 Christen, Juden und Muslime – die Begegnung des Abendlandes mit den „Anderen“ ... 56
Politische, wirtschaftliche und kulturelle Kontakte ... 61
Zusammenleben von Christen und Juden im Alltag ... 61
Aus Nachbarn werden Verfolgte ... 63
Ostrom und das Abendland vor den Kreuzzügen ... 64
Die Kreuzzüge ins Heilige Land und der Niedergang des Oströmischen Reiches ... 64
Das Abendland profitiert vom Kulturtransfer ... 65

2 Ausprägungen von Herrschaft

2.1 Die mittelalterliche Feudalherrschaft ... 67
Schichten im frühen Mittelalter ... 74
Die Entstehung der Grundherrschaft ... 74
Funktion und Organisation der Grundherrschaft ... 76
Herrschaftsrechte ... 76

Die hochmittelalterliche Agrarrevolution 77
Die ständische Gesellschaftsordnung 78
Adel, Geistlichkeit, Bauern 79

2.2 Entstehung der Landesherrschaft 80
„Reichslandpolitik“ in Deutschland 84
Das Ende der Stammesherzogtümer und die Ausbildung des Reichsfürstenstandes 85
Die Anfänge der Territorialisierung 86
Die Fürstengesetze Friedrichs II. 87
Die Ausbildung des modernen Flächenstaates 87

2.3 Höfische Kultur des europäischen Adels 88
Die wachsende Bedeutung des Rittertums 95
Grundherren und Burgbewohner 95
Fürstenhöfe 96
Ritterliche Tugenden 97
Der Sinn des Minnedienstes 98
Die höfische Dichtung – Ideal und Wirklichkeit 98

2.4 Die Stadt im Mittelalter 99
Bedeutung städtischer Lebensform im Mittelalter 104
Der Stadtbegriff 105
Wurzeln der Stadtentstehung 106
Stadtherr und Stadtgemeinde – der Gewinn städtischer Autonomie 106
Reichsstädte, Freie Städte und Landesstädte 107
„Stadtluft macht frei“ 107
Ohne Teilhabe am Bürgerrecht: die Unterschichten 108
Die Zünfte 108
Das Patriziat 109
Bürgerkämpfe in der Stadt 110
Städtebünde 111
Von der Kaufmanns- zur Städtehanse 112
Der Niedergang der Hanse 113

3 Interpretation und Bewertung des Mittelalters

3.1 Zur Aktualität des Mittelalters 114
3.2 Der Kyffhäuser-Mythos 124

Arbeits- und Präsentationsformen 132

Kompetenter Umgang mit Quellen 142

Literaturhinweise 146
Personenregister 148
Sachregister 149
Bildnachweis 152

So gekennzeichnete Arbeitsaufträge sind besonders geeignet, die Methodenkompetenz zu trainieren.

Statt eines Vorworts

„Wir wissen, dass unsere Informationen über das Mittelalter höchst unzulänglich und bruchstückhaft sind, dass wir vieles gar nicht mehr erfahren, sondern lediglich erahnen können, was davon alles vergangen, untergegangen ist. Und wir wissen, dass das meiste nicht mehr weiterlebt, dass die Zeit der Mönche und der Ritter unwiederbringlich vorbei ist. Das Mittelalter als ferne Welt, die wir verloren haben, was hat es uns dann heute noch zu sagen? [...]
Das Mittelalter will als eine uns zugehörige, aber fremd gewordene Welt verstanden werden, und wir sollten uns bemühen, die Zeit möglichst für sich selbst zu nehmen. So kann es die Nachdenklichen unter uns auf eine andere Welt hinweisen, die zwar vergangen ist und nie mehr wiederkehrt, uns aber dennoch etwas Wichtiges zu sagen hat. Die Begegnung mit einer Vergangenheit, d. h. mit einer anderen Zeit, kann zum Nachdenken über die Gegenwart, unsere gegenwärtige Existenz und deren vermeintliche Selbstverständlichkeiten führen. Gegen die bequemen Vereinfachungen der „ewigen Wahrheiten" kann sie uns lehren, wie wichtig das Erfahren und Sichtbarmachen von Unterschieden und das kritische Prüfen und Abwägen von Informationen sind, auf welch komplizierte Weise Wirklichkeit, relative Wirklichkeit sich letztlich ergibt. Sie kann die Grenzen des Verstehens wie die Gefahren des Missverstehens aufzeigen und zugleich zu verantwortungsvollen Vorgehen anhalten, insbesondere dazu, Fragen, Wege und Maßstäbe ständig zur Diskussion zu stellen und sich immer dessen zu vergewissern, was man wissen kann.
Jede Zeit, die nicht vor den das eigene Nachdenken ersparenden großen Vereinfachern kapitulieren will, muss sich so mit ihrer Vergangenheit auseinandersetzen, sie in ständigem Dialog neu entdecken, um den Weg zu sich selbst finden zu können. Auf diese Weise hilft auch die Kenntnis vom vermeintlich nahen, fernen Mittelalter, die Gegenwart besser zu verstehen. Und deshalb ist das Mittelalter auch noch nicht vorbei. Wenigstens vorläufig."

Ernst Voltmer, Das Mittelalter ist noch nicht vorbei... Über die merkwürdige Wiederentdeckung einer längst vergangenen Zeit und die verschiedenen Wege, sich ein Bild zu machen, in: Alfred Haverkamp und Alfred Heit (Hrsg.), Ecos Rosenroman. Ein Kolloquium, München 1987, S. 185-228, hier S. 224 f.

1 Das Verhältnis zwischen geistlicher und weltlicher Herrschaft

1.1 Das Frankenreich

◄ *Reiterstatuette Karls des Großen, um 870, Bronze, ehemals vergoldet, Höhe 27 cm.*
Wenn auch die Identität der Herrscherfigur sich nicht zweifelsfrei klären lässt, vermutet die Mehrheit der Forscher darin ein Porträt Karls des Großen. Im Gegensatz zu den fränkischen Herrscherbildern, die die Könige zumeist auf einem Thron zeigen, stilisiert ihn die Statuette als idealtypischen „neuen Herrscher": Der Bezug auf das antike Reiterstandbild dokumentiert den Anspruch der Karolinger auf das Erbe des Römischen Reiches.

375
Der Einfall der Hunnen in das ostgotische Reich verstärkt die Wanderungsbewegungen der Völkerwanderungszeit

486
Durch den Sieg des Merowingerkönig Chlodwig gegen den letzten römischen Statthalter endet das Weströmische Reich; mit seiner Taufe sichert er die Macht über die eroberten christlichen Völker und deren Integration

687
Schlacht von Tertry: Der karolingische Hausmeier Pippin übernimmt die faktische Macht im Frankenreich

714-741
Karl Martell dehnt das Frankenreich nach Osten aus

719-754
Im Auftrag der Kirche und mit Einverständnis der fränkischen Herrscher missioniert der Mönch Winfried-Bonifatius germanische Völker

751
Pippin der Jüngere setzt den letzten Merowingerkönig ab und lässt sich zum König wählen; die Karolinger werden damit fränkische Herrscherfamilie

754
Im Vertrag von Ponthion begründet Pippin eine Schutzpflicht der fränkischen Könige für den Papst

800
Karl der Große wird vom Papst in Rom zum Kaiser gekrönt

843
Vertrag von Verdun: Unter den drei Söhnen Ludwigs des Frommen wird das Frankenreich in drei Teile geteilt

870/880
Die Verträge von Mersen und Ribémont ziehen die Grenzen, in denen später Deutschland, Frankreich und Italien entstehen

◀ *Eine um 840 erstellte Bibel zeigt anhand von Adam und Eva nach ihrer Vertreibung aus dem Paradies, welche Aufgaben den Geschlechtern zugedacht waren. Die schwere Feldarbeit und die Jagd oblagen den Männern. Haus, Kindererziehen und Viehhaltung gehörten in die Sphäre der Frauen. Außerdem übernahmen die Frauen sämtliche Textilarbeiten, von der Schafschur und der Flachsernte bis zum Spinnen fertiger Kleidungsstücke.*

M1
Die Frau im Frankenreich

Aus schriftlichen Quellen ist nur sehr wenig über die Stellung der Frau in der Zeit der Merowingerkönige überliefert. Allenfalls bekannt geworden ist das Leben einiger Frauen aus dem Königshaus. Darüber schreibt der Historiker Reinhard Schneider:

Die fränkische Sozialverfassung ist von der Dominanz des Mannes geprägt, während die Rolle der Frau – wohl nicht nur aus Gründen sehr schlechter Überlieferung – stark zurücktritt. Gleichwohl sind pauschale Wertungen unangebracht, weil Ansehen und faktische Geltung im Alltag nur selten im Horizont unserer Quellen liegen. Von merowingischen Königinnen ist gut bezeugt, dass sie teilweise sogar sehr hohes Ansehen genossen. Ihre politische Stellung war gelegentlich überragend, beispielsweise wenn sie als Witwen für einen minderjährigen Sohn faktisch oder förmlich anerkannt die Regentschaft ausübten. [...] Die Bedeutung merowingischer Königinnen tritt noch schärfer heraus, wenn berücksichtigt wird, dass einige von ihnen keineswegs „standesgemäß" geboren waren: Charibert I. war nacheinander verheiratet mit den Töchtern eines Wollarbeiters und eines Schäfers, Chilperichs I. Frau Fredegunde war eine ehemalige ancilla[1], und Chlothars III. Mutter Balthilde, die ca. 680 in dem von ihr gegründeten Kloster Chelles heiligmäßig verstarb, war einst Sklavin im Hause des Hausmeiers Erchinoald gewesen, ehe sie von König Chlodwig II. geheiratet wurde. Erwähnt werden sollte auch, dass in merowingischer Zeit selbst Königskinder aus unehelichen Verhältnissen und von der Kirche nicht sanktionierten Verbindungen voll erbberechtigt waren, der Status ihrer Mutter grundsätzlich keine rechtliche Minderung für sie mit sich brachte, wenngleich diese Fragen auch auf heftige zeitgenössische Kritik stießen.

Gewiss wäre es problematisch, von Status und Ansehen merowingischer Königinnen auf die allgemeine rechtliche Situation der Frau im Frankenreich schließen zu wollen. Für die (freie) Fränkin ist grundsätzlich eine leitende Funktion im Hause, am Hofe ihres Mannes erschließbar, für die Königin ist sie am Königshof vielfach belegt; in der Pfalzordnung Hinkmars von Reims ist sie sogar als institutionell verfestigt bezeugt, denn das wichtige Hofamt des Kämmerers steht unter der Oberaufsicht der Königin. Vergleichbares gilt aber in allen sozialen Schichten nur für die verheiratete Frau, auch für Witwen mit unmündigen Kindern – nicht jedoch für ledige oder kinderlos verwitwete Frauen.

Reinhard Schneider, Das Frankenreich, München 1982, S. 73 f.

1. *Welche Schwierigkeiten bei der Erforschung des frühen Mittelalters werden aus der Darstellung deutlich?*
2. *Inwieweit entspricht die Beschreibung des Historikers Reinhard Schneider dem Bild, das wir uns von der Stellung der Frau im Mittelalter machen?*

---
[1] lat.: Magd

M2

Wer profitiert von wem?

Im Januar 754 treffen sich Papst Stephan und der Frankenkönig Pippin im Marnetal in der Pfalz von Ponthion. Über die Zusammenkunft liegen unterschiedliche Schilderungen vor, je nachdem, ob der Historiograph dem Lager des Papstes angehörte oder Anhänger des karolingischen Königshauses war. Der folgende Auszug stammt aus dem liber pontificalis Stephans II.:

Wie aber Pippin die Ankunft des Heiligen Vaters vernahm, zog er ihm eilig entgegen mit seiner Gemahlin, seinen Kindern und den Großen des Reiches. Seinen Sohn Karl schickte er mit vielen vornehmen Männern vierzig Meilen zu seinem Empfang voraus. Er selbst ging ihm von seiner Pfalz Ponthion aus beinahe eine Stunde weit zu Fuß entgegen und schritt eine Strecke Weges als sein Marschall neben dem Saumross des Papstes einher.

Am 6. Januar, dem Tage des Erscheinungsfestes, betraten sie den Palast von Ponthion. Da bat nun Papst Stephan alsbald flehentlich den allerchristlichsten König, dass er sich den Schutz des Friedens und die Sache des heiligen Petrus angelegen sein lasse, und der König versprach dem Heiligen Vater eidlich, allen seinen Befehlen und Wünschen mit ganzer Kraft nachzukommen und die Rückgabe des Exarchates[1] von Ravenna und des übrigen Rom zugehörigen Gebietes zu erwirken.

Das gleiche Ereignis aus der Perspektive der Metzer Annalen:

In demselben Jahre ertrug Papst Stephan, der seinem Vorgänger Zacharias seligen Andenkens gefolgt war, den Druck der Langobarden und den Übermut des Königs Aistulf nicht mehr und kam, um (persönlich) die Hilfe des Königs Pippin anzurufen. Als Pippin davon hörte, befahl er erfreut seinem erstgeborenen Sohn Karl, ihm entgegenzureisen und ihn ehrenvoll zu sich in die Pfalz von Ponthion zu führen. Dort wurde der Papst vom König Pippin ehrenvoll empfan-

1) *Erzbistum*

▲ *Kaiserkrönung Karls des Großen in Rom. Buchmalerei aus den Grandes Chroniques de France von 1450.*

gen. Viele Geschenke spendete er dem König und auch seinen Großen. Am folgenden Tage warf er sich zusammen mit seinem Gefolge in Sack und Asche auf die Erde und beschwor den König Pippin bei der Gnade des allmächtigen Gottes und der Macht der seligen Apostel Petrus und Paulus, dass er ihn selbst und das römische Volk aus der Hand der Langobarden und des anmaßenden Königs Aistulf Knechtschaft befreie. Und nicht eher wollte er sich von der Erde erheben, als bis ihm König Pippin mit seinen Söhnen und den Großen der Franken die Hand reichte und ihn selbst zum Zeichen des künftigen Bündnisses und der Befreiung von der Erde aufhob.

Wolfgang Lautemann, Geschichte in Quellen. Mittelalter, München, 2. durchgesehene Auflage 1978, S. 58 ff.

1. *Vergleichen Sie beide Darstellungen und arbeiten Sie die wesentlichen Unterschiede heraus.*
2. *Begründen Sie, welcher der beiden Herrscher in Ponthion mehr auf die Hilfe des anderen angewiesen war.*
3. *Diskutieren Sie die These, dass der spätere Konflikt zwischen Papsttum und Kaisertum bereits im Jahre 754 angelegt ist.*

M3
Die Kaiserkrönung Karls des Großen

Die so genannten Fränkischen Reichsannalen wurden nach 788 am Königshof verfasst und zeichnen die Reichsgeschichte von 741 bis 829 auf. Der folgende Auszug schildert die Kaiserkrönung Karls des Großen im Jahre 800 in Rom:

Sieben Tage später berief der König eine Versammlung, legte die Gründe seines Kommens dar und bemühte sich dann täglich das auszuführen, weswegen er gekommen war. Das Wichtigste und Schwerste darunter war das, was er zuerst in Angriff nahm: die Untersuchung über die dem Papst zur Last gelegten Verbrechen. Da jedoch niemand die Wahrheit dieser Beschuldigungen beweisen wollte, bestieg dieser vor allem Volk mit dem Evangelienbuch die Kanzel in der Kirche des sel. Apostels Petrus und reinigte sich unter Anrufung der hl. Dreieinigkeit durch einen Eid von den ihm zur Last gelegten Verbrechen [...].

Als der König gerade am hl. Weihnachtstag sich vom Gebet vor dem Grab des sel. Apostels Petrus zur Messe erhob, setzte ihm Papst Leo eine Krone aufs Haupt und das ganze Römervolk rief dazu: dem erhabenen Karl, dem von Gott gekrönten großen und Frieden bringenden Kaiser der Römer Leben und Sieg! und nach den lobenden Zurufen wurde er vom Papst nach der Sitte der alten Kaiser durch Kniefall geehrt und fortan, unter Weglassung des Titels Patricius[1], Kaiser und Augustus genannt.

Wenige Tage nachher wurden auf seinen Befehl diejenigen, welche den Papst im vorigen Jahr abgesetzt hatten, vor Gericht geführt und nach der gegen sie angestellten Untersuchung nach römischem Recht als Majestätsverbrecher zum Tod verurteilt. Der Papst legte jedoch milden Sinnes Fürbitte für sie ein bei dem Kaiser, und so wurde ihnen das Leben und Sicherheit des Leibes gewährt.

Einhard, der am Hofe Karls des Großen lebende Biograph des Frankenkönigs, beschreibt ebenfalls die Krönung:

Seine letzte Reise [...] wurde auch dadurch veranlasst, dass Papst Leo durch die vielen Misshandlungen, die er von Seiten der Römer erlitten hatte, in dem sie ihm nämlich die Augen ausrissen und die Zunge abschnitten, sich genötigt sah, den König um Schutz anzuflehen. Er kam also nach Rom und brauchte daselbst den ganzen Winter, um die Kirche aus der überaus großen Zerrüttung, in die sie verfallen war, zu reißen. Damals war es, dass er die Benennung Kaiser und Augustus empfing; das war ihm zuerst so zuwider, dass er versicherte, er würde an jenem Tage, obgleich es ein hohes Fest war, die Kirche nicht betreten haben, wenn er des Papstes Absicht hätte vorher wissen können. Den Hass der römischen Kaiser[2], die ihm die Annahme des Kaisertitels sehr verübelten, trug er

1) *im Sinne von: Schutzherr (der Stadt Rom)*
2) *Gemeint sind die Kaiser im Oströmischen Reich*

mit großer Gelassenheit, und mit der Hochsinnigkeit, in der er ohne alle Frage weit über ihnen stand, wusste er ihren Trotz zu besiegen, indem er häufig durch Gesandtschaften mit ihnen verkehrte und sie in seinen Briefen als Brüder anredete.

Rudolf Buchner (Hrsg.), Quellen zur karolingischen Reichsgeschichte. Erster Teil, Darmstadt 1977, S. 75 und 199 f.

1. *Erläutern Sie, wodurch sich die beiden Darstellungen der Kaiserkrönung Karls in Rom unterscheiden.*
2. *Begründen Sie, weshalb Karl durch den Krönungsritus verstimmt gewesen sein könnte. Berücksichtigen Sie dabei, dass in Byzanz der entscheidende Akt der Kaiserkrönung die öffentliche Akklamation durch das Volk war.*

M4
Aufenthaltsorte im Itinerar Karls des Großen

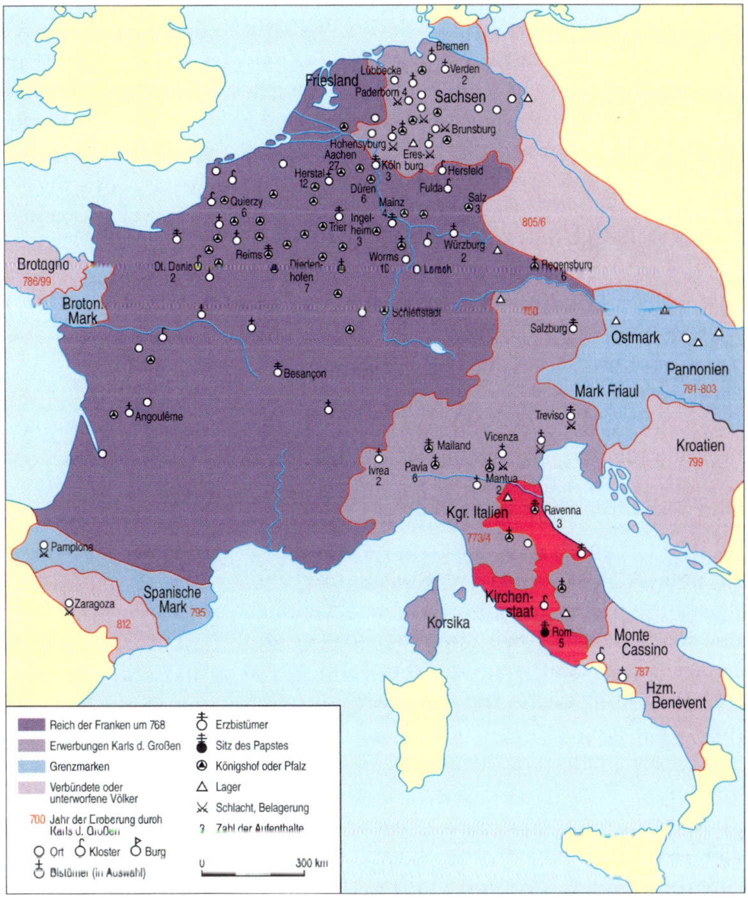

1. *Die Itinerare (Straßen- und Stationenverzeichnisse) gewähren Einblick in die Regierungstätigkeit mittelalterlicher Herrscher. Erschließen Sie anhand der Aufenthaltsorte Karls des Großen die Kerngebiete des Frankenreiches.*
2. *Erklären Sie, aus welchen Gründen Karl die Stammlande seines Reiches gelegentlich verlassen hat.*
3. *Begründen Sie, in welchen Teilen des Reiches sich am leichtesten unabhängige Herrschaften bilden konnten.*

M5
Die Straßburger Eide

Im Jahre 842 leisten sich Ludwig der Deutsche und Karl der Kahle gegenseitig einen Eid im Kampf gegen ihren älteren Bruder Lothar. Die Straßburger Eide sind das älteste erhaltene Sprachdenkmal in altdeutscher und französischer Sprache. Überliefert sind sie in den Geschichtsbüchern Nithards.

Und bevor sie ihre Eide ablegten, wandte sich jeder an das um ihn versammelte Volk, der eine in deutscher, der andere in romanischer Sprache. Ludwig als der Ältere begann. [...] Nachdem Karl dasselbe in romanischer Sprache ausgeführt hatte, versicherte Ludwig als der Ältere zuerst, Folgendes halten zu wollen: „Pro Deo amur et pro Christian poblo et nostro commun saluament, d´ist di in auant, in quant Deus sauir et podir me dunat, si saluarai eo cist meon fradra Karlo et in aiudha et in cadhuna cosa, si cum om per dreit son fradre salvar dist, in o quid il mi altresi fazet; et ab Ludher nul plaid numquam prindrai, qui meon ual cist meon fradre Karle in damno sit.“[1]

Nachdem Ludwig geendet hatte, beschwor Karl in deutscher Sprache dasselbe also: „In Gotes minna ind in thes christianes folches ind unser bedhero gealtnissi, fon thesemo dage frammordes, so fram so mir Got geuuizci indi mahd furgibit, so haldih thesan minan bruodher, soso man mit rehtu sinan broudher scal, in thiu thaz er mig sosoma duo; indi mit Ludheren in nohheiniu thing ne gegango, zhe minan uuillon imo ce scadhen uuerhen.“ Der Eid aber, den jedes der beiden Völker in seiner eigenen Sprache ablegte [...], lautet in deutscher Sprache: „Oha Karl then eid, then er sinemo bruodher Luduuige geswur, geleistit, indi Ludhuuig min herro, then er imo gesuor, forbrihchit, ob ich inan es iruuenden ne mag, noh ih noh thero nohhein, then ich iruuenden mag, uuidhar Karle imo ce follusti ne uuirdhit.“[2]

Heinrich Pleticha (Hrsg.), Deutsche Geschichte, Band 1, Gütersloh 1981, S. 159 f.

1. *Vergleichen Sie die beiden Eide hinsichtlich ihrer Sprache.*
2. *Welche inneren Probleme des Frankenreiches werden deutlich? Diskutieren Sie die Frage, ob eine Teilung des Frankenreiches damit vorprogrammiert war.*

---

[1] *„Aus Liebe zu Gott und zu des christlichen Volkes und unser beider Heil von diesem Tag an in Zukunft, soweit Gott mir Wissen und Macht gibt, will ich diesen meinen Bruder Karl sowohl in Hilfeleistung als auch in anderer Sache so halten, wie man von Rechts wegen seinen Bruder halten soll, unter der Voraussetzung, dass er mir dasselbe tut; und mit Lothar will ich auf keine Abmachung eingehen, die mit meinem Willen diesem meinem Bruder Karl schaden könnte.“*

[2] *„Wenn Karl den Eid, den er seinem Bruder Ludwig schwört, hält und Ludwig mein Herr ihn seinerseits nicht hält, wenn ich ihn davon nicht abbringen kann, werde weder ich noch irgendeiner, den ich davon abbringen kann, ihm gegen Karl irgendwelchen Beistand geben.“ (Übersetzungen von Reinhold Rau, Quellen der karolingischen Reichsgeschichte, Erster Teil, Darmstadt 1977).*

Drei große Macht- und Kulturräume in Europa

▲ *Die Taufe König Chlodwigs. Miniatur um 1250.*

Der Zerfall der „Einheit" des allein von den Römern beherrschten Mittelmeerraumes, in dem sich in der Spätantike überall der christliche Glaube verbreitet hatte, markiert den Übergang von der Antike zum Mittelalter. Drei große Macht- und Kulturräume bildeten sich heraus, die das Schicksal Europas im Mittelalter entscheidend prägten: Der Herrschaftsbereich des Islam, das aus der Antike fortbestehende Oströmische Reich und das Reich der Franken als der stärksten Macht im „Abendland". Überraschend schnell nachdem *Mohammed* (um 570-632) als Prophet Allahs den Islam begründet hatte, erwuchs aus der Religionsgemeinschaft ein Weltreich, das sich vom Atlantik bis zum Indus erstreckte. Auch die Einnahme des Westgotenreiches in Spanien durch die Araber (711) gehört in die Reihe der erfolgreichen Expansionskriege. In den folgenden Jahrhunderten erblühte in Spanien die islamisch-maurische Stadtkultur. Cordoba war die bevölkerungsreichste Stadt des Kontinents und wurde neben Bagdad zu einem Zentrum überlegener islamischer Zivilisation.

Die Bildung des fränkischen Reiches

Das „christliche" Europa war zweigeteilt: Das Oströmische Reich mit Konstantinopel als Hauptstadt, geprägt durch griechische Kultur und Sprache, setzte bis 1453 die Tradition des Römerreiches fort, als dessen einzig legalen Erben sich der oströmische Kaiser („Basileus") zunächst verstand. Das Weströmische Reich ging bereits im 5. Jahrhundert im Verlaufe der Völkerwanderung unter, die durch den Einfall der Hunnen (375) beschleunigt wurde. Auf seinem Boden errichteten germanische Völker eigene Reiche, die aber keinen dauerhaften Bestand hatten. Eine Ausnahme bildete das Reich der *Franken*, die langsam über den Rhein vordrangen. Der Begriff Franken diente zur Bezeichnung verschiedener Stammesgruppen am Nieder- und Mittelrhein, die in mehreren Kleinkönigtümern nebeneinander lebten. Ab dem Jahre 358 ließen sich niederrheinische Franken als römische Föderaten im Gebiet zwischen Maas und Schelde nieder, um gegen Eindringlinge zu kämpfen. Im Laufe der Zeit übernahmen sie die römische Zivilisation und dominierten als politisch-militärische Führungsschicht die deutlich größere gallo-römische Bevölkerung nördlich der Loire.

König Chlodwig und die Begründung des Frankenreichs

Chlodwig (482-511), aus dem Geschlecht der *Merowinger*, war einer der fränkischen Kleinkönige und gleichzeitig römischer Kommandant. Nach dem Ende des Weströmischen Reiches (476) gelang es ihm, sich gegen den letzten Statthalter des Weströmischen Reiches in der Schlacht von Soissons (486/7) durchzusetzen und die übrigen fränkischen Herrscher rücksichtslos auszuschalten. Seine Kämpfe gegen die umliegenden Germanenstämme zeigen, dass er ein fränkisches Großreich errichten wollte.

Den entscheidenden Schritt zur Herrschaftssicherung vollzog Chlodwig mit seinem Übertritt zum katholischen Glauben. Denn anders als die anderen germanischen Stämme, die dem arianischen Glauben[1] angehörten, konnten die Merowinger sich dadurch die Unterstützung der Bischöfe und die Sympathie des gallo-römischen Adels und der Bevölkerung sichern. Beim Tode Chlodwigs war seine Herrschaft seine Herrschaft so weit gefestigt, dass sie an seine vier Söhne zu gleichen Teilen vererbt werden konnte.

Ausdehnung des Frankenreiches unter Chlodwigs Nachfolgern

Nachdem schon Chlodwig die *Alemannen* in eine lockere Abhängigkeit vom Frankenreich gebracht hatte, setzten seine Söhne den kriegerischen Kurs fort. 531 wurden die Thüringer und 534 nach langen Kämpfen auch die *Burgunder* dem fränkischen Machtbereich einverleibt. Nach dem Gewinn der Provence war nur noch ein kleiner Teil im Süden Galliens nicht in fränkischer Hand.

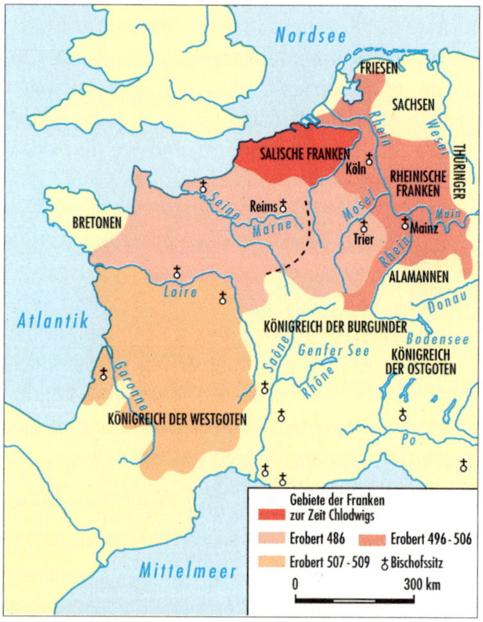

◀ *Germanische Reiche nach dem Untergang des Weströmischen Reiches.*

Die Innenpolitik der Merowinger litt unter der Vielvölkerstruktur des expandierenden Reichs. Erschwerend kam hinzu, dass das fränkische Erbrecht eine Teilung der Herrschaft verlangte. Es bildeten sich die Teilreiche *Austrien*, *Neustrien* und *Burgund* heraus. Da die Franken an das Charisma[2] ihrer Königssippe glaubten, ging die Idee der Gesamtherrschaft der Dynastie in den Territorien der Merowinger jedoch nicht verloren. Dank des Fehlens erbberechtigter Söhne konnte nach einiger Zeit die Einheit des Frankenreiches sogar kurzzeitig wiederhergestellt werden (▸ M1).

Der Aufstieg der karolingischen Hausmeier

Nach einer erneuten Teilung des Reiches schwächten blutige Familienfehden die Machtposition der Merowinger. Schließlich konnte König *Chlothar II.* (584-629) nur mit Hilfe der Aristokratie das Reich wieder einigen. Im *Pariser Edikt* (614) musste er dafür dem hohen Adel Zugeständnisse machen: Vor allem durften die Inhaber hoher königlicher Ämter nur aus den eingesessenen Grundherren des jeweiligen Gaues ernannt werden. Damit hatten die Sonderinteressen der Aristokratie in den Teilreichen eine wesentliche Stärkung erfahren zu Lasten der königlichen Zentralgewalt.

---

1) *Arianischer Glauben: christlicher Glauben, bei dem Christus nur gottähnlich angesehen wird*
2) *besondere (göttliche) Ausstrahlungskraft*

Inhaber des wichtigsten königlichen Hofamtes in den Teilreichen waren die *Hausmeier* als Verwalter des Königsgutes. Dank ihrer herausragenden Stellung gewannen sie ständig an Macht und Einfluss hinzu. Als in der Schlacht von Tertry (687) der austrasische Hausmeier *Pippin* gegen seinen neustrischen Konkurrenten siegte, übernahm er damit die politische Führung im Reich. Die Merowinger blieben zwar formell an der Regierung, jedoch lag die eigentliche Macht in den Händen ihrer karolingischen Hausmeier.

Die neue Herrscherfamilie der *Karolinger* verknüpfte in Zusammenarbeit mit der Kirche politische Expansion mit Heidenmission und legte damit die Grundlage für das Bündnis zwischen weltlicher und kirchlicher Gewalt. Besonders iro-schottische und angelsächsische Mönche bereiteten durch ihre Missionsarbeit das Vordringen des Frankenreiches nach Osten vor. Ihr herausragendster Vertreter *Winfried-Bonifatius* († 754) legte mit den Gründungen von Klöstern und Bistümern die Grundlage für die herrschaftliche Durchdringung östlich des Rheins.

Daneben gelang den karolingischen Hausmeiern ein weiterer entscheidender Schritt in der Festigung ihrer Herrschaft durch den Sieg über die seit 700 immer weiter nach Norden vordringenden Araber in den Schlachten von Tours und Poitiers (732). Durch diesen Erfolg in seiner Stellung gesichert, dehnte *Karl Martell* (714-741) das Frankenreich weiter nach Osten aus. Jetzt mussten auch die Bayern die Oberhoheit der fränkischen Hausmeier anerkennen.

Das Bündnis mit dem Papsttum

Der immense Machtzuwachs der Karolinger machte die merowingischen Schattenkönige nicht länger notwendig. Mit Einverständnis des Papstes setzte deshalb *Pippin der Jüngere* (741-768) den letzten Merowinger ab und ließ sich vom fränkischen Reichsadel zum König wählen. Damit legte er 751 den Grundstein für das Königshaus der Karolinger.

Da sich die Päpste durch das langobardische Königreich[1] in Italien bedroht wähnten, versuchten sie die Franken zur Sicherung ihrer territorialen Herrschaftsansprüche zu bewegen. Im *Vertrag von Ponthion* (754) begründete Pippin eine Schutzpflicht der fränkischen Könige für die römische Kirche. Als Gegenleistung salbte der Papst Pippin und seine Söhne und stärkte damit die Erbansprüche der jungen Dynastie. Das Schutzversprechen gegenüber der Kirche und der eingegangene Freundschaftsbund hoben den mächtigen Frankenkönig deutlich über andere Herrscher hinaus. Die enge Verknüpfung der Beziehungen zwischen den beiden werdenden Universalmächten des Mittelalters begann in Ponthion (▸ M2).

Nach der Unterwerfung der Langobarden unter die fränkische Oberhoheit (756) übergab Pippin Teile des langobardischen Besitzes in Mittelitalien dem Papst. Damit wurde die Grundlage für den späteren Kirchenstaat gelegt. „Rechtlich" untermauert wurden die territorialen Ansprüche des Papsttums durch eine Fälschung, die so genannte *Konstantinische Schenkung*. Wie die Wissenschaft zweifelsfrei herausgearbeitet hat, wurde in der zweiten Hälfte des 8. Jahrhunderts eine Urkunde angefertigt, derzufolge Kaiser Konstantin um 330 einem Papst die Stadt Rom, Italien und weströmische Gebiete übergeben hat. Von dieser Urkunde machte die Kirche im Mittelalter regen Gebrauch.

---

1) Die Langobarden waren ein germanischer Volksstamm, der 568 in Italien (Lombardei) einfiel und ein Reich errichtete, das über zwei Jahrhunderte Bestand hatte.

▲ *Bildnisdenar Karls des Großen, Frankfurt (?) nach 800, geprägtes Silber. Der Buchstabe F unter dem Brustbild wird als Abkürzung der Münzstätte „Franconoforte" (Frankfurt) aufgefasst. Obwohl es dort keine weiteren Nachweise für eine karolingische Münzprägung gibt, hat sich in der Forschung diese Deutung durchgesetzt.*

Die Expansion des fränkischen Reiches unter Karl dem Großen

Als Pippin 768 starb, wurde das Reich zwischen seinen Söhnen *Karl* und *Karlmann* geteilt und nach Karlmanns frühem Tod (771) in der Hand Karls des Großen (768-814) erneut vereinigt. Seinen Schutzverpflichtungen gegenüber dem Papst kam Karl erst nach, als die Witwe Karlmanns vom langobardischen Hof aus für ihre Söhne Anteile an der fränkischen Herrschaft beanspruchte. Nach dem Sieg über die Langobarden (774) herrschte Karl in Personalunion als König der Franken und der Langobarden.

Um Bayern zur Anerkennung seiner Oberherrschaft zu zwingen, musste Karl sich des Bayernherzogs *Tassilo* entledigen. Dazu deutete er dessen Treueeid in einen Vasalleid um und klagte den Herzog im Jahr 788 des Bruchs der Vasallenpflicht an, weil er 25 Jahre zuvor ein Heer Pippins verlassen hatte. Zur Todesstrafe verurteilt, wurde Tassilo zu lebenslangem Klosteraufenthalt begnadigt. Die übernommene Herrschaft in Bayern sicherte Karl zusätzlich durch den Aufbau einer bayerischen *Metropolitanverfassung*[1] mit dem Erzbistum Salzburg an der Spitze.

Die zeitweilige Unterstützung der Bayern durch die *Awaren*, einem asiatischen Reiternomadenvolk, nutzte Karl, um gegen sie vorzugehen, und besiegte sie (795). Der riesige Awarenschatz ging in seinen Besitz über. Gleichzeitig wurde eine Ausweitung der bayerischen Besiedlung nach Osten ermöglicht.

Am schwierigsten gestaltete sich die Eingliederung der *Sachsen*. Mit brutalen Maßnahmen, die Karl den Beinamen „Sachsenschlächter" einbrachten, und Massentaufen gelang ihm nach langen Kämpfen, die sich bis 804 hinzogen, die Einführung einer Grafschaftsverfassung (siehe Seite 25 f.) und einer Kirchenorganisation in Sachsen.

Die Kaiserkrönung Karls

Durch seine Expansionspolitik war das Frankenreich neben dem Kaisertum in Konstantinopel, dem *Kalifat* von Bagdad und dem einen universellen Machtanspruch vertretenden Papsttum zum entscheidenden Machtfaktor der damaligen Welt aufgestiegen. Als der Papst 799 vor einer stadtrömischen Opposition aus der heiligen Stadt fliehen musste, wurde er mit Hilfe der Franken wieder eingesetzt und Karl der Große zur Untersuchung der Vorfälle nach Rom gebeten. Nachdem Papst Leo von den gegen ihn erhobenen Vorwürfen freigesprochen war, krönte er Karl zum „Kaiser der Römer" am Weihnachtstag 800, gefolgt von der Akklamation[2] der Römer (► M3).

1) *Oberaufsicht eines Erzbischofs über ihm unterstellte Bischöfe in einer Kirchenprovinz*
2) *Zustimmung durch Zuruf*

Die Auflösung des Frankenreichs

Nur durch einen genealogischen[1] Zufall konnte Karl der Große sein Riesenreich bei seinem Tode als Einheit erhalten, denn zwei seiner drei Söhne waren während seiner langen Regentschaft verstorben. Übrig blieb allein *Ludwig der Fromme* (814-840), der sich 813 in einer Zeremonie ohne Papst selbst zum Mitkaiser krönen durfte. Ludwigs Reformbemühungen waren angesichts der sich häufenden Probleme des Kaiserreiches nur teilweise erfolgreich. Bedingt durch die Ausdehnung des Frankenreiches war die zentrale Verwaltung nur ein System von Aushilfen von Fall zu Fall. Nicht zuletzt auf Grund des langsamen Informationsflusses ließ sich eine wirksame Kontrolle über alle Regionen des Herrschaftsgebietes kaum ausüben. Dagegen konnten sich kulturelle, ethnische und wirtschaftliche Unterschiede der einzelnen Reichsteile vertiefen und die Inhaber der großen Grundherrschaften immer mehr Macht in ihren Händen anhäufen. Besonders auffällig waren die zentrifugalen Kräfte in den Marken[2] sowie in Aquitanien und Bayern (▶ M4).

Verstärkt wurde diese bereits unter Karl einsetzende Auflösung durch Angriffe von außen. Besonders bedrohlich waren Plünderungszüge der *Normannen* in den letzten beiden Jahrzehnten des 8. Jahrhunderts. Als sich die Normanneneinfälle im 9. Jahrhundert noch steigerten und etwa um 850 einen Höhepunkt erreichten, suchten die Betroffenen nach einem wirksamen Schutz. Da aber die Zentralgewalt zu unflexibel und zu langsam auf die Angriffe reagierte, bildeten sich in den bedrohten Gebieten regionale Gewalten heraus, die in die Aufgaben des Königtums hineinwuchsen. Erst die Gründung des Herzogtums Normandie durch die Normannen und eine formale Übereinkunft mit den Karolingern im Jahre 911 bereiteten den kriegerischen Auseinandersetzung ein Ende.

Zu den Verwaltungsproblemen und außenpolitischen Schwierigkeiten kamen familiäre Zwistigkeiten der Karolinger um das Reichserbe hinzu, wie sie schon aus merowingischer Zeit bekannt sind. Denn noch immer galt das Frankenreich als persönlicher Besitz der Königsdynastie, der nach privatrechtlicher Erbrechtsbestimmungen zwischen den Söhnen gleichberechtigt zu teilen war. Eine erste vorsichtige Abkehr von diesem Prinzip ließ die *Ordinatio imperii* Ludwigs des Frommen von 817 erkennen. Nur Ludwigs ältester Sohn Lothar wurde zum Mitkaiser gekrönt, seine Brüder erhielten lediglich Bayern und Aquitanien; weitere Reichsteilungen wurden verboten. Die Ordinatio ließ sich allerdings nicht

1) Genealogie: Wissenschaft von Ursprung, Folge und Abstammung der Geschlechter
2) Mark: Gebiet an der Grenze

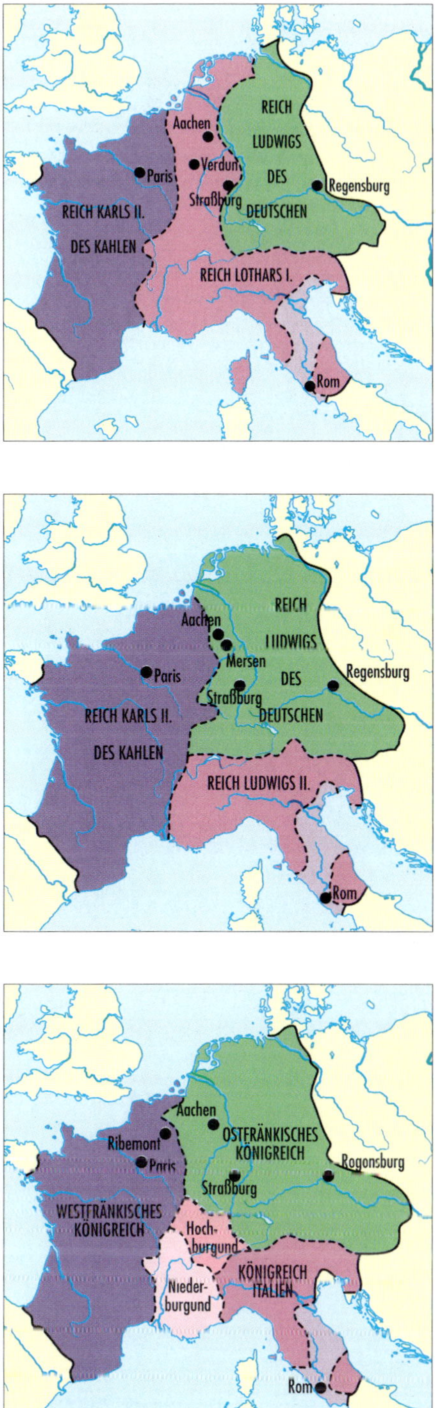

▲ *Die fränkischen Reichsteilungen.*

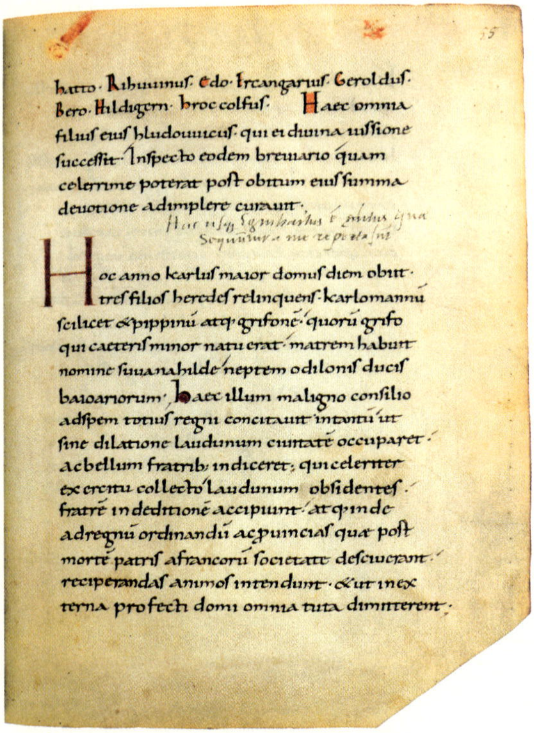

hatto · Ribuuinus · Edo · Ercangarius · Geroldus ·
Bero · Hildigern · hroccolfus · Haec omnia
filius eius hludouuicus · qui ei diuina iussione
successit · Inspecto eodem breuiario quam
celerrime poterat post obitum eius summa
deuotione adimplere curauit ·

Hoc anno karlus maior domus diem obiit ·
tres filios heredes relinquens · karlomannu
scilicet & pippinu atq· grifone · quoru grifo
qui caeteris minor natu erat · matrem habuit
nomine suuanahilde neptem odilonis ducis
baioariorum · haec illum maligno consilio
ad spem totius regni concitauit intantu ut
sine dilatione laudunum ciuitate occuparet ·
ac bellum fratrib· indiceret · qui celeriter
exercitu collecto laudunum obsidentes ·
fratre in deditione accipiunt · atq· inde
ad regnu ordinandu ac prouincias quae post
morte patris a francoru societate desciuerant ·
recuperandas animos intendunt · & ut in ex
terna profecti domi omnia tuta dimitterent ·

▲ *Die karolingische Minuskel am Beispiel einer Seite aus den „Annales qui dicuntur Einhardi" (sog. Einhardsannalen), Lorsch, Mitte 10. Jahrhundert.*
Die Einhardsannalen sind eine überarbeitete, zwischen 814 und 817 entstandene Fassung der Reichsannalen. Frühere, inzwischen widerlegte Annahmen sahen in ihrem Verfasser den Biographen Karls des Großen, Einhard – daher ihr Name.

lange durchsetzen. Nach langen Bruderkriegen verbündeten sich 842 Ludwigs jüngere Söhne *Ludwig der Deutsche* und *Karl der Kahle* in den Straßburger Eiden gegen den älteren Lothar (➧ M5). Der anschließende *Vertrag von Verdun* (843) wurde schließlich von allen Parteien akzeptiert. Lothar erhielt das Mittelreich und die Kaiserkrone, Karl der Kahle den Westen und Ludwig der Deutsche den Osten. Der beibehaltene Ehrentitel eines Kaisers zeigte, dass die Idee der Reichseinheit noch nicht aufgegeben war, aber die endgültige Spaltung war vorbereitet, weil jeder der Brüder sein Teilreich innerhalb seiner Linie weitervererben konnte. Nach dem frühen Tod von Lothars Söhnen wurde das Mittelreich in den *Verträgen von Meersen* (870) und *Ribémont* (880) erneut geteilt und vorwiegend dem ostfränkischen Teil zugeschlagen. Die Grundkonstellation der späteren Staaten Deutschland, Frankreich und Italien hatte sich herausgebildet.

Die karolingische Kultur

Die hohe geistige Kultur der Antike war in den Jahrhunderten der Völkerwanderung und des Niedergangs Westroms verfallen. Es gab in Westeuropa so gut wie keine eigene Literatur und bis weit ins 8. Jahrhundert hinein entstanden kaum bedeutende Werke der bildenden Kunst oder Architektur. Einen neuen Aufschwung nahm das kulturelle Leben erst wieder am Hofe Karls des Großen, an dem der Herrscher Gelehrte aus allen Teilen der christlichen Welt versammelte. Von hier nahm die „karolingische Renaissance" ihren kaiserlich verordneten Ausgang. Besonderes Augenmerk richtete Karl auf eine verbesserte Bildung des Klerus, der in einer des Lesens und Schreibens unkundigen Gesellschaft Träger des „Bildungsmonopols" war. Ausgehend von den klösterlichen Kulturzentren sollten Geistliche und eine kleine geistige Elite von Laien in den grundlegenden Kulturtechniken unterwiesen werden. Großen Wert legte der Kaiser auf die Verbreitung der Schriftkultur, deren Anwendung die Verwaltung des Riesenreiches absichern sollte. Dazu wurde eine Einheitsschrift entwickelt: die *karolingische Minuskel.* Aus ihr entstand im Zeitalter des Humanismus unsere moderne Druckschrift. Ausdruck der karolingischen Renaissance war auch eine reiche Bautätigkeit für den Herrscher.

Kennzeichnend für das Geistesleben der Epoche war die „Wiedergeburt" der antiken Überlieferung, mit dem Ziel, diese dem tief verwurzelten christlichen Glauben nutzbar zu machen. Darin liegt auch der Unterschied zur Renaissance am Beginn der Neuzeit, die mit Hilfe der Antike gerade einen einseitig religiös orientierten Zeitgeist überwinden wollte.

1.2 Königtum, Adel und Kirche: bestimmende Kräfte der Reichsorganisation

▲ *Belehnung geistlicher und weltlicher Fürsten. Abbildungen aus der Heidelberger Handschrift des Sachsenspiegels, die Anfang des 14. Jahrhunderts in Sachsen entstanden ist.*
Oben: Der König verleiht Lehen an einen Bischof und eine Abtissin mit dem Zepter (links) sowie an weltliche Fürsten mit einer Fahne. Die Darstellung berücksichtigt nicht, dass die Lehensmänner oder -frauen vor dem sitzenden Lehnsherrn knien mussten.
Unten: Zwei Fürsten bieten einem Vasallen die Belehnung an. Der Vasall nimmt sie von demjenigen entgegen, der selber ein Lehen hat (zu erkennen an der Fahne) Da sein Lehnsherr sitzt, leistet er kniend „Mannschaft“ und legt dazu die gefalteten Hände zwischen die des Herrn.

M1

Der Königsumritt Konrads II. 1024

Die „Taten Kaiser Konrads“ sind uns überliefert durch seinen Hofgeistlichen Wipo. Sie wurden nach dem Tode Konrads geschrieben und seinem Sohn und Nachfolger Heinrich III. gewidmet.

Nachdem der König Konrad sein königliches Gefolge um sich gesammelt hatte, kam er zuerst durch das Gebiet der Ripuarier[1] bis an den Ort, der die Pfalz Aachen genannt wird, wo von den alten Königen und vorzüglich von Karl ein Königsstuhl errichtet ist, der für den Erzstuhl des ganzen Reiches gilt. Dort sitzend, ordnete er die Angelegenheiten des Reiches in ausgezeichneter Weise, berief Fürsten und Volk zu öffentlicher Verhandlung und waltete trefflich nach göttlichem und menschlichem Recht. Sein Ruf wuchs durch seine vorzüglichen Eigenschaften. Als Verkünder des Friedens wurde er heute noch mehr als gestern geehrt, war allen noch teurer wegen seiner Güte und seines Wohlwollens, wurde geehrt wegen seines Wirkens als königlicher Richter. Obwohl er die Wissenschaften nicht beherrschte, unterwies er doch ungemein verständig die Geistlichkeit sowohl öffentlich in liebenswürdiger und freundlicher Weise, wie auch im Geheimen mit gebührender Strenge. Die Ritter aber gewann er dadurch, dass er die ihren Vätern verliehenen Lehen nicht von ihnen zurückverlangte. [...] Man würde mir vielleicht gar nicht glauben, wenn ich berichtete, wie freigebig er war, wie freundlich, wie standhaft, wie unerschrocken, gegen alle Guten gütig, streng gegen alle Bösen, gegen die Untertanen wohlwollend, hart gegen die Feinde und energisch durchgreifend. Für das Wohl des Reiches war er unermüdlich tätig, und in kürzester Zeit gelang ihm so viel, dass niemand zweifelte, seit Karls (des Großen) Zeiten habe kein Würdigerer als er auf dem Thron gesessen. Daraus entstand auch das Sprichtwort: „An Konrads Sattel hängen Karls Steigbügel.“

Nach seiner Rückkehr aus Ripuarien ging der König nach Sachsen, wo er die ungemein strengen Gesetze des Volkes nach ihrem Wunsch durch königlichen Machtanspruch bestätigte. Dann empfing er von den benachbarten Barbaren Tribut und forderte jede dem Fiskus schuldige Abgabe. Von da aus zog er durch Baiern und Ostfranken nach Alemannien. Durch diesen Umritt schützte er die einzelnen Teile des Reiches, fasste sie zu einer Einheit zusammen und festigte den Landfrieden durch königlichen Schutz.

Heinrich Pleticha (Hrsg.), Deutsche Geschichte, Band 2, Gütersloh 1981, S. 18

▲ *Karl der Große und sein Sohn Pippin als Gesetzgeber. Aus dem „Liber legum“ des Lupus von Ferrières, Oberitalien, vor 991, Pergament.*
Auf der oberen Bildhälfte sitzt Karl mit einer tiaraähnlichen Krone auf einem Thron, neben ihm Pippin auf einem Faltstuhl, beide mit Stab und Schwert als Zeichen ihrer Tätigkeit als Gesetzgeber. In der unteren Hälfte notiert ein Schreiber am Pult die Erlasse des Herrschers.

1. *Beschreiben sie den Zweck des Umritts König Konrads II.*
2. *Erklären Sie, warum der Verfasser das Sprichwort: „An Konrads Sattel hängen Karls Steigbügel“ erwähnt.*
3. *An welchen Stellen wird deutlich, dass Wipo nicht nur über die Leistungen Konrads berichtet, sondern zugleich den Idealzustand der königlichen Herrschaft zeichnet?*

[1] *Angehörige des Frankenstammes, die am Rhein siedelten*

M2

Das Kapitular von Herstal (779)

Mittelalterliche Gesetze werden auch als Kapitularien bezeichnet. Ihren Namen haben sie nach der Gliederung in (meist unsystematisch angelegte) Kapitel. Da sie häufig zur Beseitigung offensichtlicher Missstände erlassen wurden, geben sie damit einen guten Einblick in die Verhältnisse ihrer Zeit.

Im glücklichen 11. Jahr der Herrschaft Unseres Herrn, des ruhmreichsten Königs Karl, wurde im Monat März ein Kapitular abgefasst, dem Beschluss gemäß, dem die zu einem Hoftag versammelten Bischöfe, Äbte und erlauchten Grafen gemeinsam mit Unserem frommen Herrn dem göttlichen Willen gemäß aus gewichtigen Gründen zugestimmt haben.

1. Von den Erzbischöfen: dass ihnen die Suffraganbischöfe nach dem kanonischen Recht unterstellt sein sollen, und was sie in ihrem Amtsbezirk verbesserungsbedürftig finden, sollen sie bereitwillig verbessern und berichtigen.

2. Von den Bischöfen: wo gegenwärtig keine Bischöfe amtieren, sollen sie unverzüglich eingesetzt werden.

3. Von den Regularklöstern: dass sie nach der Ordensregel leben sollen; auch die Frauenklöster sollen die heiligen Regeln einhalten, und jede Äbtissin soll sich ständig in ihrem Kloster aufhalten.

4. Dass die Bischöfe über die Priester und Kleriker innerhalb ihrer Diözese gemäß dem kanonischen Recht die Gewalt haben sollen.

5. Dass die Bischöfe das Recht haben sollen, gegen Blutschänder Bußen zu verhängen, und auch die Befugnis, Witwen innerhalb ihrer Diözese zu maßregeln.

6. Dass keiner einen Kleriker eines anderen aufnehmen oder ihm irgendeine Weihe erteilen darf.

7. Von den Zehnten: dass jeder seinen Zehnten geben soll und dass er nach Anordnung des Bischofs verwaltet werden soll.

8. Dass Mördern oder anderen Verbrechern, die von Rechts wegen ihr Leben verwirkt haben, wenn sie zu einer Kirche flüchten, keine Straflosigkeit gewährt werden soll; auch soll ihnen dort keine Nahrung gereicht werden.

9. Dass Räuber von den Richtern in den Immunitäten zu den gerichtstragenden Grafen überstellt werden sollen; wer das nicht tut, soll Lehen und Amt verlieren. Ebenso sollen auch Unsere Vasallen Lehen und Amt verlieren, wenn sie dem nicht nachkommen; und wer nicht Besitz eines Lehens ist, soll die Bannbuße zahlen.

10. Von dem, der einen Meineid leistet: Er soll sich nicht loskaufen können, wenn er nicht eine Hand verliert. Wenn ein Kläger einen Meineid behaupten will, sollen sie die Kreuzprobe vornehmen; und wenn der Schwörende obsiegt, entrichte der Kläger sein Wergeld[1]. [...]

11. [...] Wenn der Graf aber aus Hass oder in böser Absicht und nicht um Gerechtigkeit zu üben, einen Menschen verstümmeln lässt, verliere er sein Amt, und wie Recht ist, soll er demjenigen, gegen den er ungerecht gehandelt, entsprechend der Strafe, die er ihm zugefügt hat, Buße zahlen. [...]

13. Von den Kirchengütern aber, von denen nun Zins gezahlt wird, sollen der Zehnte und der Neunte zusammen mit dem Zins entrichtet werden. [...]

14. Von Bandenzügen: dass niemand sich unterstehe, das zu tun. [...]

17. Von Reisenden, die zur Pfalz oder anderswohin unterwegs sind: dass niemand es wage, sie mit einer Schar zu überfallen. Auch darf keiner die Wiese eines anderen zu verbotener Zeit in Beschlag nehmen, wenn er nicht gegen den Feind zieht oder Unser Sendbote sei. Wer dem zuwiderhandelt, soll Buße zahlen.

Karl Kroeschell, Deutsche Rechtsgeschichte 1 (bis 1250), Reinbek 1972, S. 79

1. *Nennen Sie die Informationen über den inneren Zustand des Frankenreiches, die das Kapitular überliefert.*
2. *Erläutern Sie, welche Unterschiede zu Anordnungen moderner Gesetzessammlungen Sie feststellen.*

---

[1] *Sühnegeld, das bei Tötungsdelikten zur Ablösung der Blutrache vom Totschläger und seiner Sippe an die Sippe des Erschlagenen entrichtet werden muss*

M3
Das Lehenswesen

Die Grafik zeigt ein idealtypisches Ordnungsmodell. Die tatsächlichen Lehensbindungen waren durch zahlreiche Überschneidungen oftmals komplizierter.

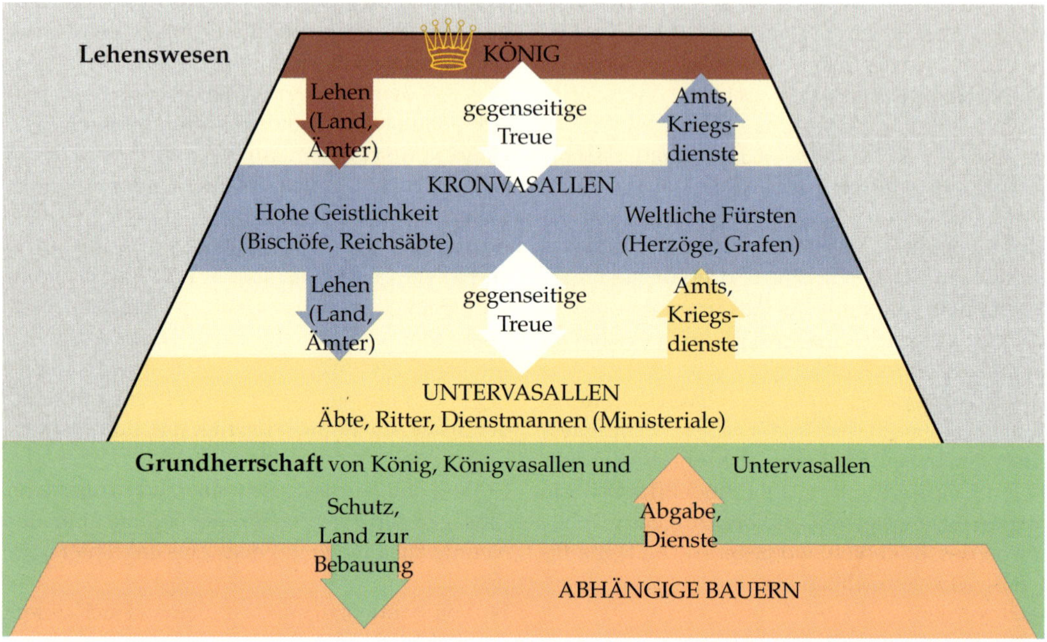

Erläutern Sie das Schema des Lehenswesens.

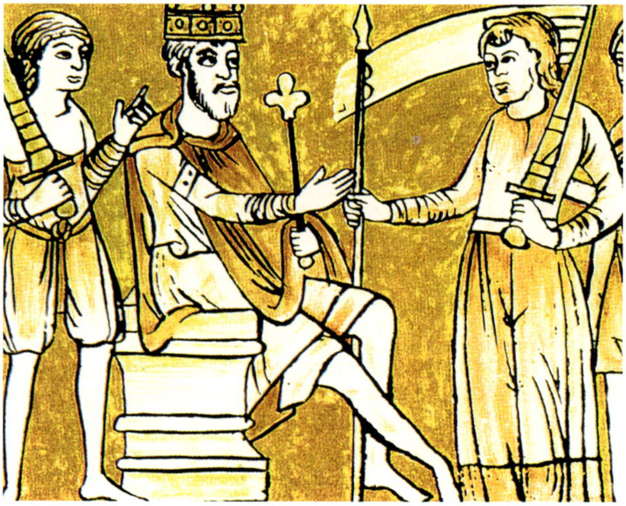

▶ *Roland erhält von Karl dem Großen die Lehensfahne. Nachträglich kolorierte Buchillustration aus dem Rolandslied, um 1170. Roland soll ein Neffe Karls des Großen gewesen sein. Er war Befehlshaber in der Bretonischen Mark, zog mit Karl dem Großen gegen die Muslime nach Spanien und starb 778 im Kampf gegen die christlichen Basken. Französische Dichter machten um 1100 die Feldzüge Kaiser Karls und Rolands in Spanien zum Thema einer Heldenerzählung. Das „Rolandslied" fand im gesamten Abendland Verbreitung. In Norddeutschland wurde die Dichtung durch den Pfaffen Konrad bekannt. Er hatte das Rolandslied im Auftrag des Sachsenherzogs Heinrich des Löwen und dessen Frau übersetzt. Die Figur des Roland wurde zum Inbegriff des treuen Gefolgsmannes und christlichen Ritters. In zahlreichen mitteleuropäischen, vor allem aber in norddeutschen Städten wurden Rolandfiguren aufgestellt.*

M4
Ein Kloster als Dienstherr

Mit dem nachstehend abgedruckten Dienstrecht wollte die Abtei Erstein im Elsass ihre Rechte als Dienstherr absichern. Zu diesem Zweck datierte man die Urkunde zurück auf das Jahr 853 – in Wahrheit wurde sie erst 1190 verfasst. Die häufig angewandte Praxis der Fälschung von Urkunden zeigt zum einen, wie erbittert (kirchliche) Vasallen um die ihnen zustehenden Rechte fochten, zum anderen auch, dass im Mittelalter nur die Inhaber von Privilegien die ihnen zustehende Position in der Ständegesellschaft einnehmen konnten.

§ 1. Wann auch immer die von der Gemeinschaft der Schwestern erwählte Äbtissin dieses Ortes irgendwohin, fern oder nah zum Nutzen der Kirche reisen oder Schwestern entsenden will, so soll ihr das gestattet sein. Diejenigen, die von der Äbtissin ein Lehen der Kirche empfangen haben und denen sie es selbst anbefohlen hat, die sollen ohne jeden Widerspruch diese Frauen geleiten und ihnen mit gebührender Ehrerbietung bei der Hin- und Rückreise dienen.

§ 2. Keinem von ihnen soll es erlaubt sein, außerhalb von seinesgleichen zu heiraten oder sein Gut zu übertragen oder zu verkaufen. Im Übrigen soll er wissen, dass, wer auch immer dies unternimmt, das Ministerialenrecht verliert, und dass seine Söhne die Lehen der Kirche von Rechts wegen einbüßen.

§ 3. Über diese Leute soll kein Herzog, kein Graf oder Vizegraf, schlechterdings kein Richter, zu richten Macht haben. Der von der Gemeinschaft der Schwestern gemeinsam gewählten Äbtissin steht nämlich jede Machtbefugnis allein zu; ihr ist es allerdings nicht erlaubt, außerhalb des genannten Ortes Erstein Gerichtssitzungen abzuhalten.

§ 4. Diejenigen aber, die von ihren Herren der Kirche als Zinspflichtige gegeben worden sind oder künftig übertragen werden oder die nicht bewiesen haben, dass sie von ihrem Urgroßvater her Ministerialen gewesen sind, die haben keinerlei Anteil am Recht der Ministerialen, außer denen, die eine solche Zusage von ihren Herren erlangt haben, von denen sie dem Kloster übertragen worden sind.

§ 5. Wenn einer der Ministerialen gestorben ist, soll sein Erbe der Äbtissin das wertvollste Stück der beweglichen Habe seines Vaters oder ein Pfund Silber darbringen und so das Lehen des Vaters empfangen.

§ 6. Wenn aber jemand die Grenzen seines Standes überschreitet und seine Lehen von der Kirche einem seiner Standesgenossen zu treuen Händen übergeben hat, um sie seiner in fremder Gewalt stehenden Gattin zu bewahren und zu erhalten, dann soll der Übeltäter, nachdem er rechtmäßig, nämlich dreimal über 14 Tage, geladen worden ist, alles verlieren, was er vom Kloster erhalten hatte, wenn er nicht unter Bußzahlung von seinen Machenschaften absieht.

Karl Kroeschell, a.a.O., S. 207 f.

1. *Charakterisieren Sie die rechtliche Stellung der Dienstherren.*
2. *Erläutern Sie die Zielsetzungen der einzelnen Bestimmungen.*

▲ *Die Herzogspfalz Dankwarderode in Braunschweig. Der Ausbau der Pfalz zur festen Residenz Heinrichs des Löwen begann um 1150.*

Königshof und königliche Ämter

Das Herrschaftsgefüge im mittelalterlichen Staat war durch keine schriftliche Verfassung im modernen Sinne festgelegt. Entscheidende Legitimation des Königs war letztlich seine Wahl und Erhebung durch die adelige Führungsschicht. Das Königtum beruhte auf einem System von Herrschaft und Dienst, in dem der Adel und die hohe Geistlichkeit sich dem Herrscher unterordneten, Dienste für ihn leisteten und dafür durch Zuteilung von Ämtern und vor allem die Vergabe freien Landes „belohnt" wurden. Um den Herrscher im Zentrum der Macht bildete sich der *Königshof*. Zu ihm gehörte ein engerer Kreis von Personen, die ständig in der Nähe des Königs lebten. Dazu zählten aber auch die nur zeitweise dort weilenden Großen des Reiches, die dem König Bericht erstatten mussten oder am Hofgericht teilnahmen. Den Königshof darf man sich also nur als Personenverband vorstellen und nicht als feste Residenz des Königs. Denn spätestens seit der Zeit der Karolinger bildete sich das für das Mittelalter charakteristische *Wanderkönigtum* ohne eine feste Hauptstadt heraus. Die Könige zogen durch das Reich, um Recht zu sprechen, Streitigkeiten zu schlichten oder Schutz zu gewähren (▶ M1). Sie lebten in *Pfalzen*, Klöstern oder Bischofssitzen, die meist in den Kernräumen des Reichs gelegen waren. Pfalzen waren groß angelegte Höfe mit Wirtschaftsgebäuden, einem Saalbau und einer Kapelle; sie konnten den Herrscher und sein Gefolge längere Zeit beherbergen. Verwaltet wurden sie von Pfalzgrafen, die in Abwesenheit des Königs den Vorsitz im Königsgericht innehatten.

Aus der engeren Umgebung des Königs ragten die Inhaber der *Hofämter* hervor. Das ursprünglich wichtigste Amt des Hausmeiers, des Verwalters des königlichen Hofes, diente den Karolingern als Sprungbrett für ihren Aufstieg zum Königtum und wurde folgerichtig von ihnen abgeschafft, um keine rivalisierende Macht entstehen zu lassen. Der *Kämmerer* war mit der Verwaltung des Schatzes und der Schatzkammer betraut. Der *Seneschall*, auch *Truchsess* genannt, war mit der Verpflegung des Hofes befasst. Die Aufgaben des *Stallgrafen* lagen auf dem Gebiet des Transportwesens. Für die Versorgung des Hofes mit Getränken war der *Mundschenk* zuständig. Alle diese Ämter unterlagen einem erheblichen Wandel. Nach Ende der Karolingerzeit waren sie nur noch Ehrenämter bei hohen Festtagen und bei der Krönung und dienten den vornehmsten Vertretern des Reichsadels als Bestätigung ihrer herausragenden Stellung.

Neben den weltlichen Mitgliedern gehörte zum Königshof die so genannte *Hofkapelle*.

▶ *Abbildung aus der Heidelberger Handschrift des Sachsenspiegels, Anfang des 14. Jahrhunderts. Der König bietet seinen Vasallen, dieser daraufhin seinen Lehnsmann mit der vorgeschriebenen Sechswochenfrist zum Reichsdienst auf. Die Aufgebotenen versprechen mit Kniefall und Gelöbnisgebärde dem Aufgebot zu folgen.*

Dies waren die am Hofe versammelten Geistlichen, an deren Spitze ein Kapellan stand. Da der Klerus des Lesens und Schreibens mächtig war, wurde er zunehmend mit diplomatischen und administrativen Aufgaben betraut. Teil der Hofkapelle war die *Kanzlei*, der die Beurkundung aller wesentlichen Vorgänge oblag. Weil alle Korrespondenz über den Schreibtisch des Vorstehers der Kanzlei, des *Kanzlers*, lief, stieg dieser zum wichtigsten politischen Berater des Königs auf.

Die Verwaltung des Reiches

Der mittelalterliche König war gezwungen, seine Herrschaft durch persönliche Präsenz permanent vor aller Augen deutlich zu machen, denn ein fest gefügtes Staatswesen im modernen Sinne gab es noch nicht. Wichtige Entscheidungen ließ der König deshalb häufig auf *Hof- oder Reichstagen* mit Zustimmung der Großen aus allen Teilen des Landes treffen, um so ihre Durchsetzbarkeit zu erhöhen. Allgemein verbindliche Anordnungen wurden in Form von *Kapitularien* (▶ M2) schriftlich verbreitet. Trotz solcher Maßnahmen konnte der Herrscher nicht überall schnell genug eingreifen, seit das Karolingerreich riesige Ausmaße angenommen hatte. Es erwies sich als notwendig, kleinere Verwaltungseinheiten einzurichten.
Starke *Herzogtümer* kamen für diese Aufgabe nicht in Betracht, da sie seit der Merowingerzeit stets nach Unabhängigkeit von der königlichen Zentralgewalt gestrebt hatten. Aus diesem Grund wurden sie von den Karolingern auch unterworfen. Allerdings blieben die ehemaligen Herzogtümer außerhalb der politischen Organisation des Reichs zumindest als Gebietsbezeichnung erhalten. Der Zerfall des karolingischen Königtums ermoglichte dann wieder den Aufstieg einzelner Adelsfamilien, vor allem in den bedrohten Grenzmarken. Dadurch konnten um die Wende vom neunten zum zehnten Jahrhundert neue, so genannte „jüngere Stammesherzogtümer“ wieder aufleben.
Um eine effiziente Kontrolle des Reichs zu sichern, plante Karl der Große ein lückenloses Netz von einigen hundert *Grafschaften* – ein Ziel, das sich letztlich nur in den eigentlichen Stammlanden durchsetzen ließ. Die Grafen übernahmen als Vertrauensmänner des Königs königliche Aufgaben wie die Aushebung und Führung der Heerespflichtigen. Weiter übten die Grafen die Aufsicht über Straßen, Märkte, Brücken aus, zogen königliche Einnahmen ein und waren für Rechtsprechung und Blutgerichtsbar-

keit zuständig. Damit ein Graf sein Amt ausüben konnte, wurde er mit einem gräflichen Lehngut und dem Grafenbann, also dem Recht, im Namen des Königs bei Strafe zu gebieten und verbieten, ausgestattet.
Da der Graf über Ansehen und eigene Machtmittel zur Durchsetzung seiner Aufgaben verfügen musste, wurden meist Angehörige des Adels mit eigenem Landbesitz berufen. Dank der Erblichkeit des Amtes verschmolzen aber bald die ererbte Adelsherrschaft und die verliehene Amtsbefugnis samt dem zu ihr gehörigen Lehensgut („Territorialisierung" der Grafschaften). Es entstanden lokale Partikulargewalten. Von seinem Recht der Amtsenthebung konnte das Königtum gegen sie kaum mehr Gebrauch machen. So stellte die „Grafschaftsverfassung" kein dauerhaftes Mittel zur Verwaltung eines starken Reiches dar. Um die allgemeinen Missstände zu beseitigen, richtete Karl der Große das Amt der *Königsboten* ein, die in bestimmten festgelegten Sprengeln die Befolgung königlicher Anordnungen und die lokalen Verwalter überwachen sollten. Je ein Geistlicher und ein Laie wirkten dabei zusammen, meist Angehörige des Adels, da nur sie mit der notwendigen Autorität ausgestattet waren. Mit dem Niedergang der karolingischen Königsmacht verschwanden auch die Königsboten als königliche Kontrollinstanz.

Die Entstehung des Lehenswesens

Da die institutionellen und verwaltungstechnischen Bindungen des mittelalterlichen Staates zu schwach waren, um den Zusammenhalt des Reiches zu gewähren, mussten die Herrscher mit ihren persönlichen Beziehungen zu den Großen des Reiches zu dessen Sicherung beitragen. Der mittelalterliche Staat war ein Personenverbandsstaat, in dem versucht wurde, die Adelsherrschaft für die Zwecke des Gesamtstaates nutzbar zu machen. Die daraus resultierende Gesellschaftsstruktur wird als *Lehenswesen* bezeichnet.
Das Lehenswesen hatte zwei Vorläufer, die schon unter den karolingischen Hausmeiern miteinander verbunden wurden. Der erste war die so genannte Vasallität, welche bedeutete, dass ein Freier sich in die Dienste eines Mächtigen begab, wofür dieser ihm Schutz und Unterhalt gewährte. Die zweite Wurzel war die Vergabe von Land gegen Zins.
Eine Zwischenstufe stellte die *Prekarie* dar. Dabei wurde von den Herrschern des Frühmittelalters *Kirchengut*, das weiterhin Eigentum der Kirche blieb, an ihre Gefolgsleute gegen regelmäßige Zinszahlungen ausgeliehen. Solchermaßen abgesichert konnten die *Vasallen* des Königs die teuere Ausrüstung von Panzerreitern, die im fränkischen Heer eine immer wichtigere Rolle spielten, übernehmen. Die Voraussetzungen für das Aufkommen einer ritterlichen Schicht waren geschaffen.
Der letzte Schritt in der Entwicklung des Lehenswesens bestand nun darin, auch Reichsgut an Adelige auszuleihen – und nicht mehr als Eigentum an die Nobilität zu verschenken, wie dies die Merowinger taten. Damit hatte das Königtum ein zunächst flexibel einsetzbares Mittel gefunden, den Adel an sich zu binden, denn unzuverlässigen Vasallen konnte das Land wieder entzogen werden. Umgekehrt war die Oberschicht natürlich an der Bewirtschaftung zusätzlicher Ländereien interessiert und begab sich freiwillig in Lehensabhängigkeit vom König.

Veränderung des Lehenswesens

Um die staatliche Ordnung zu festigen und die Schlagkraft des Heeres zu verbessern, zog Karl der Große auch die Kirche im Rahmen des Lehenswesens zu Heereszügen heran. Dabei mussten nicht Bischöfe oder Äbte in den Krieg ziehen, sondern deren Untergebene, die *Aftervasallen*, als Vasallen der Vasallen. Das idealtypische Modell der Lehenspyramide hatte sich herausgebildet. An der Spitze stand der König, unter ihm die *Kronvasallen*, direkte Lehensnehmer des Herrschers. Diese wiederum hatten Aftervasallen als Lehensnehmer unter sich. Unterhalb dieser Pyramide stand die Masse der mehr oder minder abhängigen Bauern. Sie sorgten für die wirtschaftliche Grundlage dieses Systems. Berechnungen für die Zeit Karls des Großen ergaben etwa 2000 direkte Lehensnehmer und circa 30 000 Untervasallen (➧ M3).

Da aber bereits während der Regierungszeit Karls des Großen die Lehen nach dem Tode eines Lehensmanns an den Sohn verliehen wurden, führte bald nur noch der Treuebruch gegen den Lehensherrn zum Verlust des Lehens. In der Regel kam es zu einer Verschmelzung des *Allodialguts* (Eigenbesitz) mit dem Lehen, was als *Allodialisierungsprozess* beschrieben wird.

Eine weitere Entwicklung stellte die Doppelvasallität dar. Dabei gerieten Vasallen durch Erweiterung ihres Besitzes in Abhängigkeit von zwei Lehensherren. Problematisch wurde dies bei Konflikten der beiden Lehensherren. Der Doppelvasall konnte sich dann dank einer besonderen Klausel seines Vasallenvertrags neutral verhalten. Die Verlierer in diesem System waren damit immer die Lehensherren.

Könige und Kaiser blieben trotz aller Mängel auf das Lehenswesen als Baustein des mittelalterlichen Staates angewiesen – zu ausgeprägt war die Stellung des Adels auch schon vorher gewesen. Die Stärke der Regionalgewalten war ein „Grundmuster der mittelalterlichen Gesellschaft“ (Friedrich Prinz). Sie ließ sich nur dort wirksam einschränken, wo die Zentralgewalt stark genug und auch nahe genug war. Beispielsweise erließ Kaiser *Konrad II.* 1037 ein Gesetz mit dem Ziel, die Macht der Kronvasallen zu begrenzen: Das Lehen eines Untervasallen durfte nur noch durch Gerichtsurteil eingezogen werden; die Familie des Untervasallen erhielt damit ein Anrecht auf Wiederverleihung des Lehens. Außerdem setzte Konrad königliche Verwaltungsbeamte (Ministeriale) ein, die als ursprünglich unfreie Dienstmänner für den König Hof- und Kriegsdienst leisteten. Es entstand eine Schicht, die dank ihres ritterlichen Kriegsdienstes und ihrer Unfreiheit dem König treu ergeben war. Viele erhielten die auf Grund ihrer Erfolge empfangenen Dienstlehen im Laufe der Zeit als erbliches Eigentum und rückten in den Stand es niederen (Dienst-)Adels auf. Mit Hilfe dieser *Ministerialität* wurde das Königsgut systematisch ausgebaut. Mit seinen Maßnahmen nutzte Konrad die neuen aufstrebenden gesellschaftlichen Gruppen zur Begrenzung der Macht der Großen. Der einsetzenden Territorialbildung wurde zum Teil Einhalt geboten.

▲ *Bildnis des mittelhochdeutschen Dichters Hartmann von Aue in der Heidelberger Liederhandschrift, 14. Jahrhundert.*
Im Prolog zu seinem Werk „Der arme Heinrich“ nennt Hartmann von Aue sich einen „Dienstmann von Aue“ – Ausdruck des Selbstbewusstseins und der gestiegenen Position der Ministerialen:
„Ein ritter sô gelêret was
daz er an den buochen las
swaz er dar an geschriben vant:
der was Hartman genant,
dienstman was er zu Ouwe.“

▲ *Investitur des Bischofs Kunibert von Köln um 623 durch König Chlothar II. Glasmalerei im Chor der ehemaligen Stiftskirche St. Kunibert in Köln, um 1230.*

Das Reichskirchensystem

Kennzeichnend für das Mittelalter war die Einheit von weltlicher und geistlicher Sphäre. Der frühmittelalterliche Herrscher hatte gleichzeitig eine sakrale Stellung und fühlte sich als Stellvertreter Gottes auf Erden. Dies gab ihm das Recht, die Kirche in die staatliche Ordnung mit einzubeziehen. Durch den Rückgriff auf die Leistungen des Klerus in Landwirtschaft, Verwaltung, Erziehung und bei der Mission machte das Königtum von diesem Recht Gebrauch. Die Nutzung kirchlichen Wirkens erklärt auch das Interesse der Herrscher an einer straffen und einheitlichen Kirchenorganisation. Karl der Große beseitigte deshalb das Nebeneinander kirchlicher Institutionen und schuf einen durchgehenden Instanzenzug von der Hofkapelle über die Erzbistümer zu den Bistümern und Reichsklöstern. Der Grundstein für eine „Reichskirche" war gelegt.

Von nun an nutzten alle Herrscher zunehmend den „Reichsdienst" der hohen Geistlichkeit bis hin zur Stellung von Truppen für das Heer des Königs. Innerhalb des Lehensstaates war diese Entwicklung auch beinahe vorgezeichnet, denn Bischöfe und Äbte waren Inhaber umfangreicher Grundherrschaften. In dieser Funktion übten sie selbst weltliche Herrschaft über ihre Vasallen aus und waren insoweit Instrumente der Politik des Königs (➧ M4).

Ein wesentlicher Grund für die Belehnung von Geistlichen war die Ehelosigkeit der Kleriker. Da sie keine legitimen Erben hatten, fielen geistliche Lehen immer an den König zurück. Der Herrscher hatte stets von neuem die Möglichkeit, Bischofssitze mit Männern seiner Wahl zu besetzen.

Nach der Niederschlagung eines Aufstandes baute Kaiser Otto I. (936-973) deshalb die karolingische Reichskirche kontinuierlich zum später so bezeichneten ottonisch-salischen Reichskirchensystem aus. Otto benötigte offenkundig ein Gegengewicht zu den weltlichen Großen, die sich aus Eigeninteresse wiederholt gegen die Zentralgewalt erhoben. Er übertrug den Bischöfen genau fixierte Regalien[1], für die sie als Gegenleistung dem König dienen mussten und noch stärker als bisher in das Herrschaftsgefüge eingebunden waren. Durch den Dienst in der Hofkapelle geformte Geistliche ließ Otto bevorzugt als Bischöfe wählen. Daraus entwickelte sich ein königstreues Episkopat[2], das der ottonischen Herrschaft eine stabile Stütze war. Es dauerte allerdings nicht lange, bis Familien aus der Nobilität gewohnheitsrechtliche Anwartschaften auf bestimmte Bischofssitze geltend machten. Dies schränkte die Wahlmöglichkeiten der Nachfolger Ottos ein und war ein weiterer Schritt zum Ausbau von Territorialrechten.

1) königliche (Hoheits-)Rechte, z. B. Verfügung über Grafschaften, Münzrechte, Zölle und Marktrechte; später auch Steuern, Kontrolle über Verkehrsweg und anderes mehr
2) Gesamtheit der Bischöfe

1.3 Die Auseinandersetzung zwischen Königtum und Papsttum

▲ *Buchmalerei aus dem Liuthar-Evangeliar, Reichenau am Bodensee, um 1000. Dargestellt ist wahrscheinlich Kaiser Otto III., der 983 zum König und 996 zum Kaiser gekrönt wurde. Die Abbildung zeigt den Herrscher christusgleich in einem mandelförmigen Heiligenschein, der sog. Mandorla, thronend. Auf sein Haupt senkt sich segnend die Hand Gottes. Ottos Thron wird von der terra, der Personifikation der Erde, getragen. Der Herrscher ist umgeben von den Symbolen der Evangelisten: Der Engel steht für Matthäus, der Löwe für Markus, der Stier für Lukas und der Adler für Johannes. Zu beiden Seiten stehen zwei Kronenträger, die Fahnenlanzen geschultert haben – es sind vermutlich die Könige von Ungarn und Polen. Die untere Bildhälfte zeigt links zwei Krieger, rechts zwei Geistliche.*

- *Erklären Sie den hierarchischen Aufbau des Herrscherbildes. Welche Vorstellung der Herrscherwürde wird deutlich?*

Während des 9. Jahrhunderts
Die Zentralgewalt in den karolingischen Teilreichen zerfällt rapide, es bilden sich mächtige Stammesherzogtümer heraus

919-936
Die Regierungszeit Heinrichs I. kennzeichnet den Übergang von der fränkischen zur deutschen Geschichte

936
Otto I. wird in Rom vom Papst zum Kaiser gekrönt; in bewusster Anlehnung an die karolingische Tradition erneuert er die Verbindung mit dem Papsttum

1002-1024
Unter Heinrich II. entwickelt sich das Reichskirchensystem zu voller Entfaltung: Über die Einsetzung von Bischöfen, Äbten und Äbtissinnen sichern sich die Könige die Verfügungsgewalt über die Kirche

1054
Der Streit um kirchenreformerische Fragen führt zur Kirchenspaltung (Schisma): die byzantinische Ostkirche spaltet sich von der römischen Westkirche

1122
Das Wormser Konkordat beendet das Investiturproblem

M1

Die Krönung Ottos

Der Bericht über die Krönung Ottos des Großen in Aachen im Jahre 936 stammt aus der Feder des Mönchs Widukind aus dem Kloster Corvey (etwa 927 – etwa 975). Man vermutet, dass Widukind mit der sächsischen Herrscherfamilie verwandt war.

Nachdem also der Vater des Vaterlandes und der größte wie beste König Heinrich gestorben war, wählte sich das gesamte Volk der Franken und Sachsen seinen Sohn Otto, der bereits vorher vom Vater zum König designiert worden war, als Herrscher aus. Als Ort der allgemeinen Wahl nannte und bestimmte man die Pfalz Aachen. Jener Ort liegt aber in der Nähe von Jülich, das nach seinem Gründer Julius Caesar[1] benannt ist. Und als man dorthin gekommen war, versammelten sich die Herzöge und obersten Grafen mit der übrigen Schar vornehmster Ritter in dem Säulenhof, der mit der Basilika Karls des Großen verbunden ist, setzten den neuen Herrscher auf einen dort aufgestellten Thron, huldigten ihm, gelobten ihm Treue, versprachen ihm Unterstützung gegen alle seine Feinde und machten ihn nach ihrem Brauch zum König. Während dies die Herzöge und die übrige Beamtenschaft vollführten, erwartete der Erzbischof mit der gesamten Priesterschaft und dem ganzen Volk im Innern der Basilika den Auftritt des neuen Königs. Als dieser erschien, ging ihm der Erzbischof entgegen, berührte mit seiner Linken die Rechte des Königs, während er selbst in der Rechten den Krummstab trug, bekleidet mit der Albe[2], geschmückt mit Stola und Messgewand, schritt vor bis in die Mitte des Heiligtums und blieb stehen. Er wandte sich zum Volk um [...], so dass er vom ganzen Volk gesehen werden konnte, und sagte: „Seht, ich bringe euch den von Gott erwählten und von dem mächtigen Herrn Heinrich einst designierten, jetzt aber von allen Fürsten zum König gemachten Otto; wenn euch diese Wahl gefällt, zeigt dies an, indem ihr die rechte Hand zum Himmel emporhebt." Da streckte das ganze Volk die Rechte in die Höhe und wünschte unter lautem Rufen dem neuen Herrscher viel Glück. Dann schritt der Erzbischof mit dem König, der nach fränkischer Sitte mit einem eng anliegenden Gewand bekleidet war, hinter den Altar, auf dem die königlichen Insignien lagen: das Schwert mit dem Wehrgehänge, der Mantel mit den Spangen, der Stab mit dem Zepter und das Diadem [...]. Derselbe aber ging zum Altar, nahm von dort das Schwert mit dem Wehrgehänge auf, wandte sich an den König und sprach: „Nimm dieses Schwert, auf dass du alle Feinde Christi verjagst, die Heiden und schlechten Christen, da durch Gottes Willen dir alle Macht im Frankenreich übertragen ist, zum unerschütterlichen Frieden für alle Christen." Dann nahm er die Spangen, legte ihm den Mantel um und sagte: „Durch die bis auf den Boden herabreichenden Zipfel (deines Gewandes) seist du daran erinnert, mit welchem Eifer du im Glauben entbrennen und bis zum Tod für die Sicherung des Friedens eintreten sollst." Darauf nahm er Zepter und Stab und sprach: „Durch diese Abzeichen bist du aufgefordert, mit väterlicher Zucht deine Untertanen zu leiten und in erster Linie den Dienern Gottes, den Witwen und Waisen die Hand des Erbarmens zu reichen; und niemals möge dein Haupt ohne das Öl der Barmherzigkeit sein, auf dass du jetzt und in Zukunft mit ewigem Lohn gekrönt werdest." Auf der Stelle wurde er mit dem heiligen Öl gesalbt und mit dem goldenen Diadem gekrönt [...], und nachdem die rechtmäßige Weihe vollzogen war, wurde er von denselben Bischöfen zum Thron geführt, zu dem man über eine Wendeltreppe hinaufstieg, und er war zwischen zwei Marmorsäulen von wunderbarer Schönheit so aufgestellt, dass er von da aus alle sehen und selbst von allen gesehen werden konnte.

Nachdem man dann das Lob Gottes gesungen und das Messopfer feierlich begangen hatte, ging der König hinunter zur Pfalz, trat an die marmorne, mit königlicher Pracht geschmückte Tafel und nahm mit den Bischöfen und dem ganzen Adel Platz; die Herzöge aber taten Dienst. Der Herzog der Lothringer, Giselbert, zu dessen Machtbereich dieser Ort gehörte, organisierte al-

[1] *Caesar ist weder Gründer noch Namensgeber dieser etwa 30 km von Aachen entfernten Stadt; sie heißt aber wohl so nach dem julischen Gentilnamen.*

[2] *knöchellanges weißes Untergewand katholischer Priester*

Etappen, welche Pflichten mit Herrschaftssymbolen?

les; Eberhard kümmerte sich um den Tisch, der Franke Hermann um die Mundschenken, Arnulf sorgte für die Ritterschaft sowie für die Wahl und die Errichtung des Lagers [...]. Der König aber ehrte danach einen jeden Fürsten freigiebig, wie es sich für einen König gehört, mit einem passenden Geschenk und verabschiedete die vielen Leute mit aller Fröhlichkeit.

Widukind von Corvey, Res gestae Saxonicae – Die Sachsengeschichte, übersetzt und herausgegeben von Ekkehart Rotter und Bernd Schneidmüller, Stuttgart 1981, S. 105 ff.

1. *Erklären Sie, weshalb der Sachse Otto als Ort seiner Krönung Aachen wählte. Was bezweckt der Autor mit seinem Hinweis auf Julius Caesar?*
2. *Otto war von seinem Vater Heinrich zum Nachfolger bestimmt worden. Was ist darüber hinaus notwendig, um zum König gekrönt zu werden?*
3. *Erläutern Sie die Rolle der Kirchenvertreter bei der Krönung Ottos.*

M2
Ein Bischof wird eingesetzt

Eine Chronik aus dem 12. Jahrhundert berichtet über die Vergabe des Bistums Paderborn durch König Heinrich II. im Jahre 1009.

Damals als der König in Goslar weilte, schickte die (Paderborner) Kirche sogleich ihre Gesandten zu ihm, die den Tod des Bischofs meldeten und von seiner Milde den Trost eines geeigneten Nachfolgers demütig erbaten. Nachdem der König die traurige Botschaft gehört und den so bedeutenden und so großen Mann mit angemessener Trauer beweint hatte, empfahl er dessen Seele in angemessenem Gedenken durch Messen und Almosen der göttlichen Gnade. Danach rief er Bischöfe und Fürsten, die anwesend waren, zu sich und beriet sich über einen für diesen Ort und für die Zeit geeigneten Nachfolger, und nachdem lange Zeit viele erwogen und geprüft worden waren, präsentierte er Meinwerk als sowohl durch die große Vornehmheit seiner adligen Herkunft wie auch durch die Fülle seiner Besitzungen und zeitlichen Möglichkeiten geeignet. Nachdem alle zugestimmt und Glück gewünscht hatten, rief er Meinwerk herbei, lächelte ihn in gewohntem Wohlwollen an und sagte, einen Handschuh hochhaltend: „Nimm ihn." Als dieser fragte, was er da empfangen werde, sagte der König: „Das Bistum der paderbornischen Kirche." Als jener aber fragte, was ihm jenes Bistum solle, der er von seinen eigenen Gütern ein ansehnlicheres Bistum gründen könnte, antwortete der König: „Weil ich das in Wahrheit bedacht habe, deshalb hoffe ich, dass du dem Mangel jenes barmherzig zu Hilfe kommst, damit du im Himmel der Erbe dessen zu werden verdienst, dessen gnädige Mutter du auf Erden zu deiner Erbin machst." Darauf jener heiter: „Ich, sage ich, nehme in dieser Hoffnung und unter dieser Bedingung das Bistum an", womit er sichtbar machte, dass er nicht aus Verachtung der Armut oder wegen des Wunsches nach einem ansehnlichen Bischofssitz oder einer höheren Würde widersprochen habe, sondern einfach mit Rücksicht auf den größeren Nutzen (für das Reich). Also wurde er dort in Goslar am nächsten Sonntag vom mainzischen Erzbischof Willigis und den übrigen anwesenden Bischöfen geweiht.

Hartmut Boockmann, Das Mittelalter, München 1988, S. 30

1. *Skizzieren Sie die in der Quelle genannten theologischen und seelsorgerischen Fähigkeiten des neuen Bischofs. Begründen Sie, welche Motive der Verfasser mit dieser Darstellung verfolgt haben könnte.*
2. *Nennen Sie die Gründe, die für die Wahl Meinwerks ausschlaggebend waren.*
3. *Erläutern Sie, welche Motive Heinrich bei seiner Entscheidung bewogen haben können. Was wird Heinrich II. sich von seiner Entscheidung versprochen haben?*

M3

„Dictatus papae"

Am Beginn ihrer Auseinandersetzung übermittelt Papst Gregor VII. König Heinrich IV. im Jahre 1075 seine kirchenrechtlichen Grundsätze:

1. Einzig und allein von Gott ist die römische Kirche gegründet.
2. Nur der römische Papst trägt zu Recht den Titel des universalen Papstes.
3. Er ganz allein kann Bischöfe absetzen und auch wieder einsetzen.
4. Sein Legat, auch wenn er einen geringeren Grad bekleidet, führt auf jedem Konzil den Vorsitz vor den Bischöfen; er kann diese absetzen. [...]
6. Von anderer Gemeinschaft ganz abgesehen, darf man mit Exkommunizierten sich nicht einmal in demselben Hause aufhalten.
7. Nur er darf, wenn es die zeitliche Notwendigkeit verlangt, neue Gesetze erlassen, neue Gemeinden gründen, aus einer Kanonie eine Abtei machen und umgekehrt, ein reiches Bistum teilen und arme zu einem einzigen zusammenlegen.
8. Nur er verfügt über die kaiserlichen Insignien.
9. Alle Fürsten haben die Füße einzig und allein des Papstes zu küssen.
10. Nur sein Name darf in der Kirche genannt werden.
11. In der ganzen Welt gilt nur dieser Papsttitel.
12. Der Papst kann Kaiser absetzen. [...]
14. Er kann in der ganzen Kirche, wie er will, Kleriker ordinieren. [...]
16. Keine Synode darf ohne seine Weisung eine allgemeine genannt werden.
17. Gegen seine Autorität kann kein Kapitel und kein Buch als kanonisch gelten.
18. Sein Entscheid kann von niemandem aufgehoben werden, er selbst aber kann Urteile aller anderen Instanzen aufheben.
19. Über ihn besitzt niemand richterliche Gewalt. [...]
21. Wichtigere Rechtsfälle aller Kirchen müssen vor ihn gebracht werden.
22. Die römische Kirche hat nie geirrt und wird nach dem Zeugnis der Heiligen Schrift auch in Ewigkeit nicht irren.
23. Wenn der römische Papst in kanonischer Wahl erhoben ist, dann wird er ohne Zweifel [...] heilig durch die Verdienste des heiligen Petrus, wie auch viele Kirchenväter bestätigen. [...]
25. Auch ohne Beschluss einer Synode kann er Bischöfe ein– und absetzen.
26. Wer nicht mit der römischen Kirche übereinstimmt, kann nicht als katholisch [rechtgläubig] gelten.
27. Er kann Untertanen von Treueid gegen unbillige [Herrscher] entbinden.

Wolfgang Lautemann, Geschichte in Quellen. Mittelalter, 2. durchgesehene Auflage, München 1978, S. 291 f.

▲ *Papst Gregor VII. neben einem Schreiber sitzend. Buchmalerei aus dem 11. Jahrhundert.*

1. *Erläutern Sie, welche Sätze des Diktats in erster Linie den Klerus betreffen und welche Punkte sich gegen die weltliche Gewalt richten.*
2. *Arbeiten Sie den Grundgedanken heraus, der hinter der Niederschrift des Papstes steht.*
3. *Welche Mittel muss das Oberhaupt der Kirche zur Verfügung haben, um seine Überzeugungen in der Praxis durchsetzen zu können?*

M4
„Steige herab"

König Heinrich IV. antwortet Papst Gregor VII. mit einem Brief vom 27. März 1076:

Heinrich nicht durch Anmaßung, sondern durch Gottes gerechte Anordnung König, an Hildebrand, nicht mehr den Papst, sondern den falschen Mönch:
[...] Um nämlich aus vielem nur einiges Wenige und Wichtige zur Sprache zu bringen: Du scheutest dich nicht nur nicht, die Lenker der heiligen Kirche, nämlich Erzbischöfe, Bischöfe und Priester, die doch Gesalbte des Herrn sind, anzutasten, nein, wie Knechte, die nicht wissen, was ihr Herr tut, zertratest du sie unter deinen Füßen und gewannst dir dabei die Zustimmung aus dem Munde des Pöbels. Sie alle erachtest du als unwissend, dich allein aber als allwissend; doch dieses Wissen bemühtest du dich nicht zum Aufbau, sondern zur Zerstörung zu verwenden. Daher glauben wir mit Recht, der heilige Gregor, dessen Namen du dir angemaßt hast, habe dies von dir prophezeit, als er sprach: „Infolge der Menge der Untergebenen wird der Geist der Vorgesetzten häufig hochfahrend und meint, er wisse mehr als alle, wenn er sieht, dass er mehr als alle vermag."
Und wir haben dies alles ertragen, während wir uns bemühten, die Stellung des apostolischen Stuhles zu wahren. Aber du hast unsere Demut für Furcht gehalten und dich daher nicht gescheut, dich sogar gegen die uns von Gott verliehene königliche Gewalt zu erheben; du hast zu drohen gewagt, du würdest sie uns nehmen, als ob wir von dir das Königtum empfangen hätten, als ob in deiner und nicht in Gottes Hand Könige- und Kaiserherrschaft lägen. [...]
Auch mich, der ich – wenn auch unwürdig unter Gesalbten – zum Königtum gesalbt worden bin, hast du angetastet, mich, von dem die Überlieferung der Heiligen Väter lehrt, dass ich nur von Gott gerichtet werden darf, und versichert, dass ich wegen keines Verbrechens abgesetzt werden darf, ich wiche denn vom Glauben ab, was ferne sei. [...]
So steige du denn, der du durch diesen Fluch und das Urteil aller unserer Bischöfe und unser eigenes verdammt bist, herab, verlasse den apostolischen Stuhl, den du dir angemaßt hast. Ein anderer steige auf den Thron des heiligen Petrus, einer, der Gewalttat nicht mit Frömmigkeit bemäntelt, sondern die reine Lehre des heiligen Petrus lehrt. Ich, Heinrich, durch die Gnade Gottes König, sage dir zusammen mit allen meinen Bischöfen: Steige herab, steige herab!

Wolfgang Lautemann, a. a. O., S. 298 f.

1. *Erklären Sie die Anrede Gregors als „falscher Mönch".*
2. *Erläutern Sie Heinrichs IV. Auffassung des Königtums. Vergleichen Sie mit dem Dictatus papae (M 3).*
3. *Begründen Sie, warum der König sich dem Anspruch des Papstes entgegenstellen muss.*

M5
Das Wormser Konkordat

Nach jahrelangen Verhandlungen wurde das Investiturproblem 1122 in Worms gelöst. Der Begriff „Konkordat" (staatsrechtlicher Vertrag zwischen einer weltlichen Macht und dem Heiligen Stuhl) stammt erst aus dem 18. Jahrhundert.

Privileg des Kaisers
Im Namen der heiligen und unteilbaren Dreifaltigkeit. Ich, Heinrich, von Gottes Gnaden Imperator Augustus der Römer, verzichte aus Liebe zu Gott und der heiligen römischen Kirche und zum Herrn Papste Calixtus und wegen meines Seelenheiles zu Gunsten Gottes und der heiligen Apostel Petrus und Paulus und der heiligen römischen Kirche auf alle Investitur mit Ring und Stab, und ich gestatte in allen Kirchen, die in meinem Regnum und Imperium liegen, kanonische Wahl und freie Weihe.
2. Besitzungen und Regalien[1] des heiligen Petrus, die vom Beginn dieses Streits an bis zum heutigen Tage zur Zeit meines Vaters oder auch durch mich entfremdet worden sind, erstatte ich der

1) Wirtschaftlich nutzbare Hoheitsrechte, z.B. Zoll-, Münz- oder Postrecht

heiligen römischen Kirche zurück, soweit ich sie im Besitze habe, falls aber nicht ich sie besitze, werde ich die Rückerstattung getreulich unterstützen. [...]

Privileg des Papstes
Ich, Bischof Calixtus, servus servorum Die, gestehe dir, o mein geliebter Sohn Heinrich, von Gottes Gnaden Imperator Augustus der Römer, das Recht zu, dass die Wahlen von Bischöfen und Äbten im Deutschen Reiche, die zum Regnum gehören, in deiner Gegenwart geschehen sollen, frei von Simonie und Gewalttat; sollte zwischen den Parteien dabei Streit entstehen, dann sollst du mit dem Metropoliten und den Konprovinzialen gemeinsam beraten und entscheiden und dem Würdigsten deine Zustimmung und Hilfe leihen. Der Erkorene aber soll von dir mit dem Zepter die Regalien erhalten und dir dafür das leisten, was er von Rechts wegen schuldig ist.
2. In den anderen Teilen deines Imperiums[1] soll der Gewählte binnen sechs Monaten mit dem Zepter von dir die Regalien erhalten und dir dafür leisten, wozu er von Rechts wegen verpflichtet ist; ausgenommen davon aber seien alle die bekannten Leistungen an die römische Kirche.

Wolfgang Lautemann, a.a.O., S. 353

1. *Das Wormser Konkordat wurde als „Etappe, nicht Entscheidung" im Ringen zwischen König und Papst bezeichnet. Begründen Sie diese Einschätzung.*
2. *Der Investiturstreit betraf alle westeuropäischen Königreiche. Erläutern Sie, aus welchen politischen und geographischen Gründen der Kampf im Deutschen Reich besonders erbittert ausgetragen wurde?*

[1] *Gemeint sind die zum Reich gehörenden Teile Italiens und Burgunds.*

Entstehung des Deutschen Reiches

Im Laufe des 9. Jahrhunderts war die Zentralgewalt in den karolingischen Teilreichen rapide verfallen. Auf dem Gebiet des ostfränkischen Reiches bildeten sich mächtige neue Stammesherzogtümer. Während in *Franken* und *Schwaben* rivalisierende Adelsfamilien um die Vorherrschaft kämpften, vollzog sich der Zusammenschluss bei den *Bayern* und *Sachsen* rascher, da ihre Gebiete mehrfach von Ungarneinfällen bedroht waren.

Nach dem Tode des letzten Karolingers der ostfränkischen Linie wählten die Stammesherzöge und Adeligen des Ostfrankenreiches mit Konrad den ersten nichtkarolingischen König (911). Nur die *Lothringer* schlossen sich den im Westen weiterregierenden Karolingern an. Konrads Regierungszeit war von Auseinandersetzungen mit den neuen Stammesherzogtümern gekennzeichnet, da er die Zwischengewalt der Herzöge zu Gunsten des Königtums beseitigen wollte. Außer auf die königsnahen Franken konnte er nur auf die Mitwirkung der Kirche zählen.

Nach dem Tode Konrads I. (918) wählten die Franken und Sachsen den sächsischen Herzog *Heinrich* zum König, während die Bayern ihren Herzog Arnulf zum König „in regno Teutonicorum“[1] ausriefen. Um seine Königsherrschaft zu festigen, sicherte Heinrich sich erst die Anerkennung der Schwaben, ehe er sich in einem Kriegszug auch Arnulf von Bayern zu seinem Vasallen machte. Im Westen nutzte Heinrich I. eine günstige Gelegenheit, um Lothringen als fünftes Herzogtum seinem Königreich anzugliedern. Von da an war seine Politik vor allem auf Kooperation mit den Herzogtümern ausgerichtet. Damit trug Heinrich der tatsächlichen Entwicklung seit dem Niedergang der Karolinger Rechnung: Statt der überlebten Grafschaftsverfassung war eine neue Grundstruktur des Reiches entstanden.

Mit der Regierungszeit Heinrichs I. verbindet sich nach Ansicht der Historiker endgültig der Beginn einer eigenständigen deutschen Geschichte. Dafür gibt es triftige Gründe.

1. Schon die Wahl Konrads hatte die Einmütigkeit gezeigt, mit der die deutschen Herzöge bereit waren, sich in

[1] *lat.: im Königreich der Deutschen. Die Textstelle stammt aus den so genannten Salzburger Annalen und ist der früheste schriftliche Beleg für ein „Deutsches Reich“.*

▶ *Ein Herrscher als Kirchengründer. Elfenbeinschnitzerei, um 975.*
Auf dem Bild führen (von links nach rechts) ein Engel und der hl. Mauritius einen gekrönten Herrscher (wahrscheinlich Kaiser Otto I.) vor Christus. Der Kaiser reicht Christus ein Kirchenmodell (gemeint ist die Domkirche zu Magdeburg). Von den rechts stehenden Heiligen ist nur Petrus zu erkennen.

Abkehr von der bis dahin in den Teilreichen herrschenden Dynastie der Karolinger einen König aus einem anderen Adelsgeschlecht zu geben. Angesichts der Einfälle von *Wikingern*, *Slawen* und vor allem *Ungarn* in die östlichen Reichsteile war beim ostfränkischen Adel das Gefühl einer gemeinsamen Bedrohung entstanden, was letztlich in die Wahl eines neuen Herrscherhauses mündete.

2. Durch den Übergang des Königtums auf einen Sachsenherzog wurden die früheren Teilungen innerhalb der karolingischen Familie unumkehrbar. Zum einen regierten nur noch im Westen bis 987 karolingische Herrscher, zum anderen verlagerte sich der Schwerpunkt der Herrschaft unter den sächsischen Herrschern noch Osten.
3. Wesentlich war auch, dass Heinrich und seine Nachfolger das ostfränkische Reich als unteilbar ansahen. Es herrschte nicht mehr eine Familie, die nach erbrechtlichen Gesichtspunkten das Land unter sich aufteilte, sondern ein König, der die Einheit des Reiches auch gegen die eigene Verwandtschaft absichern wollte. Fast alle Ottonen ließen bereits zu Lebzeiten durch Wahl ihrer Söhne als Könige die Nachfolge regeln.

Trotz der erkennbaren Sonderentwicklung lässt sich jedoch im 10. Jahrhundert noch nicht von einem aufkeimenden gemeinsamen „Nationalgefühl" in den ostfränkischen Herzogtümern sprechen.

Stärkung der Königsgewalt durch Otto den Großen

Bereits vor seinem Tode hatte Heinrich seinen ältesten Sohn Otto als einzigen Nachfolger bestimmt. Da die Großen des Reiches auf einem Hoftag ihre Zustimmung gegeben hatten, konnte der Regierungswechsel im Jahre 936 reibungslos vonstatten gehen. Ottos Thronerhebung in Aachen wurde zum Vorbild für das gesamte Mittelalter (➧ M1).

Doch schon bald schlossen sich die nächsten Verwandten Ottos mit den Herzögen von Franken und Lothringen zu einem Aufstand zusammen. Otto brach den Widerstand und versuchte, durch die Besetzung der Herzogtümer mit Mitgliedern aus seiner eigenen Familie eine Stabilisierung des Reiches zu erreichen. Damit hoffte er, auch einen Ausgleich zu schaffen für familiäre Ansprüche auf Teilhabe an der Königsmacht. Dennoch zeigte sich bald, dass diese „Familienherzogtümer" nicht im gewünschten Maße den Zusammenhalt des Reiches förderten, da sich die neuen Herzöge mehr mit den Interessen der ihnen unterstellten Gebiete als mit denen des Reiches identifizierten. Schon 953 kam es zu einem zweiten Aufstand unter Führung einiger Herzöge. Die Aufständischen unterwarfen sich dem König erst, als Einfälle der Ungarn eine Einigung erzwangen.

Das diplomatische Geschick des Erzbischofs Brun von Köln, eines Bruders von Otto, trug maßgeblich zum Sieg des Königtums bei. Zum Dank erhob ihn Otto zum weltlichen Herzog von Lothringen. Wie sehr die hohe Geistlichkeit in die politischen Geschäfte einbezogen wurde, zeigte die Tatsache, dass die geistlichen Lehensherren von nun an bis zu zwei Drittel des Reichsheers stellten. Damit war die Kirche die stärkste Stütze der Zentralgewalt gegen den auf Selbstständigkeit bedachten Adel. Sie ermöglichte aber darüber hinaus eine aktive, auf militärische Macht gestützte Außenpolitik.

▲ *Die Reichskrone, ca. 960. Gold, Eisenreif, Email, Perlen und Edelsteine, Durchmesser ca. 22 cm. Alter und Entstehungsort der Krone sind in der Forschung umstritten. Die meisten Wissenschaftler datieren die Krone in ottonische Zeit, möglicherweise wurde sie zur Kaiserkrönung Ottos I. 963 angefertigt. Einzelteile wurden später ergänzt.*
Auf einer der bogenförmigen Platten der Krone steht der lateinische Satz: „PER ME REGES REGNANT" (dt.: „Durch mich regieren die Könige."). Die Bilder und Edelsteine der Krone verweisen in vielfältiger Form auf die Bibel, vor allem auf das Alte Testament und die Offenbarung. So ist beispielsweise auf der rechts zu sehenden Platte der alttestamentarische König Salomon abgebildet. Es soll die Weisheit der Könige symbolisieren. Die Krone war zugleich Königs- und Kaiserkrone. Sie war das wichtigste Zeichen der Macht und Würde der Herrscher. Zusammen mit dem Reichsschwert, dem Reichskreuz und dem Reichsapfel bildete sie die Reichsinsignien.

Italienpolitik

22 Jahre nachdem König Heinrich die Ungarn an der Unstrut abgewehrt hatte, wurden sie 955 von Otto auf dem Lechfeld bei Augsburg erneut besiegt – diesmal entscheidend. In zweifacher Hinsicht war der Sieg bedeutend: Einerseits wurden die Angriffe der Ungarn beendet und ihre endgültige Ansiedlung und Integration in die abendländische Kultur erreicht, andererseits wurde Otto bei der Siegesfeier zum ersten Mal wie ein Kaiser (pater patriae und imperator) gefeiert.
Als bald darauf der Papst in Rom in Bedrängnis geriet, bat er Otto um Hilfe und bot ihm als Gegenleistung die Kaiserkrone an. In der Peterskirche von Rom wurde Otto 963 vom Papst zum Kaiser gekrönt. Nach dem Treueid der Römer sicherte er in einem Privileg dem Papst den Besitz des Kirchenstaates, in dem er die Pippin´sche Schenkung und den Pakt Karls des Großen mit dem Papst bestätigte. Damit knüpfte Otto bewusst an die karolingische Kaisertradition an. Im Gegenzug erhielt er das Treueversprechen des Papstes, wodurch er das Reichskirchensystem auf das Papsttum ausweiten konnte. Als der Papst von Otto wieder abzufallen schien, ließ dieser kraft kaiserlicher Gewalt kurzerhand einen neuen Stellvertreter Christi wählen. Im Papstwahlrecht wurde festgelegt, dass kein Papst ohne vorherige Zustimmung des Kaisers gewählt werden dürfe.

Das mittelalterliche Kaisertum

Das Kaisertum stellte die deutschen Könige in die gesetzesmäßige Nachfolge der römischen Kaiser. Es verschaffte ihnen eine zusätzliche Legitimation, die sie sich jedoch mit dem Herrscher von Byzanz, dem *Basileus*, teilen mussten. Dieser verstand sich als der eigentliche rechtmäßige Nachfolger des römischen Kaisers, respektierte aber die Hegemonie der sächsischen Könige im Westen.

Die Erneuerung des Kaisertums Karls des Großen durch Otto zeigt, wie weitgehend das junge deutsche Reich bereits konsolidiert war; die Kaiserkrone wies dem deutschen König eine christlich-universalistische Vormachtsstellung zu. Zum anderen wurde jedoch die aus der Zeit Pippins herrührende Verbindung der Franken mit dem Papsttum neu begründet – allerdings begrenzt auf das östliche Nachfolgereich. Die deutsche Geschichte wurde davon in den folgenden Jahrhunderten bestimmt.

Zwar knüpfte Otto bewusst an das Kaisertum der Karolinger an, dennoch zeigten sich deutliche Unterschiede. Ottos Reich umfasste nur Deutschland und Italien, war also wesentlich kleiner. Auch war das erneuerte Kaisertum fest an das Papsttum geknüpft, so dass jeder deutsche König des Mittelalters nach Rom ziehen musste, um zum Kaiser gekrönt zu werden. Damit war Italienpolitik zu einer Notwendigkeit der deutschen Könige geworden. Entscheidend war jedoch, dass jeder gewählte Papst vor seiner Weihe dem Kaiser einen Treueid zu leisten hatte, wodurch die weltliche Macht sich einen gewissen Einfluss auf die Papstwahl und den Stellvertreter Petri sichern wollte.

Die zentrale Frage im Verhältnis zwischen den beiden Gewalten blieb allerdings ungeklärt: wer nämlich die höhere Instanz sei. Bereits zur Karolingerzeit hatte der Gelehrte Alkuin eine *Zweigewaltenlehre* vertreten, die besagte, dass der Kaiser als Beschützer der Kirche dem Papst überlegen sei. In der ottonischen Epoche ging man davon aus, dass sowohl Papst als auch Kaiser von Gott in ihre Ämter eingesetzt seien, dass jedoch der Kaiser als Schirmherr der Kirche den Vorrang genieße. Doch bereits damals war die kirchliche *Zweischwertertheorie* bekannt. Danach hatte der Papst sowohl das weltliche als auch das geistliche Schwert von Gott erhalten. Das weltliche Schwert wurde dann an den Kaiser bei dessen Krönung weitergereicht, wodurch dieser sich der päpstlichen Gewalt unterstellte und dem Papst in jeder Beziehung zu Gehorsam verpflichtet war.

Hatte Otto der Große die Erneuerung des fränkischen Reiches als sein Ziel angesehen, so änderte sich diese Konzeption unter seinen Nachfolgern. Mit der Siegelumschrift „Kaiser der Römer" knüpfte *Otto II.* (973-983) direkt an römische Traditionen an und fühlte sich als rechtmäßiger Nachfolger der römischen Kaiser. Sein Sohn *Otto III.* (983-1002) wollte die „Renovatio Romani Imperii", die Erneuerung des Römischen Reiches. Für ihn wurde das deutsche Königtum nur zu einer Vorstufe für das Kaisertum, das als christliches Universalreich das ganze Abendland umfassen sollte. Deshalb wurde Rom zu einer Art Residenz für Otto III., von der aus er das Reich regierte. Zudem führte er antike Traditionen wie den Fußfall vor dem Herrscher ein, um seine überragende Stellung zu zeigen. Seinen Vorrang behauptete er auch gegenüber dem Papsttum, indem er einen Vetter als Papst einsetzte.

Ottonische Ostpolitik

Gemäß dem Verständnis ihrer Zeit bestand die nach Osten gerichtete Politik der Ottonen aus militärischer Expansion und systematischer Missionierung. Ausgehend von dem neuen Erzbistum Magdeburg wurden die Slawen für den christlichen Glauben gewonnen. Ebenso wurde Böhmen von Regensburg und später von Mainz aus missioniert. Zugleich sollte damit die Oberhoheit des Kaisers östlich der Elbe zur Anerkennung gebracht werden.
Die Durchdringung des ostmitteleuropäischen Raums blieb nicht ohne Rückschläge. Ermuntert durch die überzogene Italienpolitik Ottos III., lehnten sich heidnische Slawen 983 gegen die entstehende deutsche Herrschaft auf. Einige Grenzmarken östlich von Elbe und Saale gingen für fast zwei Jahrhunderte verloren.
In Polen und Ungarn setzte sich die politische Verselbstständigung dank der Gründung eigener Erzbistümer in Gnesen und Gran (1000/1001) durch Otto III. fort. Damit wurde neben der Christianisierung die Bildung selbstständiger Nationen in Ostmitteleuropa vorbereitet. Missionarische Anstrengungen in Russland scheiterten hingegen. Hier war der byzantinische Einfluss in der zweiten Hälfte des 10. Jahrhunderts stärker, wodurch Russland auch später dem Kulturkreis der orthodoxen Kirche verhaftet blieb.

▲ *Die deutschen Herzogtümer in der Zeit der Ottonen (919-1024) und Salier (1024-1125). Die blau schraffierten Grenzgebiete (Marken) wurden zum Schutz des Reiches angelegt und von Markgrafen verwaltet und verteidigt. Sie mussten beim Aufstand der Slawen teilweise wieder aufgegeben werden.*

Das Reichskirchensystem: Höhepunkt und erste Widerstände

Nach dem überraschenden Tod Ottos III. im Jahre 1002 versuchte Herzog *Heinrich von Bayern* die Königswahl vorherzubestimmen, indem er sich der Reichsinsignien bemächtigte, die die Reichsgewalt symbolisierten. Dennoch wurde er nur von einem Teil der Großen gewählt. Die Zustimmung der abwesenden Sachsen, Schwaben und Niederlothringer musste er sich durch seinen „Königsumritt“ sichern. Bereits seine Siegelumschrift „Renovatio regni Francorum“[1] zeigte deutlich die Rückverlagerung des politischen Schwergewichts auf deutsche Gebiete.

Mit Heinrich II. erfuhr das Reichskirchensystem seine volle Entfaltung. Beharrlich sorgte er dafür, dass geschulte Geistliche aus seiner Hofkapelle als Bischöfe oder Äbte gewählt wurden und die Verwaltung des Reichs ganz im Sinne des Kaisers sicherstellten. Die Perfektionierung des Systems erzeugte jedoch auch Widerstände. Vor allem die großzügigen Belehnungen der Kirche mit ursprünglich weltlichem Gut konnten nicht im Interesse der Herzöge und der hohen Adeligen liegen, die um ihren Einfluss fürchteten (▶ M2).

Auch innerhalb der Kirche regte sich Widerspruch gegen die zunehmende Verweltlichung. Heinrich selbst bestärkte die aus Lothringen und Burgund eindringende Klosterreform, die die klösterliche Zucht verbessern wollte. Er sah darin keinen Angriff auf die königliche Verfügungsgewalt über die Kirche. Mit Heinrich endete 1024 das Geschlecht der Sachsen. Die Königsherrschaft war bei seinem Tod jedoch derart gesichert, dass die nachfolgenden *Salier, Konrad II.* (1024-1039) und *Heinrich III.* (1039-1056), ohne Kontinuitätsbruch an die Politik der Ottonen anknüpfen konnten.

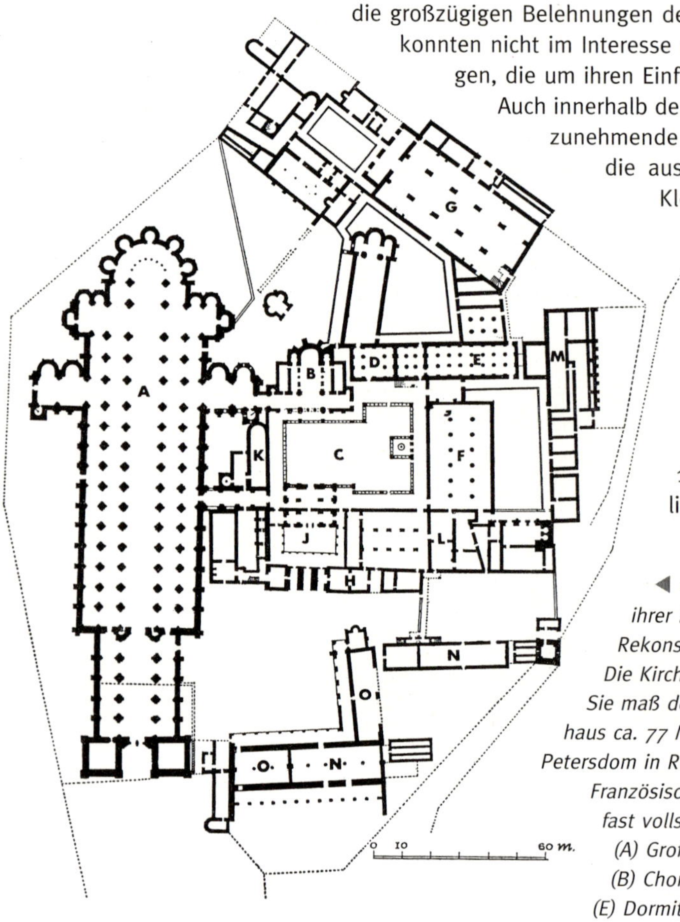

◀ *Gesamtüberblick der Abtei Cluny während ihrer Blütezeit in der Mitte des 12. Jahrhunderts. Rekonstruktionszeichnung nach Kenneth J. Conant. Die Kirche war damals die größte der Christenheit: Sie maß der Länge nach 187 Meter, das größere Querhaus ca. 77 Meter. Erst der im 16. Jahrhundert errichtete Petersdom in Rom übertraf diese Ausmaße. Während der Französischen Revolution wurde die Anlage von Cluny fast vollständig zerstört.*
(A) Große Kirche aus dem 11. und 12. Jahrhundert; (B) Chor, (C) erweiterter Kreuzgang, (D) Kapitelsaal, (E) Dormitorium (Schlafsaal), (F) Refektorium (Speisesaal), (G) Krankenhaus, (H) Wohnräume des Abtes, (J) Hof des Abtes, (K) Kapelle des Abtes, (L) Küche, (M) Latrine, (N) Stallungen und (O) Gästehaus.

[1] *Erneuerung des Reichs der Franken*

Die cluniazensische Reform

Da das Klosterwesen sich weltlichen Einflüssen geöffnet hatte und von den Territorialgewalten immer stärker beansprucht wurde, versuchten die Mönche des im Jahr 910 gegründeten Klosters *Cluny*, das mönchische Leben zu reformieren. Um die Unabhängigkeit Clunys zu sichern, wurde es von Anfang an direkt dem Papst unterstellt.

Die cluniazensischen Mönche waren dem strengen Regiment des Abtes unterstellt, dem in jeder Beziehung Gehorsam zu leisten war. Der Tagesablauf war genau reglementiert. Den Mönchen stand nur etwa eine halbe Stunde am Tag zu Gesprächen zur Verfügung. Die meiste Zeit war ausgefüllt mit langen Chorgebeten, mit Arbeit, wobei die Mönche jedoch von besonders schwerer Arbeit befreit waren, und Schweigen, denn die Regel des Klosters legte großen Wert auf die Besinnung. Die strikte Mönchszucht äußerte sich auch in der einheitlichen dunklen Kutte und in einfachem, fleischlosem Essen. Alle Standesunterschiede waren im Kloster aufgehoben, obwohl eine große Zahl der Konventsmitglieder adeliger Herkunft war. Dank der vielen wertvollen Stiftungen, die dem Kloster vermacht wurden, und dank der steigenden grundherrschaftlichen Einnahmen setzte sich mit der Zeit wieder eine eher verschwenderische Lebensweise durch.

Die Erneuerung des klösterlichen Lebens von Cluny aus konnte gelingen, weil neue Klöster sich dem Mutterkloster bis ins 12. Jahrhundert strikt unterordneten. So hatte der Abt von Cluny zeitweise die Kontrolle über mehr als 1400 Filialklöster, die ihm direkt unterstellt waren. Erst als das klösterliche Leben Clunys gewisse Verschleißerscheinungen zeigte, wurden ab dem 11. Jahrhundert neue Orden gegründet, denen die Benediktinerregel (Ora et labora) auch in der cluniazensischen Ausprägung mit dem Schweigegebot nicht mehr genügte.

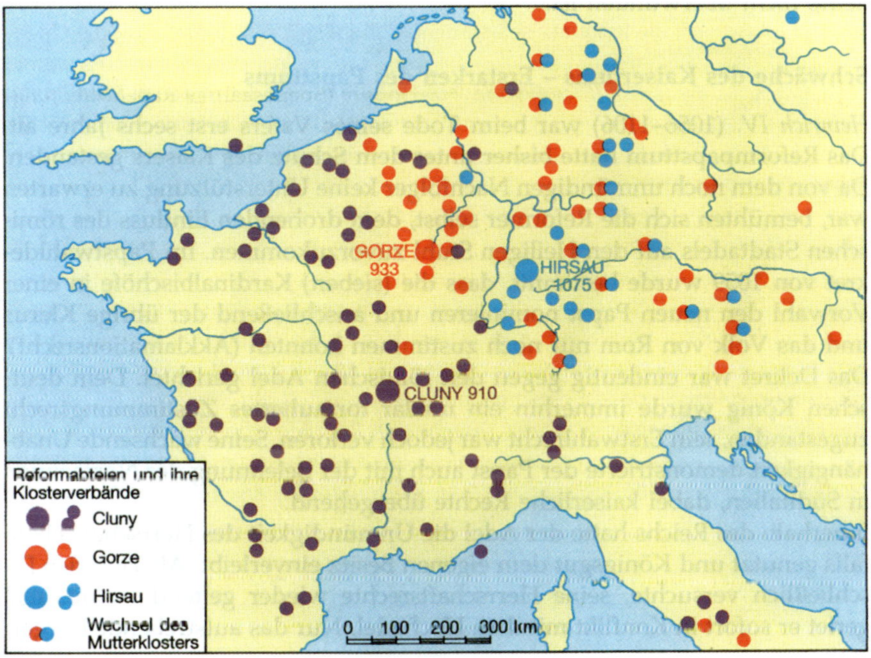

▲ *Ausbreitung der von Cluny ausgehenden Reformklöster.*

Ziele der frühen Kirchenreform

Kaiser Heinrich III. stand auf Grund seiner tief religiösen Natur den von Cluny beeinflussten Reformideen sehr nahe. Den Gedanken der *Gottesfriedensbewegung* (Verbot kriegerischer Handlungen von Freitag bis Sonntag und zu bestimmten „heiligen" Zeiten) griff er auf, um die adeligen Fehden einzudämmen. Als Schutzherr der Kirche entsprach es seinem Selbstverständnis, direkt in die Besetzung des Stuhles Petri einzugreifen. Auf den *Synoden von Sutri* und *Rom* (1046) setzte er drei rivalisierende Päpste ab und ernannte einen neuen Papst.
Hauptanliegen der kirchlichen Reformpartei unter Papst Leo IX. (1048-1054) war das Verbot der *Simonie*, des Kaufs kirchlicher Ämter. Dazu gehörte auch, dass vom König eingesetzte kirchliche Grundherren nicht mehr zu lehensrechtlichen Leistungen verpflichtet sein sollten. Unter dem Schlagwort „libertas ecclesiae" (*Freiheit für die Kirche*) wollten die Reformer dem Einfluss von Laien auf Kirche und Klöster Einhalt gebieten. Inwieweit sich hier Widersprüche zur historisch gewachsenen inneren Struktur des Reichs auftaten, blieb unter Heinrich III. noch unentschieden.
Im Zeichen eines wachsenden Zentralismus der Amtskirche und einer zunehmenden Disziplinierung des Klerus stand eine weitere Forderung der Kirchenreform: die Durchsetzung der Ehelosigkeit von Priestern. Besonders wegen dieser Frage des Zölibats führte der Reformkurs zum Bruch mit den Patriarchen von Byzanz; 1054 kam es zur Kirchenspaltung (*Schisma*), die bis heute nicht überwunden ist.

Schwäche des Kaisertums – Erstarken des Papsttums

Heinrich IV. (1056-1106) war beim Tode seines Vaters erst sechs Jahre alt. Das Reformpapsttum hatte bisher unter dem Schutz des Kaisers gestanden. Da von dem noch unmündigen Nachfolger keine Unterstützung zu erwarten war, bemühten sich die Reformer selbst, dem drohenden Einfluss des römischen Stadtadels auf den Heiligen Stuhl zuvorzukommen. Im Papstwahldekret von 1059 wurde bestimmt, dass die (sieben) Kardinalbischöfe in einer Vorwahl den neuen Papst nominieren und anschließend der übrige Klerus und das Volk von Rom nur noch zustimmen konnten (Akklamationsrecht). Das Dekret war eindeutig gegen den römischen Adel gerichtet. Dem deutschen König wurde immerhin ein unklar formuliertes Zustimmungsrecht zugestanden, sein Erstwahlrecht war jedoch verloren. Seine wachsende Unabhängigkeit demonstrierte der Papst auch mit der Belehnung der Normannen in Süditalien, wobei er kaiserliche Rechte überging.
Innerhalb des Reichs hatte der Adel die Unmündigkeit des Herrschers ebenfalls genutzt und Königsgut dem eigenen Besitz einverleibt. Als Heinrich IV. schließlich versuchte, seine Herrschaftsrechte wieder geltend zu machen, geriet er sofort in Konflikt mit dem Hochadel. Nur das aufstrebende Bürgertum der Städte (siehe Seite 99 ff.) bot ihm Hilfe an, was der König mit der Vergabe von Regalien belohnte und so die Position der Städte innerhalb des Reiches festigte. Letztlich setzte sich Heinrich durch. Dennoch blieben gerade die süddeutschen Fürsten auf Distanz zum König, da dieser weiterhin versuchte, mittels der Städte und der Ministerialen das Reich zu kontrollieren.

Gregor VII. und der Investiturstreit

Papst *Gregor VII.* (1073-1085), der als Mönch *Hildebrand* hieß und bereits zu den Reformern um Papst Leo IX. gehörte, war ein starker Verfechter des Gedankens der Freiheit der Kirche. Dazu musste das *Sacerdotium* (geistliche Macht) dem *Regnum* (weltliche Macht) übergeordnet sein. Dieser Anspruch fand seinen Niederschlag im so genannten „Dictatus Papae“ (März 1075) (▶ M3), einer Sammlung von Leitsätzen, die das gewachsene Selbstbewusstsein des Papsttums dokumentierte. Der Papst hatte nach dieser Doktrin als unumschränkter Leiter der Universalkirche auch die Möglichkeit, den Kaiser abzusetzen und seine Untertanen von ihrem Treueid zu entbinden, da die Macht des Papstes allen weltlichen Mächten übergeordnet sei.

Vor diesem Hintergrund entzündete sich der Konflikt zwischen Gregor und Heinrich. Seit längerem bestritten radikale Reformer in der Kirche das Recht der *Laieninvestitur*, also der Einsetzung (Investitur) von Bischöfen durch Laien. Nicht nachgegangen wurde dabei zunächst der Frage, ob der gesalbte, von Gott eingesetzte König als Laie anzusehen war. Der Streit brach aus, als Heinrich IV. in Norditalien mehrfach gegen den Willen des Papstes Bischöfe ein- und absetzte. Gregor drohte mit dem Bann.

Dagegen wandten sich Anfang 1076 auf der Wormser Synode die deutschen Bischöfe, die sich schon wiederholt gegen den zunehmenden Zentralismus der römischen Kirche zur Wehr gesetzt hatten. Sie forderten Gregor zum Rücktritt auf, da seine Wahl nicht rechtmäßig gewesen war (die Zustimmung des Königs war nicht eingeholt worden). Heinrich IV. forderte die Römer zum Aufstand gegen den „falschen Mönch Hildebrand“ auf (▶ M4). Der Papst reagierte sofort, indem er die kaiserlichen Untertanen von ihrem Lehenseid entband und über den König den Bann verhängte, ihn also von allen kirchlichen Handlungen ausschloss. Dies nutzten einige mächtige deutsche Fürsten, um ihre eigene Macht zu stärken: Sie forderten von Heinrich, sich bis zum Februar 1077 vom Kirchenbann zu lösen. Anderenfalls wollten sie einen anderen König wählen.

Um zu verhindern, dass sich der Papst in Deutschland mit der Fürstenopposition verband, zog der König im Winter über die Alpen. Vor der Burg von Canossa, auf der Gregor verweilte, erzwang er durch dreimaliges Erscheinen im Büßergewand seine Wiederaufnahme in die kirchliche Gemeinschaft. Daran geknüpft war die Verpflichtung Heinrichs, sich mit den deutschen Fürsten zu vergleichen. Eine Regelung des Investiturrechts unterblieb. Trotz der Aufhebung des Banns wählte die hauptsächlich aus süddeutschen Fürsten bestehende Oppositionsgruppe den

▶ *Canossa. Buchmalerei, um 1155.*
Am Fuß der Burg Canossa trafen sich 1077 Mathilde, die einflussreiche Markgräfin von Tuszien, der gebannte Kaiser Heinrich IV. und dessen Taufpate, Abt Hugo von Cluny.
• *Beschreiben Sie die Darstellung der Personen.*

schwäbischen Herzog *Rudolf* zum König, wohl noch in der Annahme, dass Heinrich abgesetzt sei. Der Papst wahrte in diesem Streit zwar zunächst Neutralität, erließ aber auf zwei Synoden 1078 und 1080 ein generelles Investiturverbot für Laien, das auch für Könige und Kaiser galt. Damit war das bisher geltende Reichskirchensystem in seinem Kern getroffen. Eine erneute Bannung Heinrichs durch den Papst zeigte nicht mehr die gewünschte Wirkung. Nach Niederlage und Tod des Gegenkönigs konnte Heinrich zu einem Zug nach Rom aufbrechen und die Stadt erobern. Gregor flüchtete ins Exil, wo er 1085 starb. Ein von Heinrich inthronisierter Papst krönte den deutschen König zum Kaiser (1084). Ein Ausgleich mit der Reformkirche gelang Heinrich in der Folgezeit jedoch nicht.

Das Wormser Konkordat

Eine vorläufige Einigung im Streit zwischen Kaiser und Papst kam schließlich unter *Heinrich V.* (1106–1125) zu Stande, der seinem Vater kurz vor dessen Tod in einem Aufstand die Krone entriss. Erst jetzt wurde die formale Frage der Laieninvestitur zum Angelpunkt der Diskussion, in der es letztendlich um die Abgrenzung zwischen Sacerdotium und Regnum ging. Klärend wirkte die von Kirchenrechtlern herausgearbeitete Unterscheidung zwischen *Spiritualia* und *Temporalia*, also geistlichen und weltlichen Angelegenheiten. Diese Trennung war dem mittelalterlichen Denken bis dahin fremd, und sie ist auch in anderen Kulturkreisen (beispielsweise in den islamischen Ländern) bis heute nicht vollzogen. Von nun an betrachtete man sakrale Akte als Sache der Kirche, weltliche Rechte konnte nur der König vergeben. Auf dieser Basis war bereits 1107 eine Lösung des Investiturproblems in Frankreich und England gelungen, wo die Rechte kirchlicher Grundherren weniger umfassend waren als im Reich. In Deutschland beendete erst das *Wormser Konkordat* (1122) nach langen Verhandlungen das Ringen zwischen Papsttum und Kaisertum. Die Investitur wurde in zwei Teile getrennt, die geistliche mit Ring und Stab, die weltliche mit Zepter. Die Wahl eines Bischofs fand ausschließlich nach dem Kirchenrecht statt – zwar in Anwesenheit des oder eines Stellvertreters, doch hatte der König nur noch bei einer strittigen Wahl das Entscheidungsrecht.

Nach der Wahl, aber noch vor der Weihe, erhielt der Kleriker die Regalien aus der Hand des Königs. Für diese weltliche Investitur war er dem Herrscher verpflichtet. Immerhin ließ das Konkordat die Möglichkeit einer lehensrechtlichen Bindung mit einem Treueid der geistlichen Würdenträger offen. Es war keineswegs ausgeschlossen, dass das Kaisertum die verlorene Verfügungsmacht über die Reichskirche mit Hilfe des Lehnsrechts wieder auffangen konnte (▸ M5).

Am Ende des so genannten Investiturstreits hatte das Königtum seine direkt auf Gott zurückgeführte Legitimation verloren. Profitiert hatte die römische Kirche, die sich von ihren kaiserlichen Schutzherren emanzipieren konnte; profitiert hatten auch die hohen Adeligen im Reich, derer die Salier nur noch mit äußerster Anstrengung Herr wurden. Im Schatten der Auseinandersetzungen ertrotzten sich allmählich auch die Städte eigene Rechte.

1.4 Die Zeit der Staufer

▲ *In staufischer Zeit erlebte die mittelalterliche Goldschmiedekunst einen Höhepunkt. Der berühmte Cappenberger Porträtkopf (um 1160) überliefert das Antlitz Kaiser Friedrichs I. Barbarossa in kennzeichnenden Einzelzügen. Die Augäpfel wurden erst im 19. Jahrhundert ergänzt. Der Kaiser machte den Bildniskopf aus vergoldeter Bronze seinem Taufpaten Otto von Cappenberg zum Geschenk. Dieser verwandelte die profane Plastik, die als erste charakteristische Porträtdarstellung seit karolingischer Zeit gilt, in ein Reliquiar. Die Büste des Herrschers erhebt sich aus den Mauern der Stadt Rom.*
• Erläutern Sie den darin zum Ausdruck kommenden Herrschaftsanspruch Friedrichs I.

1152-1190
Unter Friedrich I. Barbarossa erlebt die Italienpolitik deutscher Könige ihren Höhepunkt

1197
Nach dem frühen Tod Heinrichs VI. streiten Staufer und Welfen um die Krone; Papst Innozenz III. nutzt das Machtvakuum, um die päpstliche Entscheidungsgewalt zu vergrößern

1212
Der Staufer Friedrich II. setzt sich gegen seinen Welfen-Rivalen durch

1250
Mit dem Tod Friedrichs II. bricht die staufische Herrschaft in Italien zusammen

▲ *Kaiser Friedrich I. mit seinen Söhnen. Miniatur aus der so genannten Welfenchronik, um 1185.*

M1

Der Kaiser will kein Lehensmann des Papstes sein

Auf dem Reichstag von Besançon im Jahr 1157 kommt es zu einer schweren Auseinandersetzung zwischen den Gesandten Papst Hadrians IV. und Kaiser Friedrich Barbarossa. Die mittelalterliche „Kölner Königschronik" schildert den Vorgang.

Ein schwerer Zwiespalt entstand zwischen dem Papst und dem Herrn Kaiser. Es hat nämlich einst Papst Innozenz II. an einer Mauer in Rom ein Bild malen lassen, auf dem er selbst auf dem päpstlichen Thron saß, Kaiser Lothar (III.) aber mit gefalteten Händen vor ihm kniete und die Kaiserkrone empfing. Auch gab es noch anderen glimmenden Zunder der Zwietracht. Als nämlich der Kaiser mit den Großen des Reiches zu Besançon in Burgund einen Reichstag hielt, erschienen vonseiten des Papstes zwei Kardinäle mit apostolischen Briefen für den Kaiser, in denen unter anderem Folgendes stand: „Wir haben dir das beneficium der Krone erteilt und würden nicht von Reue bewegt werden, wenn deine Hoheit noch größere beneficia von uns empfangen hätte." Dieses Wort, nämlich beneficium, übersetzte der Dolmetscher dem Kaiser mit „Lehen". Als er das hörte, entbrannte der Kaiser in heftigstem Zorn; aber auch alle Fürsten und Freunde des Kaisers, die jenes Wort genau erwogen, loderten in solchem Zorn, dass sie die Kardinäle ungestüm getötet hätten, wenn diese nicht, durch die Hilfe und das Geleit des Kaisers befreit, schleunigst gegangen wären. Also sprach der Kaiser: „Was wir allein von Gott haben, das halten diese für die Wohltat eines Lehens (pro feodi beneficio)? Niemals werden wir dem zustimmen, sondern wir erkennen die erste Stimme bei der Königswahl dem Mainzer Bischof zu, die Königsweihe dem Kölner Bischof, die Kaiserweihe dem römischen Papst; die Kaiserkrone ordnen wir aber allein Gott zu. Die Bilder müssen zerstört, die Schriften berichtigt werden, sonst wird zwischen ihm und mir niemals Friede sein." Als man in Rom von dem Zorn des Kaisers und seiner Ursache hörte, waren der Papst, alle Kardinäle und alle Römer vor großer Furcht ganz bestürzt und bemühten sich, durch wiederholte Briefe an ihn und die Großen seinen wütenden Sinn zu besänftigen, indem sie sagten, jenes Wort beneficium sei nicht richtig übersetzt worden, denn bei ihnen heiße beneficium nicht „Lehen" (feodum), sondern etwa „Wohltat" (benefactum). Das also war der Pflanzgarten der Zwietracht zwischen den Römern und dem Kaiser.

Das Ereignis aus der Sicht eines modernen Historikers:

Die [...] erhöhte Spannung zwischen Kaiser und Papst entlud sich im Oktober 1157 auf dem Hoftag zu Besançon. Hadrian IV. hatte den Kaiser in einem Schreiben daran erinnert, dass der Papst ihm die Machtfülle des Kaisertums übertragen und ihm noch weitere „beneficia" überlassen hätte. Rainald von Dassel, damals kaiserlicher Kanzler, übersetzte den Begriff bewusst als „Lehen", also nicht als „Wohltaten". Die Deutung des Kanzlers, die in der Tat auch die Absichten des Papstes und seiner Legaten traf, rief auf dem Hoftag und auch noch später eine scharfe antipäpstliche Reaktion unter dem Hochadel und auch unter den geistlichen Herrschaftsträgern hervor. Die römische Kurie musste im Juni 1158, als der Kaiser kurz vor dem Aufbruch zu seinem zweiten Italienzug stand, diese Auffassung ausdrücklich widerrufen und damit anerkennen, dass ihre unter Lothar III. vertiefte Vorstellung über die Vorrangstellung des Papsttums gegen den staufischen Kaiser nicht durchsetzbar war.

Erster Text: Kölner Königschronik, in: Helmut Beilner, Von der mittelalterlichen Reichsidee zum souveränen Staat, München 1976, S. 57
Zweiter Text: Alfred Haverkamp, Aufbruch und Gestaltung, Deutschland 1056–1273, München ²1993, S. 228 f.

Skizzieren Sie anhand der beiden Texte, worum es in der Auseinandersetzung zwischen Kaiser und Papst ging.

M2

Das Decretale Venerabilem (1202)

Ein Decretale war eine päpstliche Entscheidung mit Gesetzeskraft. Sie erhielt ihren Namen jeweils nach dem lateinischen Anfangswort des Textes. Papst Innozenz III. mischt sich mit einem solchen Decretale in den staufisch-welfischen Thronstreit zwischen Philipp von Schwaben, dem Bruder des verstorbenen Stauferkaisers Heinrichs VI., und dem Welfenfürsten Otto ein. In seiner Mitteilung an Herzog Berthold von Zähringen geht der Papst zugleich auf ein früheres Schreiben einiger deutscher Fürsten ein.

3. Wahrhaftig, wir, die wir nach der Pflicht des apostolischen Dienstes jedem Einzelnen Recht schulden, wollen ebenso wenig, wie wir unser eigenes Recht von anderen usurpiert sehen möchten, uns das Recht der Fürsten aneignen. Daher erkennen wir den Fürsten, denen es nach Recht und alter Gewohnheit zukommt, das Recht, einen König zu wählen, der dann später zum Kaiser erhoben wird, ausdrücklich zu, wie es sich gehört, besonders da Recht und Macht dieser Art ihnen vom Apostolischen Stuhle zufließt, der das römische Reich in der Person des Großen Karl [...] auf die Deutschen übertragen hat.

4. Aber auch die Fürsten haben einzusehen und zu erkennen, dass uns das Recht zukommt, die zum König gewählte und zum Kaiser zu erhebende Person zu überprüfen, da wir sie salben, weihen und krönen. Denn es gilt ganz allgemein diese Regel, dass dieser das Recht besitzt, einen Menschen zu prüfen, der ihn in ein Amt einzusetzen hat. Oder wären wir etwa auch zur Salbung, Weihe und Krönung genötigt, wenn die Fürsten nicht in zwiespältiger, sondern sogar in einhelliger Wahl einen gottlosen oder exkommunizierten Mann, einen Tyrannen oder einen Narren zum König gewählt hätten? Da sei Gott vor [...].

7. Ermahnt von den Boten der Fürsten, fordern wir sie auf, wie wir uns einer jeden Kränkung ihres Rechts enthalten, so auch unserem Recht gegenüber sich nicht unbillig zu zeigen, sondern sich auf unseren gerechten Urteilsspruch hin von jenem Herzog[1] zurückzuziehen und dem König Otto anzuhängen nicht abzulassen, es sei denn, sie könnten gegen seine Person oder seine Taten eine gerechtfertigte Beschwerde erheben und beweisen.

8. Gegen den Herzog von Schwaben liegen nämlich notorische Hindernisse vor, seine öffentliche Bannung [...] und die weit ausgedehnte Verfolgung, die seine Vorfahren und er selbst gegen den Apostolischen Sitz und andere Kirchen zu unternehmen versucht haben. [...]

9. Dass Philipp aus einem Geschlecht von Verfolgern stammt, können die Fürsten, wie wir meinen, nicht bezweifeln [...].

10. Auch müsste, wenn der genannte Herzog das Imperium besäße, was ferne sei, das Wahlrecht der Fürsten zugrunde gehen, und die Möglichkeit würde aufgehoben, die Herrschaft im Reiche von dem einen auf den anderen zu übertragen. Denn wenn, wie einstmals Friedrich auf Konrad, Heinrich auf Friedrich, so jetzt entweder Friedrich auf Philipp oder Philipp auf Heinrich[2] folgt, dann schiene das Reich nicht mehr auf dem Wahlrecht, sondern auf dem Erbrecht

1) Gemeint ist der Staufer Philipp von Schwaben
2) Alle aus dem Geschlecht der Staufer

zu beruhen. Denn da es viele gleich edle und mächtige Reichsfürsten gibt, überschritte es deren Vorrecht, wenn nur immer einer aus dem Hause der schwäbischen Herzöge für die Herrschaft in Frage käme.

Wolfgang Lautemann, Geschichte in Quellen. Mittelalter, München, 2. durchgesehene Auflage 1978, S. 486 f.

1. *In der Auseinandersetzung zwischen dem Staufer Philipp von Schwaben und dem Welfen Otto IV. stellt sich der Papst auf die Seite des Welfen. Erläutern Sie, mit welchen unterschiedlichen Argumenten er die Fürsten zur Anerkennung Ottos auffordert.*
2. *Mit welchen Argumenten begründet Papst Innozenz III. sein Entscheidungsrecht?*

M3

Ein moderner Herrscher verbietet „Gottesurteile"

Das Gottesurteil diente zum Beweis von Schuld oder Unschuld eines Angeklagten. In der „Feuerprobe" musste der Verdächtige z.B. glühende Eisen in der Hand tragen oder barfuß darüber laufen. In der für sein Königreich Sizilien erlassenen Verordnung Kaiser Friedrichs II. wird auch die so genannte „Wasserprobe" angesprochen.

Die Urteile, die von einigen Einfältigen Gottesurteile genannt werden, welche weder auf die Natur der Dinge blicken noch auf die Wahrheit hören, scheiden Wir, die Wir der Gesetze wahre Wissenschaft erforschen und Irrtümer verschmähen, von Unseren Gerichten aus. Mit diesem durch Unseren Namen geweihten Erlass verwehren Wir für immer allen Richtern Unseres Königreichs, dass einer die Gottesurteile, die eher Gottesversuchungen heißen sollten, irgendwelchen Unserer Treuen auferlege. Vielmehr sollen sie mit den gewöhnlichen Proben zufrieden sein, wie sie in den alten Gesetzen und auch in Unseren Verordnungen eingeführt sind. Und deren Ansicht glauben Wir nicht nur verbessern, sondern austilgen zu müssen, die darauf vertrauen, des glühenden Eisens natürliche Hitze werde lau, ja kalt ohne Vorliegen einer gerechten Ursache, oder die versichern, den eines Verbrechens Beschuldigten nehme das Element des kalten Wassers wegen seines versehrten Gewissens nicht auf.

▲ Anwendung des Gottesurteils der Wasserprobe. Abbildung aus der Heidelberger Handschrift des Sachsenspiegels, Anfang des 14. Jahrhunderts.
Zwei Paare erheben Anspruch auf das dasselbe Gut. Links schwören die Parteien, dass sie richtig angeben, inwieweit ihnen das umstrittene Grundstück gehört. Rechts liegt der zu Prüfende in einer mit Wasser gefüllten Bütte (wannenartiges Gefäß) und wird an einem um den Körper gebundenen Strick gehalten – doch so, dass er auch untersinken kann. Ein Priester, dessen Anwesenheit zu dem Ritual gehört, steht hinter der Bütte. Ob Untersinken oder Obenschwimmen zugunsten des Beweisführers gilt, ist zu verschiedenen Zeiten und an verschiedenen Orten ungleich beurteilt worden.

Wolfram von den Steinen, Staatsbriefe Kaiser Friedrichs des Zweiten, Breslau 1923, S. 37

1. *Bei der Wasserprobe wurde der Beschuldigte an einer Leine – oft mit gefesselten Händen – ins Wasser geworfen. Entnehmen Sie dem Schluss des Textes, ob er als überführt oder als unschuldig galt, wenn er nicht an der Wasseroberfläche blieb.*
2. *Überprüfen Sie, wie die rationale Mentalität des letzten Stauferkaisers in Inhalt und Fomulierungen seines Erlasses zum Ausdruck kommt, und überlegen Sie, warum diese Haltung von vielen Zeitgenossen kritisch und zum Teil ablehnend bewertet wurde.*

M4

Historische Urteile über die Italienpolitik der Staufer-Kaiser

Die Ausweitung der staufischen Herrschaft bis Sizilien wurde oft als Höhepunkt der kaiserlichen Machtstellung im Mittelalter gefeiert. Eine 1859 vorgetragene Neubewertung der gesamten mittelalterlichen Kaiserpolitik durch den Historiker Heinrich von Sybel (1817-1895) erregte großes Aufsehen und löste unter den Zeitgenossen scharfe wissenschaftliche Debatten aus. Sybel fasste seine vor dem bayerischen König Maximilian II. 1859 gehaltene und später gedruckte Rede 1862 dahingehend zusammen, dass man „noch immer das mittelalterliche Kaisertum als echtes Organ und glänzende Vertretung unserer nationalen Interessen schildere, während in Wahrheit das Kaisertum von Anfang an fortdauernd die Tendenz einer theokratischen Weltherrschaft verfolgt, damit die nationalen Interessen stets geschädigt und endlich sich selbst den Untergang bereitet habe".

Ich bin weit entfernt, die persönliche, geistige und sittliche Größe der alten Kaiser herabzusetzen: Für immer wird es ein Stolz der Nation bleiben, Männer wie Karl und Otto den Großen, die geharnischte Reihe der Salier, die strahlenden Heldengestalten der Staufer hervorgebracht zu haben. Aber ganz unabhängig davon ist die Frage, ob die Politik dieser Fürsten die richtige, ob sie den Bedürfnissen und dem Gedeihen der Nation die entsprechende war, ob jene gewaltigen Herrscher selbst nicht ein ganz anderes Ziel als die Pflege der deutschen Nation im Auge gehabt haben.

[...] Dem deutschen Reich [...] und dem deutschen Königtum erwuchs kein Heil aus dem durch Otto I. errungenen kaiserlichen Glanze. Die Kräfte der Nation, die sich bisher mit richtigem Instinkte in die großen Kolonisationen des Ostens ergossen, wurden seitdem für einen stets lockenden und stets täuschenden Machtschimmer im Süden der Alpen vergeudet. [...] Widerwillig folgte [...] die Nation den Geboten ihrer Herrscher zu den morderischen Romfahrten – bis sie sich schließlich unter den Hohenstaufen nach dem entscheidenden Vorgang Herzogs Heinrichs des Löwen mit voller Energie davon losriss, um ihre Kräfte ungestört auf ihre großen Gründungen in Österreich, Böhmen, Schlesien, Brandenburg, Preußen zu wenden.

Sybel und anderen ähnlich urteilenden Historikern antwortet 1987 der Professor für mittelalterliche Geschichte, Hartmut Boockmann, bei seiner Darstellung der Italienpolitik Kaiser Friedrich Barbarossas.

Sechsmal ist Barbarossa über die Alpen nach Italien gezogen, und einige dieser Italienzüge haben Jahre gedauert. Barbarossa hat einen großen Teil seiner langen Regierungszeit in Italien verbracht und das konnte nachträglich als eine Art Vorspiel zu der Regierungsweise seines Enkels, Friedrichs II., erscheinen, der fast seine ganze Lebenszeit südlich der Alpen verbringen sollte. Vor allem an der Politik Barbarossas entzündete sich eine heftige Diskussion des 19. und frühen 20. Jahrhunderts über die „Italienpolitik" der deutschen Könige und Kaiser im Mittelalter. Hatten sich diese mächtigen Herrscher, die zu immer neuen Kriegszügen nach Italien aufbrachen, nicht auf einen zwar die Phantasie beflügelnden, aber unter konkreten politischen und vor allem unter nationalgeschichtlichen Gesichtspunkten verhängnisvollen Irrweg begeben? So wurde ihnen von nationalliberal urteilenden Historikern vorgeworfen.

Aber hatte Barbarossa denn wirklich die Wahl? Hätte er denn die Möglichkeit gehabt – falls er so etwas gewollt hätte oder hätte wollen können –, sich aus der politischen Tradition zu lösen, in die er durch seine Wahl zum deutschen beziehungsweise römischen König gestellt worden war? Als gewählter römischer König war er verpflichtet, sich um die Kaiserkrönung zu bemühen. Darüber hinaus musste ihm aber auch ein machtpolitisches Interesse nahe legen, in Gestalt der Kaiserkrone eine zusätzliche Autorität zu gewinnen. Da die Stellung des Königs in Deutschland seit 1125 so strittig gewesen war, hatte die Kaiserkrone einen besonderen Wert. Sie machte den König, der sie trug, sicherer in seinem Amt.

Zudem war der König nicht der einzige deutsche Fürst, der sich in Italien politisch engagierte. Andere Fürsten wollten das ebenfalls. Die Welfen hatten seit der Regierungszeit Lothars III. in Mittelitalien eine beträchtliche Machtposition erworben [...]. Umso energischer musste sich Barbarossa nun seinerseits darum bemühen, in Italien Fuß zu fassen und den unerwünschten welfischen Machtzuwachs durch eigene Gewinne auszugleichen.

Das aber war umso notwendiger, als die Herrschaft in Italien durchaus keine unsichere Sache zu sein brauchte, die immer wieder militärischen Einsatz forderte und wenig Nutzen brachte. Herrschaft in Italien konnte vielmehr Verfügung über schnell wachsende Städte und damit die Chance großer Einnahmen bedeuten. Wer hier Herrschaftsrechte ausübte, hatte die Möglichkeit, Einkünfte aus den wirtschaftlich am weitesten entwickelten Regionen des damaligen Europa zu erzielen.

Erster Text: Heinrich von Sybel, in: Friedrich Schneider (Hrsg.), Universalstaat oder Nationalstaat. Macht und Ende des Ersten deutschen Reiches, Innsbruck 1941, S. 10, 15, 161
Zweiter Text: Hartmut Boockmann, Stauferzeit und spätes Mittelalter. Deutschland 1125-1517, Berlin 1987, S. 88 f.

1. *Untersuchen Sie Kriterien und Wertmaßstäbe, die der Verurteilung der mittelalterlichen Kaiserpolitik durch Sybel zugrunde liegen, und nehmen Sie dazu Stellung.*
2. *Beurteilen Sie den Standpunkt Sybels, nicht Friedrich Barbarossa, sondern dessen Gegner Heinrich den Löwen zur entscheidenden Herrschergestalt der deutschen Geschichte zu erklären (siehe auch Karte S. 51)*
3. *Stellen Sie die Argumente zusammen, mit denen Boockmann die Italienpolitik Friedrich Barbarossas verständlich zu machen sucht. Worin unterscheidet sich die Art seiner Geschichtsbetrachtung grundsätzlich von der Sybels?*

◀ *Das Reich der Staufer.*

Staufische Italienpolitik

Unter Kaiser *Friedrich I.* (1152-1190), dem die Römer wegen seines rötlichen Bartes den Beinamen Barbarossa[1] gaben, Heinrich VI. und Friedrich II. erlebte die von späteren Historikern kontrovers beurteilte „Italienpolitik" deutscher Könige im „staufischen Jahrhundert" ihren Höhepunkt. Der „Reichsbegriff" des Mittelalters bezog sich ja nicht nur auf das deutsche Reichsgebiet, sondern umfasste traditionell Burgund (Königreich Arelat) und große Teile Italiens (Reichsitalien). In Burgund sicherte Friedrich I. seine Stellung durch die Heirat der Erbin *Beatrix*. Wesentlich mehr Kraft forderte der Kampf um die Wiederherstellung des kaiserlichen Einflusses in Italien. Dort waren alte Rechte des Reiches verloren gegangen und es hatten sich wohlhabende Stadtrepubliken gebildet, die sich selbst verwalteten. Der Kaiser verbrachte auf insgesamt sechs Italienzügen mehr als

[1]) *Vgl. Kapitel 3.2 zum Kyffhäuser-Mythos, S. 124 ff.*

ein Drittel seiner Regierungszeit im Süden, um sich in Ober- und Mittelitalien, dem fortschrittlichsten Teil des Reiches, eine starke königliche Machtbasis zu schaffen. Auf dem *Reichstag von Roncaglia* (1158) ließ sich Barbarossa durch Gelehrte der Universität Bologna den Anspruch des Reiches auf die Einsetzung der führenden Beamten in den Städten und die alten Regalien bestätigen. Dem notorisch in Geldnot befindlichen Kaiser erschlossen sich damit höchst willkommene Finanzquellen.

Am Ende erreichte Friedrich Barbarossa gegen den Widerstand der vom Papst unterstützten oberitalienischen Städte *(Lombardischer Bund)* sein Ziel nicht. Nach harten und wechselvollen Kämpfen musste sich der Kaiser mit der formalen Anerkennung seiner Oberhoheit begnügen. Den Verzicht auf die Wahrnehmung seiner Rechte ließ er sich durch Abfindung und jährliche Zinszahlung ausgleichen. Dennoch war der Einfluss Barbarossas in Italien zweifellos größer als der seiner Vorgänger.

Ganz neue Dimensionen erhielt die staufische Italienpolitik mit dem Gewinn Unteritaliens und Siziliens. Thronerbe Barbarossas war sein Sohn Heinrich VI. (1190-1197). Durch seine Heirat mit einer Normannenprinzessin fiel ihm das von den Normannen aufgebaute, gut verwaltete *Königreich Sizilien* als Erbe zu. Der von der staufischen Präsenz und Aktivität in Italien ausgehende Druck auf den Kirchenstaat beeinträchtigte allerdings die ohnehin belasteten Beziehungen zwischen den Staufern und dem Papsttum.

▲ *Der Kaiser zu Füßen des Papstes. Wandbild aus der Kapelle Quattro Coronati in Rom, Mitte des 13. Jahrhunderts. Das Bild stellt die angebliche „Konstantinische Schenkung" dar: Kaiser Konstantin der Große soll um 330, als er seine Residenz von Rom nach Byzanz verlegte, dem Papst Silvester I. den Lateranpalast geschenkt und ihm und dessen Nachfolgern die Herrschaft über Rom, Italien und die westlichen Provinzen übertragen haben. Das Bild zeigt Konstantin bei der Übergabe einer Paradehaube an den Papst – sie war Symbol der weltlichen Herrschaft. Mit der anderen Hand führt er das päpstliche Pferd am Zügel. Diese ehrerbietende Geste stammt aus dem Lehnsrecht und bedeutet einen Dienst des Vasallen (hier Konstantin) gegenüber dem Herrn (hier der Papst). Im 15. Jahrhundert wurde nachgewiesen, dass die „Schenkung" nie stattgefunden hat und die entsprechende Urkunde, die wahrscheinlich aus dem 8. Jahrhundert stammt, eine Fälschung war.*

Staufische Reichsideologie gegen päpstliche Vorherrschaftsansprüche

Die Auseinandersetzung zwischen dem Kaisertum und Papsttum hatte neben dem rein machtpolitischen zugleich einen „ideologischen“ Hintergrund. Als König und Kaiser leitete Friedrich Barbarossa seinen Herrschaftsauftrag unmittelbar von Gott ab. Die sakrale Legitimation weltlicher Herrschaft, die im Investiturstreit in Frage gestellt worden war, wurde jetzt noch stärker betont. Versuche des Papsttums, aus der Krönung des Kaisers einen Oberherrschaftsanspruch über die weltliche Gewalt abzuleiten, wiesen Friedrich Barbarossa und seine Umgebung mit größter Schärfe und Bestimmtheit zurück (▶ M1). Die Reichsidee wurde fortentwickelt. Vor allem zwei neue Elemente waren es, die die staufische Staats- und Herrschaftsauffassung kennzeichneten.

1. Die von der Kanzlei Barbarossas verwendete Formel „heiliges Reich“ (*sacrum imperium*) verwies auf die gottgewollte selbstständige Stellung des Reiches in der Christenheit und damit auf die Unabhängigkeit der weltlichen Ordnungsmacht von der Kirche. Dabei stützte man sich nicht nur auf bekannte biblisch-theologische Vorstellungen, sondern knüpfte auch an Traditionen des römisch-antiken Kaisertums an. Das römische Recht, dessen Kenntnis im 12. Jahrhundert wieder auflebte, lieferte willkommene Belegstellen für die unmittelbare Einsetzung des Imperiums und des Kaisertums durch Gott. Indem die staufischen Herrscher als Nachfolger der antiken Imperatoren auf deren Recht zurückgriffen, schufen sie ihrer Herrschaftslegitimation eine neue wichtige Stütze. In dieselbe Richtung wie die Übernahme von Begriffen und Rechtssätzen aus dem römischen Kaisertum deutete die von Barbarossa veranlasste Heiligsprechung Karls des Großen. Auch sie sollte die Gottunmittelbarkeit des römischen Kaisertums demonstrieren.

2. Ein weiteres Element der staufischen Reichsideologie wurde die These, die Wahl des deutschen Königs durch die Fürsten vermittele diesem, auch *ohne* Bestätigung durch den Papst, sofort die kaiserliche Herrschaft in allen Teilen des Imperiums. Die Rolle des Papstes bei der Übertragung der Kaiserwürde wurde damit entscheidend herabgesetzt. Vorbild war das oströmisch-byzantinische Kaisertum, denn dort spielte die Krönung des Herrschers durch den Patriarchen von Konstantinopel nur eine ganz nebensächliche Rolle für die kaiserliche Legitimation. Die gegen das Papsttum gerichtete Argumentation der Staufer wertete allerdings die Bedeutung der Fürstenwahl auf.

Niedergang der Staufer – Aufstieg des Papsttums unter Innozenz III.

Seit Heinrich VI. Herr des reichen normannischen Staatswesens in Süditalien geworden war, schien ein staufisches Weltreich im Entstehen, das deutsch-römische Kaisertum hatte einen Machthöhepunkt erreicht. Der Kaiser des Reichs und König von Sizilien wollte die Zusammengehörigkeit beider Reichsteile und die Doppelherrschaft der staufischen Dynastie für die Zukunft sichern. Deshalb bemüht er sich darum, die erbliche Monarchie, die im Südreich galt, auch in Deutschland einzuführen. Das Kaisertum wäre dadurch fest mit dem staufischen Geschlecht verbunden worden. Trotz weitgehender Zugeständnisse an die Kurie und an die deutschen Fürsten erlangte er aber die notwendige Zustimmung zu dieser Verfassungsänderung nicht.

Mit dem frühen Tod des Kaisers im Jahr 1197 stürzte die staufische Weltmachtstellung unerwartet schnell in sich zusammen. In Deutschland brach wieder ein Streit um die Königskrone aus, der das Reich erneut schwächte. Ein Teil der Fürsten wählte *Philipp*

◀ *Kaiser Friedrich II. Buchmalerei aus dem so genannten Falkenbuch, 3. Viertel des 13. Jahrhunderts (Ausschnitt). Das Bild stammt aus einer Handschrift des Werkes „De arte venandi cum avibus" („Über die Kunst mit Vögeln zu jagen"), das der gebildete und vielseitig interessierte Herrscher selbst verfasste.*

von Schwaben (1198-1208), den Bruder Heinrichs VI., ein anderer Teil den Welfen Otto IV. (1198-1218) zum König.
Während in Deutschland der Staufer und der Welfe um die Macht stritten, erlebte das Papsttum unter dem Pontifikat *Innozenz III.* (1198-1216) einen Höhepunkt seiner Bedeutung und seines Geltungsanspruchs. Umfassende Reformen stellten innerkirchliche Missstände ab, trugen maßgeblich zur Fortschreibung des Kirchenrechts bei und demonstrierten die unangefochtene Zentralgewalt des Papstes in der Kirche. Das entstandene machtpolitische Vakuum nutzte Innozenz zur Vergrößerung des Kirchenstaates.
Die Witwe Heinrichs VI. übertrug ihm die Vormundschaft für den erst dreijährigen Kaisersohn Friedrich, den in Sizilien geborenen Enkel Friedrich Barbarossas. Nicht nur Sizilien, sondern auch andere Staaten Europas huldigten der mächtigen Herrscherpersönlichkeit auf dem Stuhl Petri als Lehensherrn. Als eine den weltlichen Königen übergeordnete Instanz beanspruchte Innozenz III. auch die Entscheidungsgewalt im deutschen Thronstreit (➧ M2).

Friedrich II.: letzter Höhepunkt und Ende der Stauferherrschaft

Als der vom Papst protegierte Welfe Otto IV. unerwartet ebenfalls eine aktive Italienpolitik einschlug und Sizilien beanspruchte, förderte Innozenz die Wahl seines Mündels, des jungen Friedrich (König in Sizilien seit 1198) zum deutschen König (1212-1250). Dieser konnte sich nach einem französischen Sieg gegen den im Bund mit England stehenden Welfen durchsetzen

(Schlacht von Bouvines, 1214). Unter Friedrich II. verlagerte sich das Zentrum des Reiches endgültig nach Unteritalien-Sizilien, das er offiziell nur in Personalunion, nicht aber als staatsrechtlichen Bestandteil des Reiches regierte.
Die Persönlichkeit des letzten Stauferkaisers erregte schon bei den Zeitgenossen Bewunderung und Ablehnung. Er war geprägt durch die byzantinisch/griechische-lateinische-arabische und normannische Mischkultur seiner Heimat. Ausgestattet mit einer überragenden rationalen Intelligenz, war er aufgeschlossen für naturwissenschaftliches Denken und förderte die Künste. Er wurde als „Staunen der Welt" (stupor mundi) gefeiert und gefürchtet. Denn er konnte auch erschreckende Kälte und Rachsucht an den Tag legen.
Friedrich gestaltete Sizilien zu einem zentralistischen Staatswesen um, in dem nur noch der Wille des Königs entscheidend war. Wie seine Vorgänger war Friedrich II. von der Gottunmittelbarkeit weltlichen Herrschertums überzeugt. Aber Herrschaft und staatliche Ordnung waren für ihn auch aus Gründen der Vernunft und aus innerweltlicher Notwendigkeit rational gerechtfertigt. Solche modernen Züge in Friedrichs Staatsauffassung trugen zukunftsweisenden Charakter (➧ M3).
Den Nachfolgern Innozenz III. setzte Friedrich II. wieder das kaiserliche Selbstbewusstsein der Staufer entgegen. Die militärischen und geistigen Auseinandersetzungen wurden von beiden Seiten erbittert geführt.
Nach dem plötzlichen Tod Friedrichs (1250) und dem Zusammenbruch der staufischen Herrschaft in Italien schien das Ringen um die Vorherrschaft zu Gunsten des Papsttums entschieden. Jedoch hielten die Auseinandersetzungen auch unter den Nachfolgern der Staufer noch bis ins 14. Jahrhundert an. Letztlich gingen beide Universalmächte geschwächt daraus hervor (➧ M4).

▲ *Castel del Monte in Apulien (Süditalien), 13. Jahrhundert. Die konsequent achteckig durchgestaltete Wehrbauanlage mit acht Türmen spiegelt in ihrer architektonischen Einzigartigkeit den überraschenden Gestaltungswillen Kaiser Friedrichs II. Friedrich selbst hat das fertige Schloss nie betreten. Die einzigen Staufer, die es bewohnten, waren einige Enkelsöhne des Kaisers, die nach dem Niedergang des Geschlechts dort bis zu ihrem Tod gefangen gehalten wurden.*

1.5 Christen, Juden und Muslime – die Begegnung des Abendlandes mit den „Anderen“

1096-1099
Der erste Kreuzzug führt zur Einnahme Jerusalems und zur Gründung von Kreuzfahrerstaaten im Heiligen Land; zugleich beginnen mit ihm Pogrome gegen die Juden

1291
Nach dem Fall von Akkon müssen sich die Kreuzfahrer aus dem Heiligen Land zurückziehen

1453
Mit der Einnahme Konstantinopels durch die Türken endet das Oströmische Reich

▲ *Christ und Muslim beim Schach, Buchmalerei aus dem 13. Jahrhundert.*
Das wohl in Indien entstandene Schachspiel fand im arabischen Kulturraum rasche Verbreitung. Obwohl der Prophet Mohammed Spiele grundsätzlich ablehnte, wurde es dennoch – im Gegensatz zu reinen Glücksspielen – als Strategiespiel toleriert. In karolingischer Zeit kam das Spiel nach Europa und wurde aus den gleichen Gründen von der Kirche verteidigt, während Würfelspiele z.B. grundsätzlich verboten waren. Für standesbewusste Kreuzfahrer war es ein Zeichen der Ritterlichkeit und der Anerkennung eines ebenbürtigen Gegners, wenn sich ein christlicher Ritter mit einem sarazenischen Würdenträger zum gemeinsamen Schachspiel zusammenfand.
Vor allem unter den Kreuzfahrern der zweiten und dritten Generation waren solche Treffen mit muslimischen Spielpartnern nichts Ungewöhnliches.

▶ *Befriedete Personen. Aus der Heidelberger Handschrift des Sachsenspiegels, Anfang des 14. Jahrhunderts. Der König (rechts) weist auf die Lilie, das Zeichen für den Frieden. Vor ihm stehen ein Mönch und ein anderer Geistlicher, eine Frau (mit Haube), ein Mädchen und ein Jude (mit spitzem Judenhut). Ihr Leben und ihr Vermögen standen unter dem Schutz des Königs.*

M1
Unter kaiserlichen Schutz

Der fränkische König und Kaiser Ludwig der Fromme vergibt um 825 einen Schutzbrief für Rabbi Domatus und seinen Enkel Samuel:

Allen Bischöfen, Äbten, Grafen, Domänenverwaltern, Statthaltern, Verwesern und Grenzverwaltern, auch unseren Sendboten und allen unseren Getreuen, den gegenwärtigen wie den zukünftigen, sei bekannt gemacht, dass wir diese Juden, Rabbi Domatus und seinen Enkel Samuel unter unseren Schutz genommen haben und sie darin bewahren. Deshalb bestimmen und befehlen wir durch die vorliegende Urkunde, dass weder ihr noch eure Untergebenen noch eure Nachfolger es wagen sollen, die erwähnten Juden unter irgendeinem unerlaubten Vorwand zu beunruhigen oder ihnen einen Rechtsstreit anzuhängen. Auch sollt ihr es euch zu keiner Zeit herausnehmen, ihnen von ihrem Eigentum, das sie zum gegenwärtigen Zeitpunkt rechtmäßig zu besitzen scheinen, irgendetwas wegzunehmen oder zu schmälern. Ebenso wenig soll jemand es wagen, von den vorgenannten Juden Zoll, Pferdegeld, Abgaben für Einquartierungen, Wegegeld, Verkehrsteuern, Anlegegebühren, Torzölle, Brückenzölle, Reisezölle oder Fischereiabgaben einzutreiben. Gleichfalls haben wir ihnen [den Juden] gestattet, mit ihrem Eigentum Handel zu treiben und ihr Eigentum jedem, dem sie wollen, zu verkaufen. Außerdem soll es ihnen erlaubt sein, nach ihrem eigenen Gesetz zu leben und – außer an Sonn- und Feiertagen Christen zur Verrichtung ihrer Arbeit anzustellen. Sie sollen auch das Recht haben, fremde Sklaven zu kaufen und innerhalb unseres Reiches zu verkaufen. Wenn ein Christ eine Klage oder einen Rechtsstreit gegen sie hat, soll er drei als Zeugen geeignete Christen und drei in gleicher Weise geeignete Juden zur Zeugenaussage für sich heranziehen und mit ihnen seinen Rechtsstreit gewinnen. Und wenn jene eine Klage oder einen Rechtsstreit gegen einen Christen haben, so sollen sie christliche Zeugen zur Aussage für sich heranziehen und mit ihnen den Sieg über ihn davontragen. [...] Seid gewiss, dass jeder, der gegen diese Vorschrift verstößt und bei uns angezeigt wird, nicht ohne Gefahr für sich selbst und Schaden an seinem Eigentum davonkommen wird. Und auch dies soll euch bekannt sein, dass, weil wir die oben genannten Juden unter unseren Schutz und Schirm genommen haben, jeder, der zu ihrem Tod rät oder einen von ihnen tötet, solange sie unsere Getreuen sind, wissen soll, dass er an unsere Pfalz zehn Pfund Gold zahlen muss.

Julius H. Schoeps/Hiltrud Wallenborn (Hrsg.), Juden in Europa. Ihre Geschichte in Quellen, Bd. 1: Von den Anfängen bis zum späten Mittelalter, Darmstadt 2001, S. 117 f.

1. *Rekonstruieren Sie aus dem Text, welchen Missständen Juden im Frankenreich ausgesetzt sein konnten.*
2. *Erklären Sie, wie laut dem vorliegenden Schutzbrief Arbeitsverhältnisse und Rechtsstreitigkeiten beim Zusammenleben von Christen und Juden geregelt werden konnten.*

M2

„Grimm des Drängers"

Im Vorfeld und während des zweiten Kreuzzuges (1147-1149) kommen christliche Kreuzfahrer nach Köln und überfallen die dortige jüdische Gemeinde. Der jüdische Dichter und Geschichtsschreiber Efraim ben Jakob aus Bonn berichtet 1147:

Im Jahre, als der wütende Satan kam, um Israel und Juda zu verheeren, da wurden die Gemeinden aufgescheucht und in Schrecken versetzt, es ist das Jahr 4906[1], da kamen die Feinde und bedrängten Israel. Der nichtswürdige Rudolf, ein Mönch, verfolgte schmählich Israel, er stand gegen Gottes Volk auf, um […] sie zu vertilgen, zu erwürgen und zu vernichten. Aus dem Lande Frankreich kommend zog er durch ganz Deutschland – Gott beschütze es –, um Christen anzuwerben und mit einem Kreuz zu bezeichnen. Man nannte ihn den Kreuzprediger, denn er zog umher und predigte, man sollte nach Jerusalem ziehen und gegen die Ismaeliten kämpfen. Wohin er kam, redete er Übles gegen alle Juden in allen Ländern und reizte so die Schlangen und Hunde gegen uns, indem er sprach: „Rächt den Gekreuzigten zuerst an seinen Feinden, die sich bei euch befinden und dann zieht zum Krieg gegen die Ismaeliten!" Wir hörten das, und es schmolz uns das Herz, es sank unser Mut vor dem Grimm des Drängers, der das Verderben bereitete, und wir schrien zu unserem Gott […]. Der Ewige erhörte unser Flehen und wandte in seiner großen Gnade sich unser erbarmend zu, indem er nach diesem Unhold einen anderen würdigen Mönch nachschickte […], der ihr Gesetz kannte und verstand; sein Name war Bernhard, ein Abt aus der Stadt Clairvaux[2] in Frankreich. Auch dieser predigte nach ihrem Brauch und sprach folgendermaßen zum Volk: „Es ist schön von euch, dass ihr gegen die Ismaeliten ziehen wollt; jedoch wer einen Juden anrührt, um sich an dessen Leben zu vergreifen, das ist so sündig, als rühre er Jesum selbst an; mein Schüler Rudolf, der gegen sie gesprochen hat, um sie zu vertilgen, hat nur Unrichtiges gepredigt; denn es steht über sie im Psalmenbuch geschrieben: „Tötet sie nicht, damit mein Volk nicht vergessen werde!" Alle ehrten diesen Mönch wie einen ihrer Heiligen, auch erfuhr man nie, dass er für das Gute, das er über Israel sprach, eine Bestechung angenommen hätte. Nachdem sie solches gehört hatten, unterließen viele die Mordschläge gegen uns. Auch gaben wir unser Vermögen als Sühne für unser Leben hin, da der Ewige uns verschont und erhalten und uns ein Bleiben im Lande geschenkt hat […].

An späterer Stelle heißt es im Bericht:

[Es] versammelten sich die Irrenden von Ramerupt und drangen in das Haus unseres Lehrers Jakob, der lange lebe! Sie schleppten ihn aufs Feld, redeten streng mit ihm wegen seiner Religion und fassten den Beschluss, ihn zu töten. Fünf Wunden versetzten sie ihm am Kopf, indem sie sprachen: „Du bist ja der Angesehenste in Israel, so wollen wir an dir die Rache für den Gekreuzigten üben und wollen dich so verwunden, wie ihr unseren Gott mit fünf Wunden geschlagen habt." Beinahe wäre es um sein reines Leben geschehen gewesen, wenn der barmherzige Schöpfer sich des Gelehrten nicht erbarmt hätte. Er fügte es, dass ein hoher Fürst gerade auf jenem Feld des Weges daherkam. Rabbi Jakob rief ihn um Hilfe an und versprach ihm ein fünf Mark wertes Pferd als Geschenk. Da ging der Fürst zu den Irrenden, redete ihnen zu und wehrte sie ab, indem er sagte: „Überlasst den Mann für heute mir, ich will mit ihm reden, vielleicht versteht er sich dazu, dass wir ihn taufen können; ist das nicht der Fall, so seid versichert, dass ich ihn morgen euren Händen übergebe." Sie taten also und die Gefahr war abgewendet […].

Julius H. Schoeps/Hiltrud Wallenborn (Hrsg.), a. a. O., S. 190 f.

1. *Beschreiben Sie, welche Motive der Kreuzfahrer für die Judenverfolgungen deutlich werden.*
2. *Erläutern Sie, auf welche unterschiedliche Weise die Mitglieder der jüdischen Gemeinde auf die Verfolgungen reagieren.*

[1] 1146

[2] Bernhard von Clairvaux (um 1090-1153), Abt des Zisterzienserklosters Clairvaux in Frankreich

▶ Kreuzfahrer erobern 1099 Jerusalem. Französische Buchmalerei, um 1450 (Ausschnitt).

M3
Die Eroberung Jerusalems – zwei Schilderungen

Im Juli 1099 erreichen die ersten Kreuzritter die Stadtmauern Jerusalems, am 15. Juli 1099 gelingt es ihnen nach 40-tägiger Belagerung die Stadt zu erobern. Ein Kreuzritter berichtet in den „Gesta Francorum“ um 1100 über die Eroberung:

Am Freitag aber griffen wir in aller Frühe die Stadt von allen Seiten an, aber wir konnten ihr keinen Schaden zufügen, und wir waren alle darüber erstaunt und in großer Furcht. Als aber die Stunde kam, da unser Herr Jesus Christus es nicht verschmähte, für uns am Holz des Kreuzes zu leiden, kämpften unsere Ritter, nämlich Herzog Gottfried und sein Bruder, Graf Eustachius, mit vermehrter Kraft auf dem Belagerungsturm. Dann gelang es einem unserer Ritter namens Lethold auf die Mauer der Stadt zu steigen. Alsbald flohen alle Verteidiger der Stadt über die Mauern und durch die Stadt, und die Unseren setzten ihnen sofort nach, sie tötend und verstümmelnd, bis zum Tempel Salomos; dort fand ein so großes Morden statt, dass die Unseren mit ihren Füßen bis zu den Knöcheln in deren Blut wateten.
Graf Raimund indes hatte sein Heer und den Belagerungsturm aus dem Süden bis nahe an die Mauer herangeführt; aber zwischen dem Turm und der Mauer war ein sehr tiefer Graben. Da beratschlagten die Unseren, wie sie den Graben auffüllen sollten, und sie ließen bekannt machen, dass jeder, der drei Steine in diesen Graben trüge, einen Denar erhalten sollte. Das Auffüllen dauerte drei Tage und Nächte. Danach schoben sie den Turm endlich dicht an die Mauer heran. Diejenigen aber, die in der Stadt waren, bekämpften die Unseren bewundernswert mit Feuer und Steinen. Als aber der Graf hörte, dass die Franken[1] schon in der Stadt seien, sagte er zu seinen Leuten: „Was zaudert ihr? Seht, alle Franken sind schon in der Stadt!“
Deshalb lieferte sich der Emir, der im Turm Davids saß, dem Grafen aus und öffnete ihm das Tor, an dem die Pilger ihren Zoll zu zahlen pflegten. Als aber unsere Pilger die Stadt betraten, verfolgten und töteten sie die Sarazenen bis zum Tempel Salomos, wo diese sich versammelten und den Unseren den ganzen Tag über einen sehr großen Kampf lieferten, so dass ihr Blut durch den ganzen Tempel floss. Als sie die Heiden endlich überwunden hatten, ergriffen die Unseren genug Männer und Frauen im Tempel und töteten und ließen am Leben, wie es ihnen beliebte. Auf dem Dach des Tempels Salomos hatte sich eine große Anzahl von Heiden beiderlei Geschlechts versammelt, denen Tankred und Gaston de Beert ihre Banner gaben. Alsbald liefen sie durch die ganze Stadt und brachten Gold und Silber, Pferde und Maultiere und ganze Häuser mit allen Gütern an sich. Danach aber kamen alle Unsrigen jubelnd und vor übergroßer Freude weinend zum Grab unseres Erlösers Jesus, um zu beten, und kamen so ihm gegenüber ihrer eigentlichen (Pilger-)Pflicht nach. Am Morgen danach stiegen die Unseren vorsichtig auf das Dach des Tempels, überfielen die Sarazenen, Männer und Frauen, und enthaupteten sie mit blanken Schwertern; andere aber stürzten sich vom Tempel. Als Tankred das sah, wurde er sehr zornig

1) *Die Kreuzfahrer wurden damals allgemein als „Franken“ bezeichnet.*

Dann fassten die Unseren den Beschluss, dass jedermann Almosen geben und beten solle, dass sich Gott denjenigen erwähle, der die anderen regieren und die Stadt beherrschen solle. Ferner befahlen sie, alle toten Sarazenen wegen des großen Gestanks hinauszuwerfen, da die ganze Stadt angefüllt war mit ihren Leichen; und die lebenden Sarazenen schleiften die toten vor die Tore und errichteten Berge aus ihnen, die hoch waren wie Häuser. Ein solches Töten unter dem Volk der Heiden hat noch niemand bislang gehört oder gesehen, denn aus ihren Leichen wurden Scheiterhaufen errichtet wie Heuschober, und niemand weiß ihre Zahl außer Gott.

Das gleiche Ereignis schildert der arabische Geschichtsschreiber Ibn al-Athir (1160-1223) in seiner „Weltgeschichte":

Die Franken wandten sich also gegen Jerusalem, nachdem sie Akkon erfolglos belagert hatten, und hielten es nach ihrer Ankunft mehr als vierzig Tage lang eingeschlossen. Sie errichteten zwei Türme, einen davon auf der Seite Zions, aber die Muslime verbrannten ihn und töteten alle, die in ihm waren. Kaum hatten sie ihn verbrannt, als ein Bote mit einem Hilferuf kam: Die Stadt sei von der anderen Seite her genommen. Die Franken nahmen sie tatsächlich von der Nordseite, morgens am Freitag, dem 22. Sa`ban (492/15. Juli 1099). Die Einwohner wurden ans Schwert geliefert, und die Franken blieben eine Woche in der Stadt, während deren sie die Einwohner mordeten. [...] Aus dem Felsendom raubten die Franken mehr als vierzig Silberleuchter, von denen jeder über dreitausendsechshundert Drachmen wog, einen großen Silberleuchter im Gewicht von vierzig syrischen Pfund, außerdem von den kleineren Leuchtern einhundertundfünfzig silberne und mehr als zwanzig goldene, und andere unermessliche Beute.

Die Flüchtlinge erreichten Bagdad im Ramadan[1] [...]. In der Kanzlei des Kalifen gaben sie einen Bericht, der die Augen mit Tränen füllte und die Herzen betrübte. Am Freitag kamen sie in die Hauptmoschee und flehten um Hilfe; sie waren in Tränen und rührten zu Tränen bei der Erzählung, was die Muslime in dieser erhabenen heiligen Stadt erlitten hatten: die Männer getötet, Frauen und Kinder gefangen, alle Habe geplündert. Wegen des schweren Unglücks, das sie erduldet hatten, brachen sie sogar das Fasten.

[...] Die verschiedenen muslimischen Fürsten lagen untereinander in Streit [...]: So konnten die Franken das Land besetzen.

Erster Text: Peter Thorau, Die Kreuzzüge, München 2004, S. 9 f.

Zweiter Text: Hagen Schulze/Ina Ulrike Paul (Hrsg.), Europäische Geschichte. Quellen und Materialien, München 1994, S. 986 f.

Vergleichen Sie die beiden Texte: Worin unterscheiden sie sich, woran werden die unterschiedlichen Perspektiven der Verfasser deutlich?

1) *Muslimischer Fastenmonat*

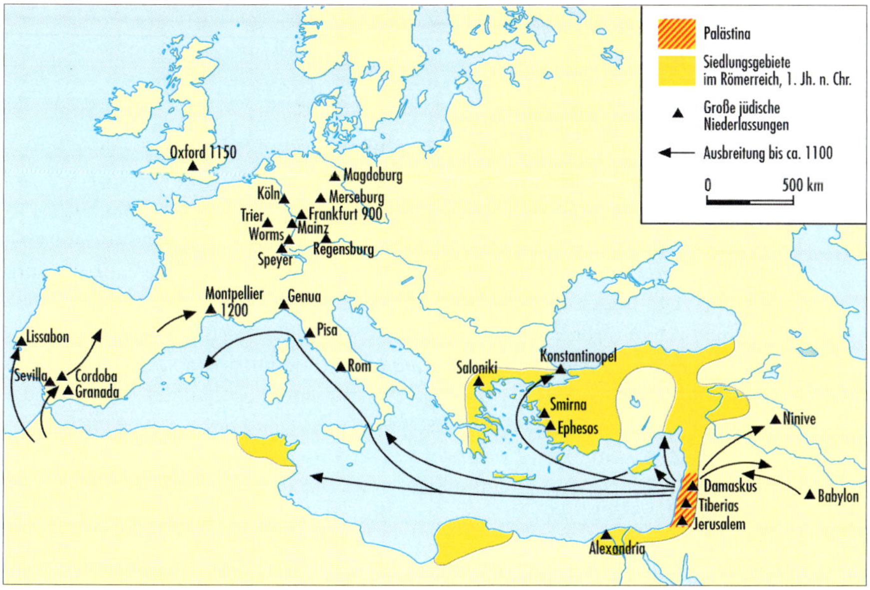

▲ *Jüdische Gemeinden und Siedlungsgebiete vom 1. bis zum 11. Jahrhundert.*

Politische, wirtschaftliche und kulturelle Kontakte

Das Abendland hatte über Kaufleute, Pilger und Krieger, aber auch über Gelehrte, die das Wissen anderer Kulturen übersetzten und bekannt machten, vielfache Berührung mit dem Fremden. Im eigenen Land begegnete man mit den Juden einer Minderheit mit anderem Glauben. Die orthodoxen Christen des Byzantinischen bzw. Oströmischen Kaiserreichs waren seit der Kirchenspaltung von 1054 von der lateinischen Christenheit des Westens durch gegenseitige Bannbullen[1] demonstrativ getrennt, wiederholte Unionsverhandlungen zwischen den abend- und morgenländischen Kirchen blieben erfolglos. Aber politische, wirtschaftliche und kulturelle Kontakte brachen nicht ab, sondern steigerten sich im Zeitalter der Kreuzzüge. Zu Begegnungen katholischer Christen mit der islamischen Welt und ihrer Kultur kam es nicht nur infolge der Jerusalem-Wallfahrten und der Kreuzzüge. Wichtiger war die lange Nachbarschaft von Muslimen, Christen und Juden auf der Iberischen Halbinsel und in Sizilien und Süditalien.

Zusammenleben von Christen und Juden im Alltag

Die Zerstörung des Tempels und weiter Teile Jerusalems durch die Römer (70 n. Chr.) bedeuteten nicht nur das Ende des jüdischen Tempelkultes, sondern auch den endgültigen Verlust staatlicher Unabhängigkeit. Juden ließen sich seitdem vermehrt innerhalb der Grenzen des Römischen Reiches nieder, später lebten sie in dessen Nachfolgestaaten in christlicher oder islamischer Umwelt. Ein innerjüdisches Zusammengehörigkeitsgefühl blieb dank der religiösen Überzeugung von der Auserwähltheit des Volkes Israel über die Jahrhunderte auch in der Diaspora[2] erhalten. Daher bildeten die Juden in ihrer jeweiligen Umgebung einen eigenen

---

1) *Erst 1965 wurden die Bannbullen durch Papst Paul XI. und den ökumenischen Patriarchen Athenagoras widerrufen*

2) *Diaspora (griech. Zerstreuung): Gebiet, in dem die Mitglieder einer Religionsgemeinschaft zerstreut unter einer Mehrheit Andersgläubiger leben*

Lebenskreis, in dem die religiösen Vorschriften beachtet wurden und das Hebräische in Gebet und Brauchtum weiterlebte.
Vor dem 1. Kreuzzug (1096-1099) wohnten Juden und Christen ganz überwiegend friedlich nebeneinander (▶ M1). Zwangstaufen blieben eine Ausnahmeerscheinung. Kaiser Heinrich IV. bedrohte sie ausdrücklich mit hohen Geldstrafen, auch die Kirche untersagte sie ebenso wie physische Gewalt gegen Juden. Die frühen Siedlungen der Juden entstanden in Mitteleuropa an wichtigen Handelsplätzen. Privilegien der Herrscher begünstigten die Ansiedlung und den bis in den Orient reichenden Fernhandel jüdischer Kaufleute. Dank ihrer aus dem Ausland mitgebrachten Kenntnisse genossen jüdische Ärzte auch unter Christen Ansehen. Jüdische Kultur und Gelehrsamkeit erlebten in den Städten bis zum Ende des 11. Jahrhunderts eine Blütezeit. Die jüdischen Gemeinden der rheinischen Städte Speyer, Worms und Mainz gehörten zu den führenden in Deutschland. Jüdische Gelehrte aus verschiedenen europäischen Ländern kamen zum Bibel- und Talmudstudium[1] ins Rheinland. In Deutschland erlangten die jüdischen Gemeinden überall einen – unterschiedlich gewichtigen – Anteil am städtischen Leben.
Die gemeinsame Ansiedlung in so genannten Judengassen war den Juden selbst aufgrund ihrer Riten und Religionspraxis willkommen. Sie ist daher nicht mit der ihnen aufgezwungenen Siedlung im Getto, die erst seit dem 16. Jahrhundert zur antijüdischen Politik der Obrigkeit gehörte, gleichzusetzen. Die Häuser der Juden, die meist zentral, nahe bei Kirche, Rathaus und Markt lagen, unterschieden sich architektonisch nicht von den Bauten der Christen. Nur die am Türpfosten angebrachte *Mesusah*, eine kleine Kapsel mit Bibelversen auf kleinen Pergamentrollen, verwies damals – genauso wie heute – auf den jüdischen Glauben ihrer Bewohner. Manche Juden wohnten auch außerhalb der „Judengassen“, wie umgekehrt manchmal auch Christen innerhalb eines jüdischen Wohnmilieus lebten. Die Juden hatten zuweilen christliche Diener, Geschäftsbeziehungen zu Christen waren ganz selbstverständlich. Bei Prozessen zwischen Juden und Christen wurde der beim Gott des Alten Testamentes geschworene so genannte „Judeneid“ rechtlich durchaus als gleichwertig zum christlichen Eid anerkannt. Allerdings musste er oft unter diskriminierenden äußeren Formen erfolgen (z.B. Stehen auf einer Schweinshaut). Juden besuchten die Bäder der Stadt und konnten in Städten mit größeren Judengemeinden damit rechnen, dass christliche Wirte für den Verkauf an sie eigens auch koscheren[2] Wein anzubieten hatten. So war der mittelalterliche Alltag durch ein pragmatisches Zu-

◀ *Die Figuren der Kirche und der Synagoge am Straßburger Münster, ca. 1230.*
• *Versuchen Sie herauszufinden, welche Attribute den Figuren beigegeben wurden, wofür diese stehen und welche Wirkung von ihnen jeweils ausgehen soll.*

---

[1] *Der Talmud ist die bedeutendste Zusammenfassung der Lehren, Vorschriften und Überlieferungen des nachbiblischen Judentums. Neben der Aufzeichnung der Religionsgesetze bietet er in der literarischen Form ihrer Kommentierung eine Enzyklopädie rabbinischer Gelehrsamkeit.*
[2] *koscher (hebräisch): „rein, richtig“, Kennzeichnung für Speisen und Getränke, die in der Art der Zubereitung und Darreichung dem jüdischen Religionsgesetz entsprechen*

sammenleben und eine gewisse gegenseitige Anerkennung von Christen und Juden geprägt. Allerdings blieb auf christlicher Seite ein allgemeines Unverständnis und eine religiös motivierte Anfeindung gegenüber jüdischem Brauchtum, und an christlichen Kirchenportalen erinnerten Statuen mit der Frauengestalt der Synagoge, der die Augen verbunden sind, an die „Glaubensblindheit" der jüdischen Nachbarn, die innerhalb der christlichen Umwelt weiterhin als „Fremde" empfunden wurden.

Aus Nachbarn werden Verfolgte

Eine latent wohl stets verbreitete Judenfeindschaft schlug mit Beginn des 1. Kreuzzuges um in Pogrome hysterisierter Kreuzfahrerhaufen gegen die „Christusmörder". Viele bedeutende Judengemeinden wurden vernichtet. Insgesamt schätzt man die Zahl der jüdischen Opfer in Deutschland auf 3000, in Europa auf 5000 (▶ M2). Seitdem nahm die Rechtsunsicherheit der Juden im Abendland zu. Vonseiten der Kirche wurde auf dem *Laterankonzil von 1215* sogar ihre völlige Rechtlosigkeit festgestellt und erstmals die Vorschrift erlassen, dass Juden und Muslime sich in ihrer Kleidung von Christen unterscheiden müssen. Das Tragen der *Rota*, eines gelben Stofffleckens, wurde Zwang. In dieser Situation übernahm Kaiser Friedrich II. den kirchlichen Begriff der „Judenknechtschaft" und unterstellte 1236 alle Juden des Reiches der kaiserlichen Kammer als unmittelbare „Kammerknechte"[1]. Seine Schutzherrschaft musste mit erheblichen Abgaben erkauft werden. Dieses Regal vergaben die Herrscher im Zeitalter der beginnenden Territorialisierung häufig an Fürsten und städtische Obrigkeiten.

Viele Menschen des Mittelalters glaubten auch den Gräuelvorwürfen von Ritualmorden, Hostienfreveln und Brunnenvergiftungen. Als populäres Rechtfertigungsargument für antijüdische Maßnahmen findet sich z.B. die Ritualmordbeschuldigung zuerst in England und verbreitete sich dann auf dem Kontinent. Die Obrigkeit versagte beim Schutz der jüdischen Minderheit. Oft genug wurden Pogrome[2] durchaus mit Wissen der für den Judenschutz Verantwortlichen vorbereitet und durchgeführt. Englands König Eduard I. zwang 1290 sogar alle Juden, die Insel zu verlassen, nachdem sie durch ausbeuterische Steuerpolitik verarmt waren und für den Handel nicht mehr benötigt wurden. Ab 1306 setzte auch in Frankreich eine Vertreibungswelle ein. Endgültig des Landes verwiesen wurden die Juden hier 1394. Als die 1348 ausbrechende Pestepidemie, die ein Drittel der Bevölkerung hinwegraffte, kollektive Angstzustände bei den Zeitgenossen hervorrief, brach in Deutschland eine neue große Verfolgungswelle über die jüdischen Gemeinden herein. Sehr viele der dem mordenden Pöbel Entkommenen wanderten nach Osteuropa aus. Dort lebte im *Jiddischen* eine dem mittelalterlichen Deutsch vergleichbare Sprache fort. Zahlreiche verfolgte und ausgewiesene Juden fanden aber auch in den reichsfreien Kleinterritorien Süd- und Mitteldeutschlands Zuflucht. Wenige Jahre nach den Pestpogromen sahen sich auch die Städte aus wirtschaftlichen Gründen veranlasst, Juden wieder aufzunehmen.

---

1) Die als zur „kaiserlichen Kammer gehörig", d.h. dem kaiserlichen Besitz zugeordneten Juden. „Kammer" bezeichnet ursprünglich das Schatzgemach der fränkischen Könige. Daher stammt die heutige Bezeichnung „Kämmerer" für Beamte, in deren Händen die Finanzverwaltung von Städten und Gemeinden liegt.
2) (russ.) Ausschreitungen gegen nationale, religiöse, ethnische Gruppen

Ostrom und das Abendland vor den Kreuzzügen

Das oströmische Reich mit der Hauptstadt Konstantinopel umfasste Vorderasien, die griechischen Inseln und den Balkan, zunächst auch wichtige Teile Italiens. Bis ins 8. Jahrhundert blieb es eindeutig die Vormacht im christlichen Europa. Die Lösung des Papsttums vom oströmischen Kaiser und seine Verbindung zum Frankenreich signalisierte die nun einsetzende wachsende Konkurrenz des Abendlandes. In den Augen der „Römer“ (griechisch „Rhomaioi“) des Ostens blieb der barbarische Westen wirtschaftlich und kulturell allerdings unterlegen. Umgekehrt blickten die Lateiner befremdet und verächtlich auf „orientalische“ Züge in den Sitten der Oströmer wie den Kniefall vor dem Kaiser oder das Eunuchentum. In Kriegen mit dem Bulgarenreich und islamischen Mächten wechselten sich Misserfolge und Erfolge byzantinischer Feldherren ab. Ende des 11. Jahrhunderts sah sich das oströmische Kaisertum zu einem militärischen Hilfegesuch an den Westen gezwungen, als muslimische türkische *Seldschuken* Kleinasien in ihr großes Herrschaftsgebiet eingliederten und das Oströmische Reich bedrohten. Auch war dadurch der Landweg nach Jerusalem für christliche Pilger gefährdet.

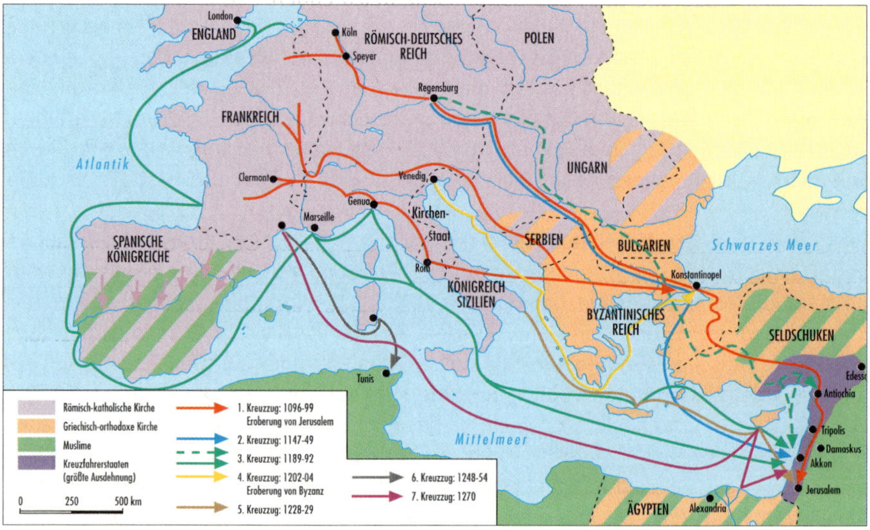

▲ *Die Kreuzzüge.*

Die Kreuzzüge ins Heilige Land und der Niedergang des Oströmischen Reiches

Die Bitte um Hilfe aus Konstantinopel nutzte Papst Urban II. dazu, auf einer Synode in Frankreich 1095 zum Feldzug gegen die islamischen „Heiden“ und die Befreiung der Heiligen Stätten wie zu einer Wallfahrt um himmlischen Lohn aufzurufen. Das Echo war überwältigend. Noch vor den Ritterheeren, die 1099 Jerusalem eroberten, waren in einer Art Massenhysterie mächtige zusammengewürfelte Gruppen eines ungeplanten Volkskreuzzuges aufgebrochen: Die finanziellen Mittel für ihre Unternehmung gewannen sie nicht zuletzt durch die Beraubung und Ermordung der Juden. Die letzten dieser unzureichend gerüsteten bäuerlichen Kreuzfahrer wurden in Anatolien von den seldschukischen Reitern völlig aufgerieben. Den erfolgreichen Führern der Ritterheere gelang es

dagegen mehrere Kreuzfahrerstaaten im Heiligen Land zu gründen. Insgesamt sieben Kreuzzüge vereinte die Ritter vieler europäischer Nationen, nicht selten unter der Beteiligung der Könige Englands und Frankreichs oder des deutschen Kaisers. Aber das Ziel, Jerusalem und das Heilige Land nach neuerlichen muslimischen Siegen zurückzugewinnen oder zu halten, wurde nicht erreicht. 1291 fiel mit Akkon die letzte Bastion, die Kreuzfahrer mussten sich aus dem Heiligen Land zurückziehen.
Zu den schlimmen Begleiterscheinungen der Kreuzzüge gehörte ein furchtbares Massaker an den Muslimen nach der Einnahme Jerusalems im Jahre 1099 (➧ M3). Beim vierten Kreuzzug führten wirtschaftliche und machtpolitische Überlegungen dazu, dass die Kreuzfahrer, gelenkt von der Handelsstadt Venedig, statt des wieder verloren gegangenen Jerusalems unter Verrat ihrer ursprünglichen religiösen Zielsetzung Konstantinopel eroberten und plünderten. Das von den Kreuzfahrern nach diesem Sieg errichtete „Lateinische Kaiserreich" hatte von 1204-1261 Bestand. Größte Gebietsverluste prägten die Spätphase des erneuerten Oströmischen Reiches. Zur Bedrohung von außen, besonders durch die Osmanen, traten Intrigen und Unruhen im Inneren. Zum Schluss wurde nur noch die Hauptstadt Konstantinopel gegen die Türken verteidigt, bis mit ihrer Eroberung 1453 das Oströmische Reich endete.

Das Abendland profitiert vom Kulturtransfer

Die Ausstrahlungen der byzantinischen Kultur auf das Abendland sind vielfältig. Ostrom war Vermittler der antiken Kunst, es regte die abendländischen Mönche zur Miniaturmalerei bei der Illustrierung der Heiligen Schrift an; auch die Abbildung heiliger Personen (*Ikonen*) und die Reliefkunst des christlichen Morgenlands wirkten auf die Kunst des Westens ein. Entsprechendes gilt im Bereich der Musik für die Hymnik. Die im 6. Jahrhundert im Auftrag des oströmischen Kaiser *Justinian* angelegte große Rechtssammlung des Corpus Juris Civilis wurde von ausschlaggebender Bedeutung bei der abendländischen Rezeption des Römischen Rechts, die seit dem 12. Jahrhundert an der berühmten *Rechtsschule von Bologna* einsetzte.
Byzanz fungierte vor allem aber als Schatzkammer antiker Literatur. Um die Bewahrung von im Abendland vergessenen Schriften antiker Autoren und die Zusammenschau vorhandener Ergebnisse machten sich neben byzantinischen vor allem Gelehrte aus dem islamischen Kulturkreis verdient. Erst im 12. Jahrhundert wurde, zusammen mit arabischen Kommentaren, das Gesamtwerk des griechischen Philosophen und Universalgelehrten *Aristoteles* (4. Jahrhundert v. Chr.) im Abendland wieder bekannt, ein für die Geisteswissenschaften des hohen Mittelalters grundlegendes Ereignis. Aber nicht nur antike Philosophie und Naturwissenschaft oder das Wissen arabischer Astronomen und Chemiker wurde an wissbegierige Gelehrte im Westen weitergegeben. Auch indische Rechenkunst gelangte über islamische Mathematiker nach Europa. Die uns heute selbstverständlich vertrauten arabischen Zahlen unter Einbeziehung der Ziffer 0 waren für Rechenoperationen wesentlich geeigneter als die bis dahin allein gebräuchlichen römischen Zahlen und lösten diese allmählich ab. Vor allem über das islamische Spanien wurde das für die Verbreitung von Wissen wichtige Papier, ebenso wie Tinte und Tusche eine Erfindung aus China, in Europa bekannt. Dort hatte man zunächst das aus gegerbter Tierhaut bestehende Pergament zum Schreiben benutzt.
Dem Fernhandel, insbesondere den reichen und mächtigen italienischen Seestädten, kam die Nachfrage der europäischen Oberschicht nach Luxusartikeln und Gewürzen aus dem Orient entgegen. Europäische Ärzte profitierten von der Übernahme und Weiterentwick-

▲ *Arabische Ärzte und Astronomen am Totenbett des normannischen Königs Wilhelm II. in Palermo. Illuminierte Pergamenthandschrift, 1195/96.*

lung antiker Medizin durch die Araber, die z.B. die Heilwirkung von Pflanzen systematisch untersuchten und komplizierte chirurgische Eingriffe vornahmen. Vom Orient angeregt entstanden auch im mittelalterlichen Europa Hospitäler. Für die Bildungsbewegung des Humanismus und die Kunst der Renaissance, die das Mittelalter ablösten, wurden allerdings die Vermittlung antiker Kunst und die Kenntnis antiker Autoren und ihrer Schriften – systematisiert durch enzyklopädische Zusammenstellungen aus Ostrom und der islamischen Welt – am wichtigsten.

2 Ausprägungen von Herrschaft

2.1 Die mittelalterliche Feudalgesellschaft

▲ *Wandbild für den Monat April aus dem Trientiner Adlerturm, 1405. Während Bauern auf den Feldern pflügen, eggen und säen, vergnügen sich adlige Frauen in den Gärten.*

M1
Schema einer mittelalterlichen Grundherrschaft

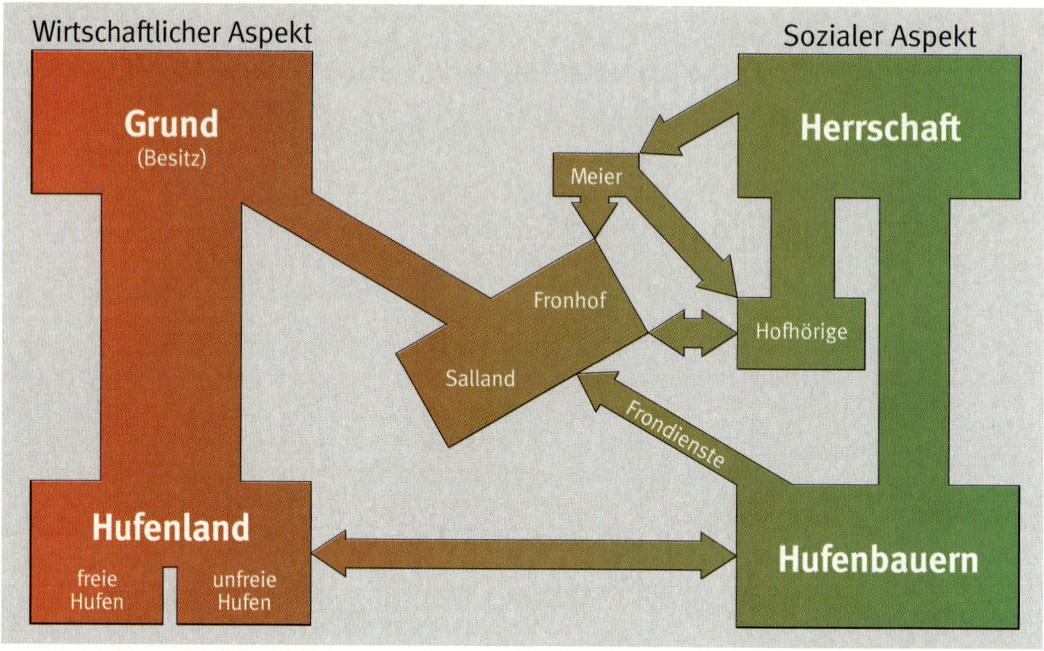

Erläutern Sie das Schema unter dem Aspekt einer „zweigeteilten Grundherrschaft".

M2
Beziehungen in einer klösterlichen Grundherrschaft

Aus den Urkunden des bei Regensburg gelegenen Klosters St. Emmeram kann man herauslesen, welche unterschiedlichen Beziehungen zwischen Adel, Freien und Unfreien einerseits und dem klösterlichen Grundherrn andererseits bestehen konnten.

(Zwischen 1000 und 1028.) Ein Adliger namens Witulo übergab mit Zustimmung seiner Frau Ruosinde dem heiligen Emmeram zwei Hufen in dem Wald genannten Dorf in der Nähe seines Neuhausen genannten Besitzes unter der Bedingung, dass sie dagegen zehn Scheffel Weizen erhalten und ebenso viel Weizenmehl, auch acht Scheffel Hafer und zwei Hammel und vier Lämmer, jedes im Wert von ebenso viel Drittelmünzen, am nächsten Montag nach Epiphanias in jedem Jahr bis zum Tode beider [...].

(Zwischen 1044 und 1048.) Wir machen allen Gläubigen den Vertrag bekannt, den eine freie Frau namens Gisila und ihre Tochter Villa schlossen, die sich selbst dem Altar des heiligen Emmeram übergaben, und die Abt Perngerus und Immo, der Vogt dieses Ortes, aufnahmen und die diese gegen alles Unrecht ihrer Feinde zu verteidigen und vor ihnen zu stehen versprachen. Sie haben sich aber dorthin unter der Bedingung übergeben, dass in jedem Jahr sie selbst wie ihre Nachfolger sechs Pfennige zahlen. Und wenn ein Abt oder ein anderer Mächtiger ihnen diesen Vertrag sollte brechen wollen, soll es ihren Nachfolgern wie ihnen selbst erlaubt sein, in die frühere Freiheit zurückzukehren. [...]

(Zwischen 1060 und 1068.) Ich Perchtram, der ich ein Leibeigener des heiligen Emmeram bin, habe als Gattin eine Freie namens Gotta empfangen und habe mit ihr eine Tochter namens Hizila gezeugt. Und Abt Eberhard hat auf meine mit Zustimmung der genannten Frau erfolgte Forderung zur Sicherheit diese Urkunde schreiben lassen, damit die Nachkommen wissen, dass diese Frau und all ihre Nachkommenschaft jährlich an den Altar des vorgenannten Märtyrers fünf Pfennige zahlen müssen.

Hartmut Boockmann, Das Mittelalter, München 1988, S. 58 f.

1. *Erläutern Sie, aus welchen Gründen die genannten Personen Land an das Kloster abtreten bzw. ihre Freiheit aufgeben? Welche Informationen über das „soziale Netz" im frühen Mittelalter geben die beiden Urkunden?*
2. *Diskutieren Sie, welche Vor- und Nachteile für Kirche und Klöster auf Dauer durch solche und ähnliche Abkommen entstehen mussten.*
3. *Was entnehmen Sie der Urkunde des Perchtram in Bezug auf die Offenheit der Gesellschaftsordnung? Was erfahren Sie über das Schicksal der Tochter Hizila?*

▲ *Die Heidelberger Handschrift des Sachsenspiegels führt Formen von bäuerlichen Abgaben auf.*
Die Darstellung beginnt (von oben nach unten) mit dem Walpurgistag (1. Mai: Grüner Baum), an dem der Lämmerzehnt fällig ist.
Am Urbanstag (25. Mai) werden die Abgaben von Obst- und Weingärten überbracht.
Am Johannestag (24. Juni) ist der Viehzehnt fällig, das dazugehörige Bild zeigt ein Rind, ein Kalb, eine Ziege und einen Hahn.
Am Margaretentag (13. Juli: die Heilige besiegt den Teufel) ist der Kornzehnt zu leisten.
Am Tage von Mariä Himmelfahrt (15. August) ist der Gänsezehnt fällig, zugleich es ist der Tag der Kräuterweihe; daher die drei Kräuter- und Wurzelbündel.
Am St. Bartholomäustag (24. August) sind verschiedene Geldabgaben und Dienste zu leisten.
Der heilige Bartholomäus war durch Abziehen der Haut zu Tode gemartert worden. Nun trägt er sie als Symbol seines Martyriums an einem Stock über der Schulter.

M3
Das Leben in einer Grundherrschaft

Genaue Einblicke in das differenzierte Gefüge einer mittelalterlichen Grundherrschaft erhält man aus Urbaren. Dies sind systematische Aufzeichnungen über Besitz und Herrschaftsrechte der Grundherren. Besonders aufschlussreich ist das Urbar des Klosters Prüm in der Eifel aus dem Jahr 893, weil zu ihm ein Kommentar aus dem Jahr 1222 erhalten ist, der Kontinuitäten und Veränderungen im Laufe von drei Jahrhunderten erkennen lässt.

Abgaben und Dienste der Bauern

Es beginnt die Beschreibung von Rommersheim. Es sind in Rommersheim 30 volle Unfreien-Hufen und 7 Hufen Herrenland.

Widrad hat eine vollständige Hufe. Er leistet als Schweinezins ein Schwein im Wert von 20 Pfennigen, vom Leinen ein Pfund, 3 Hühner, 18 Eier. In jedem Jahr führt er vom Wein eine Fuhre, die Hälfte im Mai, die andere Hälfte im Oktober. Er führt von seinem Mist 5 Fuhren. 5 „Daurastufen", vom Holz einen Klafter, in der Breite 6 Fuß und in der Länge 12 Fuß, zu 12 Fuhren.

Er liefert Brot und Bier.

Kommentar

Man muss beachten, dass in diesem Buch sehr oft vier Arten von Hufen genannt werden, nämlich Unfreien-Hufen, Liten[1]-Hufen, Freien-Hufen und unbesetzte Hufen. Die Unfreien-Hufen sind die, die uns täglich Dienst zu leisten gehalten sind, das heißt das ganze Jahr hindurch in jeder Woche an drei Tagen. Außerdem leisten sie viele andere Abgaben, wie es in dem Buch aufgezählt ist. Die Liten-Hufen sind die, die uns viele Abgaben leisten, jedoch nicht so fortwährend dienen wie die Unfreien-Hufen. Freien-Hufen sind die, die in den Ardennen liegen [...]. Jede dieser Hufen, die wir in der Volkssprache „Königshufen" nennen, hat 160 Joch. Unbesetzte Hufen sind die, die keine Bebauer haben, aber der Herr hat sie in seiner Gewalt. Sie werden in der Volkssprache „Fronland" genannt. Außerdem findet man in dem Buch auch etwas von Hufen auf Herrenland. Das sind die Hufen des Hofes, die wir in der Volkssprache „Salland" [...] nennen.

„Daurastufen" sind Rinden, die von den Bäumen geschält werden, die man in der Volkssprache „Lohe" nennt. Und von diesen Rinden gibt eine Hufe 5 Bündel. Jedes Bündel hat 15 nennenswerte Rinden. Mit diesen Bündeln wird für die Beleuchtung im Haus des Herrenhofes gesorgt, den wir in der Volkssprache „Fronhof" nennen. Wenn außerdem die Hufen-Inhaber das herrschaftliche Getreide im Dezember dreschen, wird auch für ihre Beleuchtung gesorgt, weil dann die Tage kurz sind.

Jede Hufe muss nach Prüm einen Klafter fahren, das ist ein Holzstoß oder -haufen. Dieser Haufen hat 12 Fuß in der Länge und 6 Fuß in der Breite, und für einen solchen Holzstoß fährt jede Hufe 12 Fuhren. [...] Dieses Holz empfängt der Kämmerer des Konvents, und davon sorgt er für die Brüder im Wärmeraum für ein reichliches Feuer den ganzen Winter hindurch vom Allerheiligen-Fest bis Ostern. [...]

Auf jedem Herrenhof kann der Herr Abt seine „camba"

[1] *Liten: allgemein Zinsleute; im altgermanischen Recht die Halbfreien*

sowie auch eine Mühle haben. Die Camba nennen wir in der Volkssprache „Backhaus“ und „Brauhaus“. In dieser Camba müssen die dort ansässigen Leute gesäuertes Brot backen und Bier brauen. Wenn der Abt außerdem dorthin kommt und wenn es den Hufen-Inhaber von dem Vorsteher, das heißt dem Meier, oder von dem Boten des Abtes befohlen wird, müssen sie Getreide vom Herrenhof zur Mühle fahren und mahlen und zur Camba des Herrn zurückbringen und Teig machen und backen und ebenso Bier brauen. Diese Camba bringt der Kirche nicht geringe Einnahmen, wie es auch die Mühle tut.

Er liefert Latten zum Kloster, und jeder leistet im Wald bei den Schweinen eine Woche (Hirtendienst) gemäß seiner Ordnung. Er bestellt 3 Joch Land im ganzen Jahr, in jeder Woche drei Tage.

Jede Hufe ist verpflichtet, jährlich 50 Latten oder 100 Schindeln für die Reparatur der Kirchendächer zu liefern. [...]

Wie die Hufen-Inhaber die herrschaftlichen Joche zur rechten Zeit pflügen, besäen, abernten und (die Ernte) in die Scheuer fahren und Zäune errichten und dreschen müssen, ist fast allen bekannt, und so haben wir es unterlassen, aufzuschreiben, was gewusst werden kann oder gewusst wird.

Er fährt von Holler zum Kloster 5 Scheffel Getreide. Er leistet Wachdienst.

Wachdienst leisten ist: Nachdem die Ernte in die herrschaftliche Scheuer eingebracht ist, müssen die Hufen-Inhaber, wie das alte Buch es sagt, sie dreschen. In der Zwischenzeit, bevor gedroschen wird, müssen die Leute in ihrer Reihenfolge die Ernte bewachen und bei Nacht Wächter abordnen, damit sie nicht von bösen Menschen abgebrannt wird. Wird etwas durch Nachlässigkeit versäumt, müssen sie es der Kirche wiedererstatten. Wenn außerdem der Herr Abt kommt, und es ihnen befohlen wird, müssen sie ihn selbst und sein Gefolge, damit nichts Böses geschieht, wegen der nächtlichen Gefahren bewachen.

Wenn er 15 Nächte lang Dienst leistet und Heu erntet und Handdienste erbringt, wird ihnen Brot und Bier und Fleisch zu geeigneter Zeit gegeben, zu anderen Zeiten nichts.

Man muss wissen, dass alle Menschen, die unsere Dörfer und unser Gebiet bewohnen, verpflichtet sind, uns Handdienste zu leisten, und zwar nicht nur die Hufen-Inhaber, sondern auch [...] die Dienstleute, und [...] jene, die keinen erblichen Besitz vom Herrenhof haben, weil sie Nutzungsrechte bei unseren Weiden und Gewassern besitzen.

Handdienste leisten heißt sowohl für uns wie für sich selbst pflügen [...]. Wer nämlich keine Tiere oder kein Tier hat, das dazu tauglich ist, kommt, wenn es ihm von unserem Aufseher befohlen wird, mit seinem Grabscheit[1] und arbeitet mit anderen Leuten an dem, was ihm aufgetragen worden ist.

1) *Spaten*

Er umzäunt die Ernte im Umfang von 6 Ruten, das Weideland (im Umfang von) 3.

6 Ruten Ernteland einzäunen und 3 Weideland heißt für jede Huf 9 Ruten, das heißt 9 Längenmaße, bei unserem Ackerland und bei den Wiesen Zaun zu machen. Jedes Maß von den oben genannten 9 muss 15 Fuß in der Länge haben.

Er säubert eine Fläche im herrschaftlichen Garten. Seine Frau muss Beinkleider nähen.

Die Regel erlaubt es den Mönchen, die auf Reisen sind, Beinkleider zu tragen, und deshalb ist von alters her festgelegt, wie das alte Buch sagt, dass unsere Hufen jährlich Hemdenstoffe machen. Hemdenstoff nämlich ist ein leinenes Tuch aus reinem Flachs, das in der Länge acht Ellen und in der Breite zwei Ellen hat. Die Hosen müssen die Frauen unserer Leute nähen, und die Meier oder Aufseher müssen aufgrund ihrer Dienstpflicht die genähten (Hosen) dem Kämmerer des Konvents übergeben. Der Kämmerer muss sie regelmäßig und nach der Vorschrift seines Abtes verteilen und aufbewahren.

Als Kriegssteuer eine Fuhre und 4 Rinder von Mitte Mai bis Mitte August.

Reimbald hat an Land 3 Joch und einen Hof. Davon muss er in jeder Woche 2 Tage leisten und für 15 Nächte eine Woche und ein Huhn.

Die Frauen der Pfründner müssen jede Woche 2 Tage leisten, einen mit Brot und den anderen ohne Brot. Sonst aber liefern sie ein halbes Pfund Leinen oder einen halben Hemdenstoff. Die Frau Alduins hat einen Hof und Land. Sie leistet Dienst und liefert einen halben Hemdenstoff. Nantcher hat einen Hof und eine Wiese. Seine Frau hat von der Kirche einen Hof und zahlt 4 Pfennige.

Jeder Herrenhof muss dem Herrn Abt die Kriegssteuer leisten. [...] Wenn der Herr Abt die Höfe seiner Kirche besuchen will, müssen die vorgenannten Höfe ihm Wagen zum Transport der notwendigen Dinge von Hof zu Hof stellen, oder vielleicht, wie es von alters her Brauch war, als diese Rechte festgelegt wurden, wenn die Herren durch ihre Ländereien reisen wollten, ließen sie ihre Wagen bespannen und setzten sich oder ihre Leute hinein. Die Rinder, die auf den Höfen für die Kriegssteuer gestellt werden, müssen geschlachtet und verzehrt werden. Wenn der Herr Abt aber einen Loskauf (in Geld) verlangt, zahlt jede Hufe 5 Pfennige. Die 30 Hufen von Rommersheim geben nämlich, wie gesagt, 4 Rinder, und so geben 7 ½ Hufen ein Rind, und wenn sie sich loskaufen, zahlen sie 37 Pfennige und einen Obolus, wofür man in jenen Tagen, als dies festgelegt wurde, ein Rind oder ein auf der Brache gemästetes und zum Verzehr besonders gut geeignetes Kalb kaufen konnte.

Summe: In Rommersheim sind 30 Hufen. Sie liefern 30 Schweine oder ebenso viel Unzen, vom Flachs 30 Pfund, 90 Hühner, 540 Eier, 30 Fuhren, 150 Fuhren Mist, ebenfalls 150 „Daurastufen", 30 Klafter Holz, 1500 Latten, 3000 Schindeln, 90 Joch. Sie schaffen von Holler 150 Scheffel Weizen herbei. Als Kriegssteuer geben sie 4 Rinder und einen Wagen.

Hartmut Boockmann, Das Mittelalter, a.a.O., S. 49 ff.

1. *Stellen Sie die verschiedenen Pflichten der abhängigen Bauern zusammen.*
2. *Arbeiten Sie heraus, ob aus dem Urbar auch Leistungen des Grundherrn deutlich werden.*
3. *Erläutern Sie, aus welchen Gründen Hufen gelegentlich unbesetzt geblieben sein können.*

M4
Ständebild

Der Holzschnitt von Jacob Meydenbach aus Mainz (1492) zeigt, welche Aufgaben den einzelnen Ständen im Leben zugeordnet waren. „Tu supplex ora: Du bete demütig! Tu protege: Du schütze! Tuque labora: Und du arbeite!"

1. *Beschreiben Sie, welche Stände erkennbar sind und welche Rolle im Leben ihnen zugedacht ist.*
2. *Begründen Sie, welcher Gewalt der Künstler den Vorrang gibt und welcher Gedanke dahinter steckt.*

Schichten im frühen Mittelalter

Die frühmittelalterliche Gesellschaft setzte sich zusammen aus einer (*adeligen*) *Oberschicht*, einer *freien Mittelschicht* und den *Unfreien*. Den Adel darf man sich dabei zunächst nicht als einen abgegrenzten Stand vorstellen. In die Oberschicht stiegen seit der kriegerischen Zeit der Völkerwanderung meist den Königen treu ergebene Gefolgsleute auf, die für ihre Dienste mit umfangreichem Landbesitz bedacht wurden. Diese Oberschicht sonderte sich erst in karolingischer Zeit ab, als herausragende Stellungen in der Nähe des Königs in der Regel nur an Mitglieder der „Reichsaristokratie" vergeben wurden. Mit der seit dem 11. Jahrhundert aufkommenden Schicht der Ministerialen entstand dann ein neuer „Dienstadel", dem häufig auch Angehörige des „alten" Adels beitraten. Hinzu kam bald die neue Schicht der Berufskrieger: die Ritter. Die Festigung des Adels in dieser Zeit wird erkennbar an den aufkommenden Familiennamen, die nach dem Stammsitz oder einer Burg der vornehmen Geschlechter benannt sind (*Staufer, Hohenzollern*).

Die freie Mittelschicht war keine sozial homogene Gruppe. Zu ihr gehörte, wer nicht unfrei war. Die meisten bewirtschafteten ihren eigenen Grund und Boden, besaßen politische Rechte, waren handlungs- und rechtsfähig, aber auch wehrpflichtig.

Der überwiegende Teil der Bevölkerung waren Halbfreie und Unfreie. Sie unterstanden der Gewalt des Grundherren, mussten Abgaben und Dienste leisten und besaßen kein eigenes Land. Das Schicksal dieser *Leibeigenen* (lat. *servi* oder *mancipia*) konnte sehr unterschiedlich sein. Sie konnten unter Umständen sogar landwirtschaftliche Anwesen, die ihren Herren gehörten, selbstständig bewirtschaften. Die meisten arbeiteten jedoch als Gesinde. Gemeinsam war den Leibeigenen, dass sie „an die Scholle gebunden waren", also als Zubehör ihres grundherrschaftlichen Hofes galten. Bei einer Veräußerung des Hofes wurden sie ebenfalls übereignet.

In der sozialen Hierarchie noch unter den Leibeigenen standen die *Sklaven*. Sie gehörten nicht zum Hof und konnten jederzeit verkauft werden. Meist handelte es sich um muslimische oder heidnische Kriegsgefangene; durch Übertritt zum Christentum konnten sie ihre Rechtsstellung verbessern.

Obwohl jeder Einzelne in seine Schicht hineingeboren wurde, war das frühmittelalterliche Sozialgefüge für Auf- und Absteiger durchlässig. So konnten Unfreie durchaus gegen Geld ihre Freilassung erkaufen.

Die Entstehung der Grundherrschaft

Die Grundherrschaft entwickelte sich aus dem so genannten *Kolonat*. In dieser spätantiken Form der Landwirtschaft arbeiteten Kleinpächter auf den Gütern von Großgrundbesitzern. Sie waren allerdings nicht frei, sondern an das Land gebunden und durften es nicht verlassen. Dafür übernahmen die Grundherren alle staatlichen Steuerlasten. Diese aus römischer Zeit stammende Agrarverfassung überlebte den Untergang des Weströmischen Reichs und verband sich mit der germanischen Herrschafts- und Sozialordnung. Dort ergaben sich Abhängigkeiten aus persönlichen Schutz- und Unterordnungsverhältnissen. Die *dingliche* Verfügung des Grundherrn über Grund und Boden und seine persönliche Herrschaft über Untergebene durchdrangen sich, die mittelalterliche *Grundherrschaft* als „Herrschaft über Land und Leute" entstand (▶ M1, M2). Allerdings finden wir den Begriff „Grundherrschaft" nicht in den zeitgenössischen Quellen; er ist eine Prägung der modernen Geschichtswissenschaft.

▲ *Bäuerin beim Melken. Englische Miniatur, 13. Jahrhundert*

In der beschriebenen Form war die Grundherrschaft zum ersten Mal auf den königlichen Domänen der Merowinger nachzuweisen. Vom Westen aus breitete sie sich zwischen dem 9. und 12. Jahrhundert im gesamten Reich aus, nicht zuletzt in den gerodeten neuen Siedlungsflächen, auf denen von Anfang an abhängige Bauern angesiedelt wurden. Hauptsächlich drei Gründe trugen zur Entstehung und Durchsetzung der grundherrschaftlichen *Feudalgesellschaft*[1] bei.

1. Gerade auf dem Gebiet des heutigen Deutschland lebten die frühmittelalterlichen Menschen in einer als feindlich empfundenen Umwelt. 80 % des Landes waren Wald oder unwirtliches Gelände – trotz der allmählich voranschreitenden Rodung und Urbarmachung. Wesentlich stärker als heute war der Bauer von Naturkatastrophen bedroht. Handel oder andere Erwerbsmöglichkeiten zum Ausgleich von Missernten gab es so gut wie nicht. Viele Menschen mussten deshalb nach dem Ausbleiben der Ernte ihre Freiheit aufgeben, um die *Existenz ihrer Familie zu sichern.*
2. Eine ganz besonders starke Belastung stellte der Kriegsdienst dar. Zum einen fanden Kriegszüge immer während der Sommermonate statt, wodurch die Feldarbeit erschwert wurde, zum anderen mussten die frühmittelalterlichen Krieger ihre Ausrüstung selbst stellen. Immer weniger Männer konnten jedoch angesichts der militärtechnisch neuen Reiterkriegerheere diese Last übernehmen. Um dem für Freie verbindlichen Kriegsdienst zu entgehen, begaben sie sich als Unfreie in die Abhängigkeit eines Adeligen oder der Kirche (*Kommendation*[2]). Im Rahmen dieses Prozesses formierten sich allmählich zwei neue Schichten: der Stand der adeligen Berufskrieger und der Bauernstand, während die früheren Unterschiede zwischen Freien und Unfreien sich rasch einebneten.
3. Daneben kam es häufig auch zu *gewaltsamer Verknechtung und Unterdrückung* der Bauern.

---

1) *feudal, abgeleitet von dem lateinischen foedum, Lehensgut*

2) *lat.: Empfehlung; sinnbildliche Handlung bei der Begründung des Lehensverhältnisses, z.B. Überreichung einer symbolischen Gabe an den Lehensherrn oder Treueversprechen in die Hand des Lehensherrn*

Funktion und Organisation der Grundherrschaft

Die Grundherrschaft war das zentrale Element der frühmittelalterlichen Agrarverfassung, in der ein Grundherr das Obereigentum und der Bauer das Nutzeigentum besaß. Aufgabe der Grundherrschaft war es, durch die Mehrproduktion der abhängigen Bauern für den Unterhalt des Herrn und seines Hofes zu sorgen. Die erzielten Überschüsse ermöglichten darüber hinaus eine wachsende Arbeitsteilung, da nicht mehr alle Kräfte für die unmittelbare Nahrungsproduktion benötigt wurden.

Die meisten Grundherren besaßen breit gestreute Ländereien. Bei ihnen bildete sich die klassische zweigeteilte Form der Grundherrschaft heraus: Das Land um den Hof der Grundherren, *Salland* genannt, wurde im Eigenbetrieb mit Hilfe von Unfreien am Hof und von abhängigen, zu bestimmten Diensten verpflichteten Bauern bewirtschaftet. Entfernter gelegene Ländereien wurden an Bauern gegen festgesetzte Leistungen verliehen. Dieses Leiheland wurde in bestimmte Größen (*Hufen*) eingeteilt und hieß deshalb *Hufenland* und die Bauern Hufenbauern.

Den Mittelpunkt eines grundherrschaftlichen Verbandes bildete der *Herren- oder Fronhof*. In einer kleinen Grundherrschaft war der Fronhof gleichzeitig Sitz des Herrn. Bei größeren Domänen saß auf dem Fronhof ein Verwalter oder *Meier* (lat. vilicus). In kirchlichen Grundherrschaften, die meist über weit verzweigten Grundbesitz verfügten, wurden die Verwalter der Fronhöfe *Vögte* genannt.

Herrschaftsrechte

Der Grundherr übte auf seinem Land die Aufsicht aus und hatte die niedere Gerichtsbarkeit inne, über die hörigen Bauern auch die hohe Gerichtsbarkeit. Er verfügte über die *Banngewalt*, also das Recht, bei Strafe zu gebieten und verbieten. Daneben übte er auch die so genannte *Munt* über seine *Grundholde* aus. Dies bedeutete, dass er aus einem gegenseitigen Treueverhältnis heraus verpflichtet war, der bäuerlichen Bevölkerung Schutz und Sicherheit zu gewährleisten.

Die *Dienstleistungen* der Bauern waren je nach ihrem Abhängigkeitsgrad (Freier, Halbfreier, Unfreier) und der jeweiligen Entfernung der Hufe vom Herrenhof differenziert. Die wichtigsten Frondienste waren die so genannten *Hand- und Spanndienste*, die ein Bauer an bestimmten Tagen auf dem Salland ableisten musste. Bei den Handdiensten musste er auf den Feldern anfallende Arbeiten erledigen. Für Arbeiten, für die ein Gespann benötigt wurde, mussten die spannfähigen Bauern, das heißt Bauern, die entweder ein Pferde- oder meist ein Ochsengespann besaßen, ihre Dienste zur Verfügung stellen. Die Arbeiten auf dem Fronhof mussten zur jeweiligen Hauptsaison abgeleistet werden, wodurch die abhängigen Bauern mit den Arbeiten auf ihrem eigenen Land in Verzug kamen.

Die *Abgaben* bestanden aus Zinsen für die Nutzung von grundherrlichem Eigentum, Buß- und Gerichtsgeldern, Zöllen für das Benutzen von Brücken und Mühlen, Marktabgaben und einer Vielzahl von kleineren Abgaben. Fast alle wurden ursprünglich als Naturalien abgeliefert. Für Mitglieder eines kirchlichen Verbandes bestand zudem die Verpflichtung des Kirchenzehnten. Wie für die Dienstleistungen gilt auch für die Abgaben: Je abhängiger der Bauer, desto höher die Abgaben. Nur in vom Fronhof weit entfernten Bauernstellen war eine Geldabgabe üblich. Für alle Abgaben waren bestimmte Tage zur Ablieferung festgelegt, zum Beispiel war der Fleischzehnt am Johannistag fällig. Für besondere Anlässe mussten dem Grundherrn Sonderabgaben geleistet werden:

▶ *Die Gewannflur der Dreifelderwirtschaft. In den Gewannen (mittelhochdeutsch: Grenzen) besaß jeder Bauer einen oder mehrere Streifen. Sie lagen im „Gemenge" und konnten nur in Zusammenarbeit mit den Nachbarn bebaut werden. Daraus ergab sich ein Flurzwang: Alle Bauern eines Gewannes mussten die gleiche Frucht anbauen.*

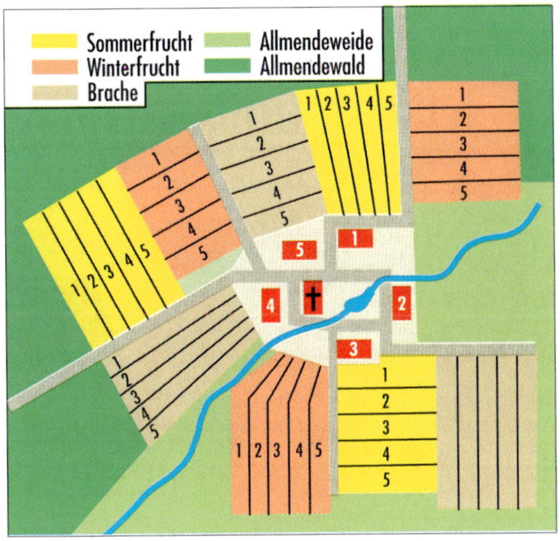

Beim Tode eines hörigen Bauern oder bei dessen Heirat war das so genannte Besthaupt, das beste Stück Vieh im Stall, an den Herrn abzuführen. In kirchlichen Grundherrschaften musste außerdem eine besondere Abgabe für den Vogt entrichtet werden.
Mit dem Aufkommen der Geldwirtschaft und im Zusammenhang mit der Landflucht im späteren Mittelalter wurden die Abgaben zunehmend in Geldzahlungen entrichtet. Dennoch versuchten die Bauern weiterhin, ihre harte wirtschaftliche Lage durch eine nachlässige Pflichterfüllung zu verbessern (➧ M3).

Die hochmittelalterliche Agrarrevolution

Die frühmittelalterliche Landwirtschaft wurde von zwei wesentlichen Faktoren beeinflusst. Zum einen stieg die Bevölkerung zwischen 800 und 1150 beträchtlich und zum anderen setzte sich eine immer stärkere Arbeitsteilung durch. Dem größeren Nahrungsbedarf versuchte man durch Ausdehnung der landwirtschaftlichen Flächen nachzukommen. Die Anlage neuer Siedlungen und die Urbarmachung bisher ungenutzter Ländereien gingen Hand in Hand.
Eine weitere Maßnahme war die Umstellung auf die *Dreifelderwirtschaft.* Dabei wurde ein Feld mit Sommergetreide, eines mit Wintergetreide bepflanzt, während das dritte Feld brachlag. Im nächsten Jahr wurde das brachliegende Feld kultiviert, dafür wurde eines der beiden anderen Felder nicht bearbeitet. Auf diese Weise ließen sich die Erträge steigern, da dem Boden nicht einseitig Nährstoffe entzogen wurden. Die Fruchtfolge auf den Feldern wurde für alle Bewohner eines Dorfes verbindlich festgelegt (*Flurzwang*). Das Brachland wurde als Weide genutzt. Das übrige zum Dorf gehörige Land, meist Wald oder Weidefläche, wurde als gemeinschaftliche Nutzfläche (*Allmende*) angesehen. Die Erträge der angebauten Getreidesorten (Hafer, Gerste, Roggen, Weizen und Dinkel) überstiegen die Aussaatmengen nur um das 2,5- bis 3-fache. Da man also etwa ein Drittel der Erntemenge für die Aussaat zurücklegen musste, circa ein Drittel an den Grundherrn abzugeben hatte, blieb nur das letzte Drittel für den Verbrauch der bäuerlichen Familie.
Mehrere einschneidende technologische Neuerungen lassen einige Forscher von einer „agrartechnischen Revolution des Mittelalters" sprechen (*Georges Duby*). Der wesent-

▲ *Verbesserungen von Deichsel und Zaumzeug ermöglichten das Anschirren von vier Ochsen beim Pflug. Aus dem Londoner Luttrell-Psalter, vor 1340.*

lichste Wandel vollzog sich in der Methode des Pflügens. Lange Zeit war der Hakenpflug üblich, der den Boden nur oberflächlich aufwühlte. Der im 11. Jahrhundert immer häufiger benutzte Beetpflug lockerte den Boden besser und führte im Ergebnis zu einer erhöhten Getreideproduktion. Der schwere Beetpflug konnte wiederum nur eingesetzt werden, weil durch die Verwendung des *Kummets*, eines gepolsterten Kragens für Zugtiere, die Zugkraft verbessert werden konnte. Ab dem 12. Jahrhundert ersetzte die bequemere und praktischere Sense allmählich die Sichel. Damit war die Heubeschaffung deutlich erleichtert worden. Vor allem im Norden Europas setzte sich der zweigeteilte *Dreschflegel* durch, mit dem vorwiegend im Herbst und Winter in den Scheunen gedroschen werden konnte. Insgesamt nahm bei Agrargeräten die Verwendung von Metallen zu, was eine höhere Arbeitsproduktivität und längere Haltbarkeit gewährleistete. Zudem stieg die Produktivität durch eine kurzfristige Klimaverbesserung während des Hochmittelalters und sicherte damit auch die Versorgung der anwachsenden Bevölkerung.

Die ständische Gesellschaftsordnung

In der älteren Forschung galt das Mittelalter als eine Zeit, in der die Gesellschaftsordnung in Unbeweglichkeit verharrte. Diese Vorstellung wurde vor allem dadurch genährt, weil die schriftlichen Quellen aus jener Zeit weniger die gesellschaftliche Wirklichkeit beschrieben als ein weltanschaulich vorgegebenes Ordnungsprinzip wiedergaben. Durch die bessere Aufbereitung und Auswertung der Quellen hat sich aber heute die Meinung durchgesetzt, dass innerhalb der mittelalterlichen Bevölkerung sehr wohl dynamische Prozesse stattgefunden haben.

Wir bereits beschrieben, wurde im Gefolge der grundherrschaftlichen Sozialverfassung die frühmittelalterliche Trennung der Gesellschaft in Freie und Unfreie durch neue Lebensformen überlagert. Aus dieser Entwicklung heraus entstand die *Dreiständelehre*, die sich im 13. Jahrhundert auch rechtlich durchsetzte. Mit der Dreiteilung der Gesellschaft in einen Wehrstand, einen Betstand und einen Nährstand wurde jeder Mensch einer – zumindest in der Theorie – sozial klar umrissenen Gruppe zugewiesen: *Adel, Geistlichkeit, Bauern*. Dieses Ständesystem erhielt sich in seinen Grundzügen bis an die Schwelle des 19. Jahrhunderts (➧ M4).

Adel, Geistlichkeit, Bauern

▲ *Der Adel als höchster Stand zwischen dem Geistlichen und dem Bauern. Französische Buchmalerei aus der zweiten Hälfte des 13. Jahrhunderts.*

Die Stände des Mittelalters bildeten in sich keine homogenen Blöcke. Innerhalb des Adels ragten beispielsweise die mächtigen Familien der Reichsfürsten heraus; zu ihnen zählten Herzöge, Grafen und Markgrafen (siehe Seite 85, f.). Der darunter stehende Territorialadel rekrutierte sich im Wesentlichen aus den Unfreien und dem städtischen Bürgertum. Diese Gruppen stiegen durch die Übernahme herrschaftlicher Aufgaben (Verwaltung, Kriegsdienst, Sicherung des Territoriums) sozial und wirtschaftlich auf und strebten eine Angleichung ihrer rechtlichen Stellung an. Aus diesem Prozess heraus entstand die neue Kultur des Rittertums, die ihre Wurzeln nicht zuletzt in einer religiös begründeten und von der Kirche geförderten Höherschätzung des Kriegsdienstes hatte. Ritterlicher Ehrenkodex, eine geregelte Erziehung, standardisierte Umgangsformen, Ritterfeste und Minneliteratur prägten auch die Lebensweise der Großen und sogar der Könige.

Mitglieder der *Geistlichkeit* konnten sowohl Adelige oder Freie als auch Unfreie, Bauern oder Stadtbewohner sein. Als Kleriker blieben sie weiterhin ihrer Herkunft verhaftet. Im Frühmittelalter lebten die keinem Kloster angehörenden so genannten Weltgeistlichen nicht im Zölibat. Die Durchsetzung des Zölibats im hohen Mittelalter sicherte die Sonderstellung der Geistlichkeit, weil damit die Freiheit der Geistlichen gewährleistet wurde. Deshalb kann man bei den Klerikern nicht von einem Geburts-, sondern nur von einem Berufsstand sprechen, wobei aber Denkweisen und Stellung in der kirchlichen Hierarchie stark von der unterschiedlichen Herkunft und Bildung geprägt waren.

Der Stand der *Bauern* im Sinne von „rustici“, also von Menschen, die innerhalb einer Grundherrschaft wohnten und die umgebende Ackerfläche kultivierten, bildete sich mit zunehmender Sesshaftigkeit der Bevölkerung (etwa bis ins 11. Jahrhundert). Mit dem politischen und wirtschaftlichen Wandel differenzierte sich die ländliche Population wieder.

Die Grundherrschaft diente weitgehend der Eigenversorgung des auf ihr lebenden Hörigenverbands („familie“). Der wachsende Handel und Warenaustausch auf Märkten sowie die „Wiederentdeckung“ des Geldwesens ließen die Eigenwirtschaft an Bedeutung verlieren. Mit ihrem Rückgang waren die vielfältigen Frondienste nicht mehr im selben Maße notwendig, zumal auch die Grundherren immer stärker auf Geldabgaben Wert legten. Diese Vorgänge förderten die bäuerliche Unabhängigkeit und führten zu einer Ausformung der dörflichen Selbstverwaltung und Gerichtsbarkeit. Trotzdem gab es in den Dörfern neben den Vollbauern auch minderberechtigte Bewohner, die zum Teil als Lohnarbeiter arbeiten mussten. Die Urbanisierung des Reichs mit zahlreichen Stadtgründungen gab Anlass zu weiteren Differenzierungen. Neue Berufe, fortschreitende Arbeitstellung sorgten innerhalb der bäuerlichen Bevölkerung für zusätzliche Abgrenzungskriterien, ohne allerdings die geburtsständische Ordnung vorläufig außer Kraft zu setzen.

2.2 Entstehung der Landesherrschaft

1180
Heinrich der Löwe wird durch Kaiser Friedrich Barbarossa entmachtet

1232
Das „Statutum in favorem principum" Friedrichs II. stärkt die „Landesherren" und erleichtert den Ausbau von Territorialstaaten im Reich

▲ *Der Welfe Heinrich der Löwe war ein Vetter Kaiser Friedrichs I. Von seiner Braunschweiger Residenz aus betrieb Heinrich eine expansive Territorialpolitik und nahm im Norden Deutschlands bald eine königsähnliche Stellung ein. Friedrich deckte zunächst seinen Vetter, der ihn bei seinen Italienzügen unterstützte.*
Das Gemälde der Gebrüder Riepenhausen zeigt, wie Heinrich der Löwe den Kaiser vor rebellischen Römern schützt (1155). Die glanzvolle Darstellung des mutigen welfischen Einsatzes für Kaiser und Reich wurde 1825 vermutlich im Auftrag des Welfenordens vollendet und sollte das Königreich Hannover im 19. Jahrhundert vor allem gegen Ansprüche des benachbarten Preußen legitimieren.

▶ *Heinrich der Löwe als Gründer der Stadt Lübeck. Wandbild von Max Koch im Treppenhaus des Lübecker Rathauses, 1892. Lübeck wurde 1143 durch Graf Adolf II. von Holstein gegründet, jedoch wenige Jahre später durch ein Feuer verwüstet. Heinrich der Löwe gründete die Stadt 1159 neu, indem er die Neubesiedlung planmäßig vorantrieb und 1160 den Bischofssitz von Oldenburg in Holstein nach Lübeck verlegte.*

M1

Heinrich der Löwe verliert Lübeck an den Kaiser

Der Bericht des Chronisten, des Benediktinerabts Arnold von Lübeck, gibt Einblick in das verfassungsrechtliche Denken des Hochmittelalters. Während der Auseinandersetzung zwischen Friedrich I. und Heinrich dem Löwen belagert der Kaiser 1181 die Stadt Lübeck. Die Bürger wollen sich jedoch nur ergeben, wenn ihr Herzog dem zustimmen würde. Der Bischof der Stadt soll bei Friedrich in Erfahrung bringen, ob eine Abordnung freies Geleit zu Heinrich erhalten würde. Der Kaiser antwortet darauf dem Bischof:

„Wir freuen uns sehr über Eure Ankunft, Geliebtester unter den Bischöfen, und genießen außerordentlich Euren Anblick wie das Gespräch mit Euch. Da jedoch Eure Bürger uns verbale Arroganz bieten und unsere Stadt uns weiterhin nicht öffnen, glauben wir, dass das weder uns noch irgendjemanden, der gesunden Sinns zu sein scheint, rechtmaßig erscheinen kann. Wir räumen ein, dass die Stadt aufgrund unserer Freigiebigkeit und Großzügigkeit bis jetzt unserem Vetter gehört hat. Doch seitdem dieser wegen seiner Widersetzlichkeit durch die Entscheidung aller Fürsten in die öffentliche Ächtung gekommen ist, gehört diese Stadt in der rechtmäßigsten Weise zu unseren Besitztiteln, zumal auch jeder Bischof das Seine empfangen hat, was er mit sicherem Lehnrecht hält. Und nun kann unsere Hand ihnen geben, was sie verdient haben. Doch weil es uns zukommt, durch gerichtsförmige Entscheidung eher Geduld als Rache zu zeigen, stimmen wir auch darin mit ihnen überein, dass sie, wie sie fordern, zu ihrem Herrn gehen und mit ihm über ihren rechtlichen Status verhandeln sollen. Dabei sollen sie eines wissen: Wenn sie uns die Stadt bei ihrer Rückkehr nicht öffnen, müssen sie wegen dieser Verzögerung eine schwerere Strafe hinnehmen.“ [...]

Der Bischof kehrte also in die Stadt zurück und berichtete den Bürgern, was er gehört hatte. Die gingen sofort, unter Annahme des freien Geleits, nach Stade, wo der Herzog weilte. [...] Nach einigen Tagen aber kehrten die Bürger mit Graf Gunzelin zurück und übergaben auf Befehl des Herzogs die Stadt in des Kaisers Hand. Doch bevor sie ihm die Stadt öffneten, kamen sie zu ihm heraus und baten ihn, die Freiheit der Stadt, die sie früher vom Herzog erhalten hatten, behalten zu dürfen, und die Rechte, die sie in Form schriftlicher Privilegien besäßen, gemäß den Rechten der Stadt Soest sowie die Grenzen, die sie im Hinblick auf Weiden, Wälder und Flüsse besäßen, dank seiner Autorität und Großzügigkeit zu behaupten. Der Kaiser aber stimmte ihrer Bitte zu und bestätigte nicht nur jene Rechte, sondern erklärte auch für gültig, was sie vom Herzog an Zoll und Einkünften der Domherren in Lübeck oder in Ratzeburg zugeteilt erhalten hatten. Graf Adolf aber gab er die Hälfte der Abgaben der ganzen Stadt vom Zoll, von den Mühlen, von den Wechseltischen als Lehen, teils weil er dem Reich vielfach gedient hatte, teils weil er selbst damals vertrieben war. Und so wurde er in die Stadt einziehend mit Hymnen und Lobpreisungen Gottes empfangen, wobei der Klerus und alles Volk jubelte.

Hartmut Boockmann, Das Mittelalter, München 1988, S. 113 f.

1. *Erläutern Sie, wie Kaiser Friedrich I. seinen Anspruch auf Lübeck begründet, dessen Stadtherr bisher sein welfischer Vetter Heinrich der Löwe war.*
2. *Welche Beweggründe könnten den Kaiser veranlasst haben, den Lübeckern die von Heinrich dem Löwen zugestandenen Stadtrechte und Einkünfte seinerseits zu bestätigen?*
3. *Erklären Sie Interessenlage und Vorgehen der Lübecker Bürger angesichts des Konflikts zwischen Kaiser und Herzog.*

M2

„Statutum in favorem principum"

In dem „Gesetz zu Gunsten der Fürsten" von 1232 muss Kaiser Friedrich II. den Territorialmächten in ihrem Streben nach Selbstständigkeit entgegenkommen:

1. Wie schon unser königlicher Sohn, so gestehen wir auch ihnen für immer zu, dass keine neue Burg oder Stadt auf geistlichem Gebiet, sei es auch unter dem Vorwand der Vogtei[1], von uns oder einem anderen [Fürsten] errichtet werden darf, ganz gleich unter welchem Vorgeben.

2. Neue Märkte sollen alte in keiner Weise stören. [...]

6. Ein jeder Fürst habe freien Gebrauch seiner Freiheiten, Gerichtsbefugnisse, Grafschaften und Zehnten[2], nach den Gewohnheitsrechten seines Landes, sie seien sein Eigentum oder ein Lehen.

7. Die Zentgrafen[3] sollen die Zehnten vom Landesherrn [dominus terrae] oder von dem empfangen, den der Landesherr mit ihnen belehnt hat. [...]

12. Eigenleute der Fürsten, Edlen, des Dienstadels und der Kirchen sollen in unseren Städten keinen Schutz mehr finden.

13. Eigentum und Lehen der Fürsten, Edlen, des Dienstadels und der Kirchen, das sich in den Händen unserer Städte befindet, soll zurückgegeben werden und darf nicht wieder weggenommen werden.

14. Weder wir noch unsere Leute sollen das Geleitrecht der Fürsten in ihrem Lande, das sie von uns zu Lehen haben, beeinträchtigen oder stören dürfen. [...]

17. Im Lande eines Fürsten wollen wir keine neue Münzen schlagen lassen, durch welche die Münze des Fürsten im Werte gemindert werden könnte.

18. Unsere Städte sollen ihre Gerichtsbarkeit nicht über ihren Umkreis hinaus ausdehnen [...].

20. Ohne Zustimmung und aus der Hand des fürstlichen Lehnsherrn soll niemand Güter zu Pfand nehmen, mit denen ein anderer belehnt ist.

Wolfgang Lautemann, Geschichte in Quellen. Mittelalter, München, 2. durchgesehene Auflage 1978, S. 568 f.

1. *In dieser Urkunde taucht erstmals der Begriff „Landesherr" auf. Welche Bestimmungen erscheinen Ihnen besonders kennzeichnend für das Zurückweichen der Zentralgewalt zu Gunsten der sich ausbildenden Staatlichkeit in den Territorien?*
2. *In welchen Artikeln werden vor allem finanzielle Interessen der Landesherren berücksichtigt?*
3. *Zeigen Sie auf, inwiefern in diesem Fürstenprivileg der königlichen Städtepolitik Fesseln angelegt werden sollten.*

---

1) *Schutzgewalt; insbesondere Ausübung der weltlichen Gerichtsbarkeit auf geistlichem Territorium*

2) *Landgerichte, Gerichtsbezirke, Gerichtsstätten*

3) *Vorsitzender des Zentgerichts (Zent)*

M3
Die Länder des 13. Jahrhunderts

Die Historikerin Hanna Vollrath verdeutlicht, wie kompliziert, unterschiedlich und schwierig sich die Anfänge des modernen Flächenstaates ab der staufischen Zeit gestalteten.

Die Länder des beginnenden 13. Jahrhunderts waren höchst unterschiedliche Gebilde, was Entstehung, Größe, Aufbau, Ausmaß und Intensität der landesherrlichen Durchdringung anbelangte. Zu einem Kernbestand an grundherrlichem Allodial-[1] und Lehnsbesitz mit den daran haftenden Rechten „über Land und Leute" kamen andere Herrschaftsrechte: Vogteien (Wahrnehmung der weltlichen Hoheitsrechte über die Hintersassen von Kirchen und Klöstern), stadtherrliche Rechte, lehnsherrliche Rechte gegenüber Vasallen und [...] die Nutzung der Regalien. Es waren also Herrenrechte sehr verschiedener Herkunft und Ausprägung, die der Landesherr über die im Land lebenden Menschen hatte und die er zusammen und in Konkurrenz mit anderen Herrschaftsträgern ausübte. Das „Land" stellte also keine rechtliche Einheit dar und ebenso wenig zeigte es gebietsmäßige Geschlossenheit. Grafen und auch andere Adlige des Gebiets bestanden auf ihrer alleinigen Zuordnung zum Königtum und suchten sich und ihren Besitz von jeder landesherrlichen Oberhoheit frei zu halten oder zu befreien, wo immer sich die Gelegenheit dazu bot. [...]

In der Regel [...] war es [...] die Durchsetzung des Landfriedens, die den Aufbau einer landesherrlichen Gebietsherrschaft förderte. Mit der Landfriedensbewegung des 12. Jahrhunderts und ihrer „Intensivierung und Rationalisierung der Rechtspflege" (Fried) war eine „modernstaatliche" Aufgabe entstanden, deren Wahrnehmung sich die mächtigen Herren nicht entziehen konnten, ohne in der Gewährung von „Schutz und Schirm", der ideologischen Rechtfertigung für ihre Herrenstellung, unglaubwürdig zu werden. [...] Nachdem das Königtum durch Thronstreit und Interregnum[2] seine Führungskompetenz in der Landfriedensbewegung eingebüßt hatte, blieb vor allem den mächtigen Herren die Aufgabe, in ihrem Bereich den Landfrieden zu sichern. Wo immer es einem Herrn gelang, [...] zumindest für die drei Kapitalverbrechen Raub, Totschlag und Notzucht ein für das ganze Land zuständiges Hochgericht durchzusetzen und effizient zu machen, war der Grund gelegt für die Entstehung einer neuen Rechtsgemeinschaft, der Rechtsgemeinschaft der freien Landesbewohner, die zusammen mit dem Landesherrn das „Land" konstituierten.

Hanna Vollrath, Deutsche Geschichte im Mittelalter, in: Martin Vogt (Hrsg.), Deutsche Geschichte. Begründet von Peter Rassow, Stuttgart 1987, S. 98

1. *Nennen Sie die einzelnen Rechte und Leistungen, die sich zur landesherrlichen Durchdringung eines Territoriums nutzen ließen.*
2. *Erläutern Sie, durch welche unterschiedlichen Gegenkräfte das Streben nach Ausbau der Landesherrschaft behindert werden konnte.*
3. *Diskutieren Sie, welche Bedeutung „Schutz und Schirm" im modernen Staat der Gegenwart haben.*

---

1) *Allodialgut: Eigenbesitz. Das dem Grundherrn ursprünglich gehörende Land verschmolz häufig mit dem als Lehen übernommenen Besitz.*

2) *„Zwischenherrschaft". In der so genannten „kaiserlosen Zeit" zwischen dem Ende des staufischen Herrscherhauses (1254) und der Wahl des Habsburgers Rudolf I. (1273) bauten die Partikulargewalten ihre Macht unter schwachen, aus dem Ausland stammenden Königen weiter aus.*

„Reichslandpolitik“ in Deutschland

Obwohl für die Geschichte der Staufer die Ereignisse in Italien weithin bestimmend schienen, blieb die politische und verfassungsrechtliche Entwicklung in Deutschland im „staufischen Jahrhundert“ (ca. 1150-1250) doch von größter Bedeutung. Friedrich Barbarossa wollte die im Investiturstreit geschmälerte königliche Macht durch den starken Ausbau staufischen Besitzes erneuern. Durch konsequente Erwerbspolitik vermehrte er in einem großen Landbogen vom Oberrhein über Franken und das Vogtland bis nach Thüringen Reichsgut und staufisches Hausgut. Eine mächtige Einflusszone entstand. Hierzu trug auch die Gründung von *Städten* (siehe Seite 99 ff.) bei. Zur Sicherung und Verwaltung des „Königslandes“ diente vor allem die Anlage von Burgen. Die wichtigsten von ihnen wurden zu repräsentativen Pfalzen im spätromanischen Stil ausgebaut und entstanden nun häufig in Verbindung mit aufblühenden Städten (Rothenburg in Franken, Gelnhausen in Hessen).

▲ *Kaiserpfalz in Gelnhausen. Foto um 1992.*
Blick von der Hofseite auf den Torturm (links), Torbau mit Kapelle im Obergeschoss (Mitte) und Palas (rechts). Kaiser Friedrich I. ließ diese Anlage etwa 50 km östlich von Frankfurt am Main errichten. Sie wurde um 1179/80 fertig gestellt. Heute gilt sie als eine der besterhaltenen staufischen Pfalzen.

Besonderes Kennzeichen dieser staufischen Reichslandpolitik war die Einsetzung von Ministerialen als Herrschaftsträger, zum Beispiel als Burggrafen oder als Schultheißen[1] in den Städten. Schon die Salier hatten königliche Verwaltungsbeamte eingesetzt, die als ursprünglich unfreie Dienstmänner für den König Hof- und Kriegsdienst leisteten. Es entstand eine Schicht, die ihren sozialen Aufstieg dem König verdankte und ihm treu ergeben war. Viele erhielten die auf Grund ihrer Leistungen empfangenen Dienstlehen im Laufe der Zeit als erbliches Eigentum und rückten in den Stand des niederen (Dienst-)Adels auf. Mit Hilfe der Ministerialität bauten die Staufer das Königsgut sys-

---

1) *Ursprünglich der Beauftragte des Stadtherrn, der die Gemeinde zur Leistung ihrer Schuldigkeit anzuhalten hatte. Aus dieser Funktion entwickelte sich oft das Amt des Bürgermeisters.*

tematisch aus. Alle Bemühungen, die königliche Machtbasis zu festigen und sich mit der aufstrebenden Gruppe der Ministerialen ein Instrument zur zentralen Lenkung des Reiches zu schaffen, konnten die Stellung des Hochadels (Herzöge, Grafen, Markgrafen) aber nicht beeinträchtigen. Gerade in der Epoche der Staufer gelang den Fürsten die Ausbildung von Landesherrschaften.

▶ *Heinrich der Löwe. Umschlag einer populären Broschüre von R. Stahl, Braunschweig, 1930er-Jahre. Die Nationalsozialisten bauten Heinrich den Löwen nach der Machtübernahme zu einer nationalen Heldengestalt auf. Die ideologische Begründung bezog sich dabei auf seine „Ostkolonisation", die er der „verfehlten Italienpolitik" Barbarossa entgegengesetzt habe (siehe M4, S. 49 f.). Ab 1938 vollzog sich dann eine weitreichende ideologische Veränderung: Aufgrund der offen imperialistischen Außenpolitik Deutschlands wurde die Rolle des mittelalterlichen Kaiserreichs, verstanden als europäische Führungsmacht, positiver bewertet. Heinrich verlor seine herausragende Bedeutung, Kaiser Friedrich Barbarossa wurde stattdessen zur Zentralfigur – deutlich wird dies u.a. am Decknamen „Unternehmen Barbarossa" für den Überfall Deutschlands auf die Sowjetunion am 24. Juni 1941.*

Das Ende der Stammesherzogtümer und die Ausbildung des Reichsfürstenstandes

Friedrich Barbarossa, der mütterlicherseits selbst mit den Welfen verwandt war, bemühte sich, die seit der Königswahl des Staufers Konrad III. (1138) wirksamen Gegensätze zwischen Staufern und Welfen beizulegen. Deswegen erhielt sein welfischer Vetter *Heinrich der Löwe* (1129-1195; Herzog in Sachsen seit 1142) 1156 das Herzogtum Bayern zurück, das seinem Vater entzogen worden war. Allerdings wurde die bayerische Ostmark (Österreich) abgetrennt, um die bisherigen Lehensträger aus der Familie der *Babenberger* zu entschädigen.

Der alte Konflikt zwischen beiden Geschlechtern lebte wieder auf, als Heinrich dem Kaiser bei einem Italienzug die dringend erbetene militärische Unterstützung verweigerte. Mit Hilfe der Fürsten, die sich der Welfe wegen seiner expansiven Territorialpolitik ebenfalls zum Gegner gemacht hatte, entzog der Kaiser in einem lehensrechtlichen Verfahren Heinrich dem Löwen die Herzogtümer Sachsen und Bayern. Heinrich verblieb nur sein Eigenbesitz um die Residenzstadt Braunschweig und um Lüneburg (▶ M1).

Der Sturz Heinrichs des Löwen im Jahre 1180 war ein Sieg des Kaisers, dem nun im Reich kein ähnlich mächtiger Vasall mehr gegenüberstand. Die Entmachtung des Welfen lag aber auch im Interesse vieler Fürsten. Nur mit ihrer Unterstützung hatte Friedrich Barbarossa über seinen Vetter triumphieren können. Der Kaiser musste den

Fürsten entgegenkommen, indem er die eingezogenen Herzogtümer nicht dem Reichsgut zuschlug, sondern neu aufteilte. Das Herzogtum Sachsen wurde aufgelöst. Wichtige Teile gelangten als Herzogtum Westfalen an den Kölner Erzbischof oder fielen an das Geschlecht der *Askanier* (siehe Karte S. 51). Bayern wurde – diesmal um die Steiermark verkleinert – den *Wittelsbachern* übergeben, die dort bis 1918 herrschten. An die Stelle der so genannten Stammesherzöge war ein neuer, zahlenmäßig größerer, aber abgegrenzter Kreis bevorrechtigter geistlicher und weltlicher Fürsten getreten. Die Mitglieder dieses „jüngeren" Reichsfürstenstandes (principes imperii) hoben sich vom übrigen Adel ab. In ihrem Territorium hatten sie eine herzogliche oder herzoggleiche Stellung inne und empfingen als „Kronvasallen" ihr Lehen direkt vom König. Sie durften sich keinem anderen weltlichen Herrn verpflichten, höchstens noch Lehen von der Kirche empfangen.

Nach der im *Sachsenspiegel*[1] überlieferten *Heerschildordnung* kamen in dem jetzt voll durchgebildeten, hierarchisch aufgebauten Lehenssystem dem König der erste, den geistlichen und weltlichen „Reichsfürsten" der zweite und dritte Heerschild zu. Von ihnen deutlich getrennt folgte in weiteren Abstufungen der restliche Adel: die nichtfürstlichen Landesherren und Hochfreien, schließlich die Ministerialen und Ritter.

Die Anfänge der Territorialisierung

Die sich im Spätmittelalter fortsetzende Zersplitterung des Reiches in zahlreiche Einzelterritorien schien den deutschen Königen den Vorteil zu bieten, dass ihnen keine übermächtigen Herzöge mehr gegenüberstanden. Trotzdem konnten sie keine straffe Zentralgewalt errichten. Deutschland blieb ein Wahlkönigtum und erlebte – beispielsweise in der staufisch-welfischen Doppelwahl von 1198 – Thronstreit und Gegenkönige.

Dagegen setzte sich zur Zeit der Staufer in England und Frankreich die Erbmonarchie durch. Bemerkenswert war die Machtsteigerung des französischen Herrschers. Durch einen eigenen Treuevorbehalt waren auch die Untervasallen aller königlichen Lehensleute an den König gebunden. Das stärkte seine Position, wenn er mit den Fürsten in Konflikt geriet. Ebenso war er stark genug, über heimgefallene Lehen zum eigenen Vorteil zu verfügen. So setzte sich in Frankreich die nationale Monarchie gegen die Kronvasallen durch.

Dem deutschen Königtum gelang es hingegen nicht, im Wettlauf mit den Fürsten eine übergreifende Rechts- und Friedensgewalt zu errichten. Die Reichsfürsten blieben zwar dem König zur Treue verpflichtet, regierten aber in ihrem Territorium immer selbstständiger. Der „moderne" Staat mit seiner stärkeren Herrschaftskonzentration entstand allmählich in den von geistlichen und weltlichen Fürsten regierten Gebieten. Dazu trug der von ihnen geförderte Landesausbau entscheidend bei. Parallel und in Konkurrenz zur Reichslandpolitik der Staufer bedienten sie sich mit Burgenbau, Städtegründungen und Einsetzung landesherrlicher Ministerialen ganz ähnlicher Mittel zur Herrschaftsintensivierung. Die Schwäche des Königtums während des staufisch-welfi-

1) Der Sachsenspiegel war eine um 1230 entstandene Sammlung des mittelalterlichen Rechts. Die Aufzeichnung stammt von Eike von Repgow, der die vorgefundenen weltlichen Rechtssätze erstmals systematisierte, aber auch interpretierte. Der Sachsenspiegel war nicht rechtlich verbindlich, wie wir dies von heutigen Gesetzessammlungen kennen; seine Bestimmungen wurden aber doch bald an vielen Orten des Reichs angewendet.

schen Thronstreites und die Tendenz Friedrichs II., sich um seiner italienischen Ziele willen auf keinen Konflikt mit den deutschen Fürsten einzulassen, kamen den Großen des Reiches entgegen. Immer selbstverständlicher verfügten sie über die ursprünglich vom König abgeleiteten Regalien.

Die Fürstengesetze Friedrichs II.

Wie weit die „Territorialisierung" schon vorangeschritten war, zeigen zwei berühmte Urkunden Friedrichs II.: Die „Vereinbarung mit den geistlichen Fürsten" *(Confoederatio cum princibus ecclesiasticis)* von 1220, mit der Friedrich die Wahl seines Sohnes zum deutschen König und Stellvertreter sicherte, und, zwölf Jahre später, das „Gesetz zu Gunsten der Fürsten" *(Statutum in favorem principum)*; es bezog auch die weltlichen Reichsfürsten ein. Der König verzichtete auf die Ausübung einer Reihe von Hoheitsrechten im Gebiet der „Landesherren" *(domini terrae)*. Diesen wurde damit der weitere Ausbau ihrer Territorialherrschaft erleichtert (▸ M2).

Dass Friedrich II. zwar den Adel in Sizilien niederzwang, sich aber in Deutschland den regionalen Gewalten gegenüber so nachgiebig zeigte, ist oft kritisiert worden. Bisweilen übersah man dabei, dass der Staufer mit den beiden Fürstenurkunden den Weg zur territorialen Staatlichkeit in Deutschland nicht etwa geöffnet hat, sondern aus politischen Gründen nur eine sich bereits vollziehende Entwicklung rechtlich anerkannte. Später bemühte er sich wieder um eine Zurückgewinnung von Reichsrechten, so im *Mainzer Reichslandfrieden* von 1235, der ersten Königsurkunde in deutscher Sprache. Nach dem Tod des Kaisers 1250 gingen große Teile des Reichsgutes aber endgültig verloren.

Die Ausbildung des modernen Flächenstaates

Angesichts des Rückzuges der Reichsgewalt aus den Territorien bildeten sich seit der Stauferzeit in einem länger dauernden Prozess die Vorformen unserer heutigen Staatlichkeit in den Ländern aus. An die Stelle des früheren *Personenverbandsstaates* trat der mit einem bestimmten Gebiet verbundene *Flächenstaat* mit modernen Herrschaftsformen. Dabei stießen die Landesherren auf die Konkurrenz anderer Herrschaftsträger. Zunächst mussten sie die zahlreichen Sonderrechte der adeligen Grundherren beseitigen. Einen wesentlichen Schritt dahin bedeutete die allmähliche Durchsetzung eines öffentlichen Gewaltmonopols. Durch *Landfriedensordnungen* entzogen die Fürsten dem Adel mehr und mehr das Fehde- und Selbsthilferecht. Der Aufbau landesfürstlicher Gerichte und Behörden stärkte den Fürsten gegenüber der adeligen Oberschicht innerhalb seines Territoriums und gab ihm ein größeres Gewicht gegenüber einer noch wenig durchorganisierten Verwaltung der königlichen Zentralgewalt (▸ M3).

2.3 Höfische Kultur des europäischen Adels

Pfingsten 1184
Kaiser Friedrich I. veranstaltet das Mainzer Hoffest anlässlich der Schwertleite für seine Söhne Heinrich und Friedrich: Drei Tage lang werden vor den Gästen – 70 Reichsfürsten mit einer riesigen Zahl von Gefolgsleuten sowie Teilnehmer aus Burgund, Italien, Frankreich, England, Spanien und Dalmatien – ritterliche Kampfspiele abgehalten; das Fest gilt als das prachtvollste seiner Zeit in Deutschland

▲ *Heftig kämpfende Ritter. Miniatur aus dem „Speculum virginum" („Jungfrauenspiegel"), Mittelrhein oder Trier, um 1200. Das Bild zeigt die von etwa 1190 bis ins frühe 13. Jahrhundert geläufige Form der Ritterrüstung, die durch eine vollständige Panzerung des Körpers gekennzeichnet ist: Die langärmeligen Panzerhemden werden durch entsprechende Handschuhe ergänzt und die bislang offenen Teile des Gesichts durch eine Helmmaske mit Sehschlitzen und Luftlöchern geschützt.*
Dies machte eine Kennzeichnung der Ritter durch ihre Schildzeichen notwendig. Topfhelme und repräsentative textile Waffenröcke vervollständigen die Ausrüstung.

M1
Die Burg als Wirtschaftsfaktor

Der Mediävist Joachim Bumke beschreibt die Bedeutung der mittelalterlichen Burgen für das Wirtschaftsleben:

Öfter war ein Gutsbetrieb an die Burg angeschlossen, der die Lebensmittelversorgung der Bewohner sicherstellte. Der Platz für eine neue Burg wurde gerne so gewählt, dass Handelsstraßen oder Schifffahrtswege von dort kontrolliert werden konnten. Bei günstiger Lage siedelten sich Handwerker und Kaufleute im Schutz des Burgbergs an: nicht wenige Städte sind auf diese Weise entstanden. [...] Besonders wichtig waren die Burgen und Pfalzen für die Nutzung und Verwaltung der Wälder und Forsten. Die Verfassungsgeschichte hat längst die große Bedeutung der Forsten für den Landesausbau erkannt. Gerade bei den Neugrundungen Kaiser Friedrichs I. trat die Verbindung von Pfalz und Forst deutlich hervor. Die elsässische Pfalz in Hagenau bildete den Mittelpunkt des heiligen Forstes; die Pfalz Kaiserslautern wurde im Forst Lutra angelegt; und zur Pfalz Gelnhausen gehörte der Büdinger Reichsforst. Neben der wirtschaftlichen Nutzung durch Rodung und Holzverwertung spielte die Bejagung der Wälder eine große Rolle. Die Wahrnehmung des herrschaftlichen Jagdrechts hatte aber nicht nur eine wirtschaftliche Bedeutung, sondern war zugleich ein Attribut adliger Lebensführung. Wie wichtig dieser Aspekt war, zeigt Rahewins Beschreibung des Pfalz Kaiserslautern: „In Kaiserslautern hat er [Friedrich I.] eine Königspfalz aus roten Steinen errichtet und mit nicht geringerer Freigebigkeit ausgestattet. Denn auf der einen Seite hat er sie mit einer sehr starken Mauer umgeben, die andere Seite umspült ein seeähnlicher Fischteich, der zur Weide der Augen wie des Gaumens alle Delikatessen an Fisch und Geflügel enthält. Daran stößt ein Park, der einer Fülle von Hirschen und Rehen Nahrung bietet. Die königliche Pracht all dieser Dinge und ihre Menge, die größer ist, als dass man sie schildern könnte, erweckt das Staunen der Beschauer.“ Solche Tierparks gab es auch in Frankreich und in Sizilien. Sie dienten nicht nur zur Befriedigung der Jagdlust, sondern waren zugleich auch Teil des höfischen Gepränges.

Joachim Bumke, Höfische Kultur. Literatur und Gesellschaft im hohen Mittelalter, Band 1, München 1986, S. 165 und 167 f.

▲ *Darstellung einer Hirschjagd an einer Wand des Turniersaals in Schloss Runkelstein/Südtirol, spätes 14. Jahrhundert.*
• *Jagden zählten zu den adligen Vergnügungen und erfüllten eine Vielzahl von Funktionen. Überlegen Sie, welche.*

1. *Erklären Sie die Funktion von Wäldern damals und heute.*
2. *Erkunden Sie, ob es in der Nähe Ihres Wohnortes eine mittelalterliche Burg gab und welche wirtschaftliche Bedeutung diese für die Umgebung hatte.*

M2
„Unbehaglich“

Jeder falschen Romantik entbehrt die Schilderung des Alltagslebens auf einer Ritterburg durch die Historikerin Elsbet Orth:

Der adlige Burgbewohner fühlte sich belästigt vom unaufhörlichen Lärm, den Mensch und Tier erzeugten, vom Geruch des Schießpulvers, vom Gestank des Hundedrecks. Unbehaglich kühl war es nicht nur während des Winters. Auch über drangvolle Enge wird berichtet. Das Leben auf der Burg erschien den Betroffenen unkomfortabel, strapaziös und nervenaufreibend. Auf der Höhenburg war es außerdem besonders gefährlich. Es kam zu tödlichen Abstürzen, häufig schlug der Blitz ein; auch Brände konnten verheerende Folgen haben. Schließlich war das Burgleben eintönig. Anders als die Burgen des Hochadels im hohen Mittelalter scheinen Ritterburgen nur selten den Rahmen für repräsentative Festlichkeiten geboten zu haben. [...] Der Alltag im Frieden dürfte im Wesentlichen von den Erfordernissen der Landwirtschaft bestimmt gewesen sein. [...] Kälte, Lärm, Schmutz, Unbequemlichkeit, Einsamkeit und Gefahr wären erträglicher erschienen, wenn Anerkennung und erhöhtes Ansehen sie aufgewogen hätten. Doch weder der möglichst burgengebundene Amtmann oder Söldner noch der Ritter, der auf seiner eigenen Burg nach dem Rechten sehen, um Bauunterhaltung, Landwirtschaft und Viehhaltung sich kümmern musste, durften auf Prestigegewinn hoffen. Ihnen bereitete es zusätzliches Missvergnügen, von Orten ferne zu sein, an denen es höher bewertete Möglichkeiten gab, standesgemäß sich zu bewähren und zu unterhalten.

Elsbet Orth, Ritter und Burg, in: Josef Fleckenstein (Hrsg.), Das ritterliche Turnier. Beiträge zu einer vergleichenden Formen- und Verhaltensgeschichte des Rittertums, Göttingen 1985, S. 19-74, hier S. 71 f.

Kennzeichnen Sie die Alltagssituation auf den Ritterburgen im Vergleich zu den Burgen des Hochadels. Welche Faktoren bestimmten das tägliche Leben?

M3
In weiblicher Hand

Elsbet Orth beschreibt die unterschiedlichen Formen der Bindung von ritterbürtigen Frauen, d.h. Frauen aus dem Ritterstand, an Burgen:

Unter dem Aspekt des Burgenalltags, aber auch in rechtlicher Hinsicht verdient nicht nur die Konfiguration „Ritter und Burg“, sondern auch die Beziehung der ritterbürtigen Frau zur Burg Aufmerksamkeit. Häufiger als ihren Männern und Vätern dienten ihnen Burgen als ständige Wohnsitze. Sie verwalteten die Herrschaft für ihre abwesenden Ehemänner, hatten gegebenenfalls Entscheidungen zu treffen, die die Sicherheit der Burg betrafen, all dies als Stellvertreterinnen ihrer Männer, verfügten aber auch über nicht angeleitete, eigenständige Rechte an Burgen.

Nicht selten wurde das Wittum[1] auf eine Burg angewiesen. Das Wittum beinhaltete das Nutzungsrecht, d.h. die Zusicherung eines Wohnsitzes auf der Burg bis ans Lebensende und das Anrecht auf Einkünfte aus der zur Burg gehörenden Herrschaft. Wittumsbesitz durfte, da er nur den Nießbrauch[2] umfasste, nicht weiterveräußert werden. Übertretungen dieses Verbots hielten rechtlicher Überprüfung nicht stand. Entsprechende Geschäfte mussten rückgängig gemacht werden.

Bekannt ist, dass im Falle weiblicher Lehnsfolge das betreffende Erbe an die Ehemänner der Erbinnen fiel. Das gilt auch für Burgen. Auffälliger erscheint, dass Frauen in zugegeben seltenen Fällen als Pfandnehmerinnen von Burgen bezeugt sind. In einem Fall kaufte sogar eine unverheiratete ritterbürtige Frau ein Burg auf Wiederkauf. Dem Verkäufer, Erzbischof Heinrich von Mainz, erschien sein ungewöhnliches Vorgehen jedenfalls sehr riskant. Im Normalfall kannte man das politische Beziehungsgefüge, in welchem ein Pfandnehmer oder Burgkäufer stand. Man mochte die Stabilität dieses Gefüges für kalkulierbar halten. Im Fall der unverheirateten ritterbürtigen Frau konnte sich durch die Heirat ein neues politisches Umfeld ergeben. Möglich war auch, dass sie die Burg testamentarisch einem frei gewählten Erben vermachte. Um sicherzustellen, dass die Burg nicht auf einem dieser Wege in falsche Hände fiel (nämlich in diejenige eines Fürsten, Grafen oder einer Stadt), traf der Erzbischof im Kaufvertrag umfangreiche Verfügungen.

Burgenbesitz in weiblicher Hand unterlag also gelegentlich deutlichen rechtlichen Einschränkungen. Immerhin gab es ihn. Und es konnte ihn nur geben, weil die Frauen des niederen, bis zu einem gewissen Grad auch des hohen Adels, nicht nur als Witwen, sondern während ihres

1) Der Witwe zustehender Besitz
2) Nutzungsrecht

ganzen Lebens eng an Burgen gebunden waren. Sie kannten den praktischen, wirtschaftlichen, politischen und militärischen Wert von Burgen und waren [...] in Einzelfällen vermögend genug, entsprechende Geschäfte abzuschließen.

Elsbet Orth, a. a. O., S. 19-74, hier S. 48 f.

Überlegen Sie, warum ritterbürtige Frauen eine wichtige Stellung bei der Verwaltung der Burgen einnahmen. Beziehen Sie die Informationen aus M1 und M2 in Ihre Überlegungen ein.

M4

„Genug, greif an, ich mag nicht länger warten!"

Eine der eindrücklichsten hochmittelalterlichen Turnierschilderungen stammt aus der Lebensbeschreibung des 1219 als Regent des Königreichs England gestorbenen Guillaume le Maréchal. Es handelt sich dabei um eine Art Reportage über ein Turnier in Lagny des Jahres 1183, zu dem 3 000 Ritter zusammengekommen waren.

Dort hättet ihr hören können, wie so viele Lanzen splittern, dass die Bruchstücke, die zu Boden fielen und dort durcheinander lagen, die Pferde beim Angriff behinderten. Das Gedränge war groß auf dem Platz. [...] Da sah man, wie die Ritter beim Zügel genommen wurden[1], und andere ihnen zu Hilfe kamen. Überall sah man Pferde laufen, von Angstschweiß bedeckt. Jeder müht sich, wie er kann, seine Sache gut zu machen, denn darin zeigt und offenbart sich Heldenmut. Die Erde hättet ihr beben sehen, als der junge König[2] sprach: „Genug, greift an, ich mag nicht länger warten." [...] Jene, die beim König waren, setzten sich mit solchem Ungestüm in Bewegung, dass sie auf den König nicht mehr Acht gaben. Sie stießen so weit vor, dass sie die anderen (die Gegenpartei) in die Flucht schlugen. Das war nicht Rückzug, sondern Flucht, als sie ihnen durch Weinberge und über Gräben nachgestellt hatten. Zwischen Rebstöcken gingen sie voran, die dicht beieinander standen, und dort stürzten oft Pferde. Sogleich wurden die niedergetreten, die gefallen waren und verletzt. [...]
Graf Gottfried mit seinem Banner griff, als der König kam, auf so eigenartige Weise an, dass all jene abgedrängt wurden, die bei ihm hätten sein sollen. Auch konnte der König, als er (Graf Gottfried) erschien, nirgendwo einen von ihnen erreichen, denn der Gegner zog sich zurück und wurde hart verfolgt von denen, die ihre Tüchtigkeit zeigen wollten, und jenen, die nach Gewinn strebten. Da wurde der König ängstlich, da er sich so ganz allein befand. Zu seiner Rechten erblickte er einen Trupp von Gegnern. Mindestens 40 Ritter mochten es sein. Er nahm seine Lanze zur Hand und rannte gegen sie, dass seine Lanze zerbrach, als sei sie aus Glas. Und jene, die zahlreich waren, hielten ihn bald am Zügel. Von überallher eilten sie herbei, während es ihm widerfuhr, dass von all seinen Leuten keiner bei ihm war, außer dem Marschall [Guillaume le Maréchal], der im kurzen Abstand folgte, denn stets pflegte er in der Not ihm nah zu sein [...].
Die anderen hielten in ihren Händen den König, jeder nach Kräften bestrebt, auf seinen Helm einzuschlagen. Der Marschall stürmte voran und stürzte sich auf sie. So heftig stieß er, nach vorn und nach hinten, so deutlich bewies er ihnen seine Art, drückte so und zerrte so, dass er unter Aufbietung aller Kraft das Kopfstück am Zaumzeug von des Königs Pferd zerriss, mit dem ganzen Zügel und es mit fortzog [...]. Die anderen wüteten derart, dass sie dem König seinen Helm vom Kopf rissen, was ihn sehr ärgerte und verletzte. [...] Auf ihn [Guillaume], wie in einer Schlacht, stürzen sie sich im Angriff, und er wehrt sich. Was er erreichen kann, das schlägt er entzwei, spaltet Schilde und zerbeult Helme.

Gerhard Fouquet/Ulrich Mayer (Hrsg.), Lebenswelten. Quellen zur Geschichte der Menschen in ihrer Zeit, Bd. 2: Alteuropa 800 bis 1800, Stuttgart 2001, S. 78 f.

Skizzieren Sie den Ablauf des Turniers. Vergleichen Sie die Darstellung mit dem idealisierten Bild eines „ritterlichen Zweikampfes".

---

[1] *Sie wurden auf diese Weise gefangen genommen und man forderte Beute von ihnen.*
[2] *Heinrich III. von England*

▶ *Ein Ritter erhält einen Blumenkranz als Minnelohn. Miniatur aus der Großen Heidelberger Liederhandschrift (Codex Manesse), Anfang 14. Jahrhundert.*

M5
Die „hohe Minne"

Walther von der Vogelweide (um 1190 bis um 1230) ist einer der herausragenden Vertreter der mittelhochdeutschen Minnelyrik. Über sein Leben ist wenig bekannt. Bis 1198 hielt er sich am Wiener Hof auf. Danach nahm er ein unstetes Leben als fahrender Sänger auf, bis er schließlich in den Dienst Friedrich II. eintrat.

Hêrre got, gesegene mich vor sorgen,
daz ich vil wünneclîche lebe.
wil mir ieman sîne fröide borgen,
daz im ein ander wider gebe?
die vind ich vil schiere, ich weiz wol wâ,
wan ich liez ir wunder dâ.
der ich vil wol mit sinnen
getriuwe ein teil gewinnen.

Al mîn fröide lît an einem wîbe.
der herze ist ganzer tugende vol,
und ist sô geschaffen an ir lîbe
daz man ir gerne dienen sol.
ich erwirbe ein lachen wol von ir.
des muoz sie gestaten mir.
wie mac sie ez behüeten,
in fröuwe mich nâch ir güeten.

Als ich under wîlen zir gesitze,
sô si mich mit ir reden lât,
sô benimt si mir sô gar die witze,
daz mir der lîp alumme gât.
swenne ich iezuo wunder rede kan,
gesihet si mich einest an,
sô hân ich es vergezzen:
waz wolde ich dar gesezzen?

Herr, mein Gott, bewahre mich vor Sorgen,
dass ich glücklich leben kann.
Wenn mir doch jemand seine Freude leihen
würde, ich würde ihm dafür eine andere geben?
Diese finde ich schnell, ich weiß schon wo.
Denn ich ließ eine beträchtliche Menge davon
dort, von der ich mir wohl zutraue,
einen Teil zurückholen zu können.

All meine Freude liegt bei einer Frau;
ihr Herz ist so vollkommen gut
und ihr Körper ist so beschaffen,
dass man ihr mit Freuden dienen muss.
Ob ich ein Lachen von ihr geschenkt bekomme?
Sie muss mir das gestatten;
wie kann sie es verhindern,
dass ich mich wegen ihrer Güte freue.

Wenn ich dann und wann bei ihr sitze
und sie mich mit ihr reden lässt,
dann raubt sie mir so vollständig den Verstand,
dass sich mir alles im Kreis dreht.
Wenn ich auch eben noch viele Worte machen
konnte, sieht sie mich nur einmal an,
dann habe ich alles vergessen,
was ich wollte, als ich mich zu ihr setzte.

Rüdiger Krüger, Deutsche Lyrik des Mittelalters: Walther von der Vogelweide, Bamberg 1983, S. 6 ff.

Erläutern Sie die im Text beschriebene Liebesbeziehung. Wie wird die geliebte Frau beschrieben, welcher Lohn winkt dem Mann?

M6
„Sîne klâwen durch die wolken sint geslagen“

Auch über das Leben Wolframs von Eschenbach (um 1190 bis um 1220) ist wenig überliefert. Sein wichtigstes Werk ist das Versepos „Parzival“ (um 1210), in dem die Entwicklung der Titelfigur vom „tumben Tor“ zum vorbildlichen Ritter dargestellt wird. Darüber hinaus hat Wolfram eine Reihe von „Tageliedern“, einer besonderen Form der Minnelyrik, überliefert. Ein Beispiel:

„Sîne klâwen
durch die wolken sint geslagen,
er stîget ûf mit grôzer kraft;
ich sich in grâwen
tegelîch, als er will tagen:
den tac, der im geselleschaft
Erwenden will, dem werden man,
den ich mit sorgen în verliez.
ich bringe in hinnen, ob ich kan.
sîn vil manigiu tugent mich daz leisten hiez.“

„Seine Klauen haben die Wolken durchschlagen, er steigt auf mit großer Kraft. Tag für Tag sehe ich ihn heraufdämmern, [5] wenn er anbrechen will, den Tag, der dem edlen Mann, den ich voller Sorge hereingelassen habe, das Zusammensein mit der Geliebten nehmen wird. Ich bringe ihn fort, wenn ich kann. [10] Seine große Vorbildlichkeit hat mich dazu verpflichtet.“

\`Wahtaer, du singest,
daz mir manige vreude nimt
unde mêret mîn klage.
maer du bringest,
der mich leider niht gezimt,
immer morgens gegen dem tage.
Diu solt du mir verswîgen gar.
daz gebiut ich den triuwen dîn.
des lôn ich dir, als ich getar,
sô belîbet hie der geselle mîn.´

\`Wächter, was du singst, nimmt mir mein ganzes Glück und vergrößert meinen Schmerz. [15] Jeden Morgen bringst du mir bei Tagesanbruch eine Nachricht, die mir nicht gefällt und mich unglücklich macht. Die sollst du mir ganz und gar verschweigen. Das befehle ich dir, wenn du mir treu ergeben sein willst. Ich belohne dich dafür, so gut ich kann. [20] Dann bleibt mein Geliebter hier.´

„Er muoz et hinnen
balde und ân sûmen sich.
nu gip im urloup, süezez wîp.
lâze in minnen
her nâch sô verholn dich,
daz er behalte êre unde den lîp.
Er gap sich mîner triuwen alsô,
daz ich in braehte ouch wider dan.
Ez ist nu tac. naht was ez, dô
mit drucken an brust dîn kus mir in an gewan.“

„Er muss aber fort, sogleich und ohne zu zögern. Nun lass ihn gehen, schöne Frau. Lass ihn später [25] noch einmal dich so heimlich lieben, damit er Ansehen und Leben behält. Er verließ sich ganz auf meine Treue in der Erwartung, dass ich ihn auch wieder fortbringen würde. Es ist nun Tag. Nacht war es, als [30] unter Umarmungen dein Kuss ihn mir entführte.“

\`Swaz dir gevalle,
wahtaer, sinc und lâ den hie,
der minne brâht und minne enpfienc.
von dînem schalle

\`Sing, Wächter, was immer dir gefällt, aber lass den hier, der Liebe schenkte und Liebe empfing. Dein lautes Rufen [35] hat ihn und mich immer

ist er und ich erschrocken ie,
sô ninder der morgenstern ûf gienc
Ûf in, der her nâch minne ist komen,
noch ninder lûhte tages lieht.
du hâst in dicke mir benomen
von blanken armen, und ûz herzen niht.´

schon aufgeschreckt, wenn der Morgenstern noch nicht über dem, der um der Liebe willen herkam, aufgegangen war und das Tageslicht noch keineswegs leuchtete. Du hast ihn mir oft aus meinen [40] nackten Armen gerissen, aber nicht aus dem Herzen.´

Von den blicken,
die der tac tet durch diu glas,
und dô wahtaere warnen sanc,
si muose erschricken
durch den, der dâ bî ir was.
Ir brüstlîn an brust si dwanc.
Der rîter ellens niht vergaz;
Des wold in wenden wahtaers dôn:
urloup nâh und nâher baz
mit kusse und anders gap in minne lôn.

Die Strahlen, die der Tag durch die Fenster warf, und der Warngesang des Wächters jagten ihr Angst ein [45] um den, der dort mit ihr zusammen war. Sie presste ihre kleinen Brüste an seine Brust. Der Ritter spürte noch einmal heftige Leidenschaft. Dies hatte der Gesang des Wächters verhindern wollen. Der Abschied, nah und immer näher, [50] brachte ihnen mit Küssen und auf andere Weise die Erfüllung ihrer Liebe.

Tagelieder des deutschen Mittelalters. Mittelhochdeutsch/Neuhochdeutsch, ausgewählt, übersetzt und kommentiert von Martina Backes, Stuttgart 1992, S. 91 ff.

1. *Versuchen Sie den Gattungsnamen „Tagelied“ aus dem Inhalt des Gedichts zu erklären.*
2. *Bestimmen Sie die Personen, die in diesem Dialog zu Wort kommen. Welche Funktion kommt ihnen jeweils zu?*
3. *Vergleichen Sie mit M5: Worin unterscheiden sich die zum Ausdruck kommenden Auffassungen von Liebe?*

Die wachsende Bedeutung des Rittertums

Während das bäuerliche Leben trotz aller Wandlungen in der Landwirtschaft von den Nöten der Existenzsicherung, der alltäglichen Angst vor Hagelschlag und Viehseuchen geprägt blieb, erlebte das *Rittertum* in der staufischen Epoche seine glänzendste Entfaltung. Eine neue, von der Vorherrschaft der Kirche befreite Kultur adelig-ritterlicher Prägung gelangte in Deutschland während der Regierungszeit Friedrich Barbarossas zum Durchbruch. Der Kaiser selbst ließ seine Söhne „ritterlich" erziehen. Das Mainzer Hoffest (1184), an dem ihre Aufnahme in den Ritterstand mit Kampfspielen gefeiert wurde, war wahrscheinlich eines der großartigsten Ritterfeste des Mittelalters. Es zeigte die wachsende Bedeutung der zunächst in Westeuropa entwickelten ritterlichen Lebensformen und Ideale.

Die Ritter bildeten ursprünglich keinen eigenen rechtlichen Stand. Sie waren berittene, schwer bewaffnete Krieger mit unterschiedlichem Rechtsstatus: Neben den Adeligen und nichtadeligen Freien zählten seit dem 11. Jahrhundert auch die zunächst unfreien „Ministerialen" zu den Rittern. Gerade durch Einbeziehung der Dienstmänner größerer Herren dürfte das Rittertum entscheidend gestärkt worden sein. Der gemeinsame Waffendienst der Inhaber von Amtslehen und der geburtsadeligen Vasallen als gepanzerte Reiter ließ gemeinsame, am Vorbild des Adels orientierte Lebensformen entstehen. Äußeres Symbol der Zusammengehörigkeit der Ritter wurde das *Wappen*. Ursprünglich als Schildzeichen zur Kenntlichmachung im Kampf entstanden, diente es seinen Trägern bald als Identitätszeichen und wurde schließlich erblich.

▲ *Vom Knappen zum Ritter. Französische Darstellung aus dem 13. Jahrhundert.*
Der Ritterschlag war – zusammen mit der Schwertleite – die öffentliche Zeremonie zum Übertritt vom Knappen zum Ritter. Dabei schlug ein Adliger mit der flachen Hand auf den Hals bzw. Nacken des Knappen. Der Halsschlag wurde später abgelöst durch die Berührung der linken Schulter mit der flachen Schwertklinge.

Alle Angleichungen in gesellschaftlichen Verhaltensweisen hoben allerdings nicht die nach wie vor gültigen geburtsständischen Abstufungen innerhalb der ritterlichen Schicht auf. Die nicht aus altem Adel stammenden Ritter blieben auf den „niederen Adel" beschränkt. In staufischer Zeit verfestigte sich die ursprünglich sozial offene Leistungsgemeinschaft der Ritter zum Geburtsstand. Demnach konnte nur Ritter werden, wer ritterliche Vorfahren hatte. Nichtadelige wurden lediglich in Ausnahmefällen in den Ritterstand aufgenommen.

Grundherren und Burgbewohner

Die Mitglieder des privilegierten Kriegerstandes konnten Rüstung und Gefolge – dazu zählten in staufischer Zeit ein Knappe und oft auch ein Knecht nebst drei oder mehr Pferden – nur bezahlen, wenn sie selbst über einen gewissen Reichtum verfügten. Als Grundlage für ihren Lebensunterhalt erhielten Ritter deshalb Grundbesitz von einem höher gestellten Lehensherrn, dem sie als Krieger und Vasallen dienten (siehe S. 26 f.). Gleichzeitig waren sie „Herren über Land und Leute", die von den Abgaben und Leistungen der Menschen ihrer Grundherrschaft lebten. Somit setzte sich das ritterliche Dasein gleichermaßen aus Dienst und Herrschaft zusammen.

▲ *Die Wartburg bei Eisenach in Thüringen, Foto von 2004. ① Zugbrücke mit Torhalle; ② Ritterhaus (15. Jhd.): Aufenthaltsort für Bedienstete; ③ Vogtei mit Lutherstube; ④ Dirnitz (19. Jhd.): beheizbarer Saal; ⑤ Bergfried (1859, auf mittelalterlichen Fundamenten); ⑥ Gadem (19. Jhd.): Gästehaus; ⑦ Südturm mit Verlies (14. Jhd.); ⑧ Palas (zw. 1155 u. 1180): Wohngebäude; ⑨ Neue Kemenate (19. Jhd., auf mittelalterlichen Fundamenten). Die im 11. Jhd. gegründete Wartburg war um 1200 Aufenthaltsort bedeutender mittelhochdeutscher Dichter wie Walther von der Vogelweide und Wolfram von Eschenbach. Im 16. Jhd. suchte der gebannte Reformator Martin Luther auf der Burg Zuflucht und übersetzte dort das Neue Testament ins Deutsche. Im 19. Jhd. wurde die Wartburg ebenso wie der Kyffhäuser (siehe S. 124 ff.) als „nationales Denkmal" ausgestaltet.*

Die wirtschaftlichen Aufgaben und Tätigkeiten als Grundherren prägten den Alltag der Ritter stärker, als gemeinhin vermutet wird (▸ M1). Die mit geringem Grundbesitz Ausgestatteten blieben der bäuerlichen Lebensführung eng verbunden. Als Wohnung diente ihnen manchmal nur ein Steinhaus mit zwei Zimmern. Aber auch für diese Ritter galt, dass der Waffendienst zu Pferd und eigener Lehensbesitz sie gegenüber den Bauern hervorhob. Für die meisten Ritter wurde allerdings die Burg zum typischen Lebensraum. Sie diente als repräsentativer Wohnsitz, war als Verwaltungs- und Amtssitz Herrschaftszentrum einer Region und wurde als Befestigungsanlage für die Kriegsführung immer wichtiger (▸ M3).

Das Alltagsleben auf der Ritterburg war in der Regel einfach und, gemessen an modernen bürgerlichen Ansprüchen, unbequem (▸ M2). Die Ausstattung mit Möbeln war auch auf vornehmen Adelssitzen bescheiden. Vor dem 13. Jahrhundert gab es kaum Fenster aus Glas, gegen Kälte und Wind mussten sich die Bewohner meist mit Brettern und Stroh in den Fensteröffnungen schützen. Die kalten Wohnräume wurden mittels Kaminen geheizt. Zur Beleuchtung dienten Talglichter und Kienspäne, bei besonderen Anlässen Fackeln und Kerzen. Die meisten Ritterburgen waren bis zu 40 Meter lang. Repräsentativer waren die königlichen Pfalzen oder die Höfe der Fürsten. Unter ihnen ragt die 180 Meter lange Wartburg des Landgrafen *Hermann von Thüringen* besonders hervor.

Fürstenhöfe

Für die Ausbildung des ritterlichen Lebensgefühles und des ritterlichen Standesethos wurden die Zusammenkünfte an diesen „Höfen" großer Herren wichtig. Hier sammelten sich die dem Herrn verpflichteten Vasallen zum Kriegszug, hier fanden die großen Feste und Turniere statt (▸ M4). Festanlässe waren im Mittelalter Hochzeiten und Thronerhebungen, hohe kirchliche

Feiertage, die Rückkehr von Feldzügen oder weiten Reisen. In staufischer Zeit bot vor allem die *Schwertleite*, die Aufnahme adeliger Söhne in den Ritterstand, häufig Grund zum Feiern.
Die höfische Gesellschaft erfreute sich beim Gastmahl an Auftritten von Spielmännern und Gauklern, Musik und Tanz. Am Hofe setzten sich feinere Esssitten durch. Höhepunkt im ritterlichen Dasein war die Teilnahme an Turnieren. Diese Kampfspiele wurden festen Regeln unterworfen und bekamen damit auch einen „sportlichen" Charakter, blieben aber für die Teilnehmer nicht ungefährlich. Der einzelne Ritter konnte in den Gruppenkämpfen und besonders im Zweikampf Mut und Gewandtheit beweisen und damit sein Ansehen steigern.

▲ *Portrait des Herrn Hesso von Reinach. Miniatur aus der Großen Heidelberger Liederhandschrift (Codex Manesse), Anfang 14. Jahrhundert. Zu den Idealen eines Ritters zählte auch die Milde und Fürsorge um Schwache und Kranke.*

Ritterliche Tugenden

Ehre (êre) ist ein Schlüsselbegriff für das Selbstverständnis des Rittertums. Anspruch darauf besaß, wer die als adelig anerkannten gesellschaftlichen Verhaltensnormen individuell vor- bzw. nachzuleben verstand. Der Tugend- und Ehrenkodex der Ritter verlangte *Treue* (triuwe) gegenüber dem Herrn, bis hin zum Einsatz des Lebens, und Zuverlässigkeit bei der Ausführung gegebener Versprechen. Kampfesbereitschaft und *Tapferkeit* waren selbstverständliche Anforderungen in einer kriegerisch orientierten Aristokratie.
Zum Ansehen des Rittertums trug die Anerkennung des Kriegsdienstes durch die Kirche wesentlich bei. Obwohl dem Kriegshandwerk grundsätzlich ablehnend gegenüberstehend, billigte es die Geistlichkeit, wenn der Krieger sich in den Dienst des Christentums stellen ließ. Verdammenswert war nur der von niederen Motiven bestimmte Kampf zwischen christlichen Brüdern, nicht aber der Feldzug gegen Heiden oder der Schutz von Wehrlosen, also von Witwen und Waisen oder der Kirche selbst.
Die Gleichstellung von Waffendienst und Dienst für Christus zeigte sich besonders deutlich in der vom Papsttum ins Leben gerufenen *Kreuzzugbewegung* (siehe S. 58 ff.). Seit dem ersten Kreuzzug (1096-1099) beteiligten sich Ritter der europäischen Nationen immer wieder gemeinsam an Unternehmungen zur „Befreiung" und zum Schutz Jerusalems und des Heiligen Landes. Insgesamt sieben Kreuzzüge – nicht selten unter Beteiligung der deutschen Kaiser und der Könige Englands und Frankreichs – erreichten letztlich ihr Ziel nicht: Als letzte Bastion in Palästina ging Akkon 1291 verloren.
Das ritterliche Ideal wurde gleichwohl durch die Aufgabenstellung während der Kreuzzüge erhöht, und es bildete sich eine über alle Sprachgrenzen hinweg verbindende Standesethik aus. Freilich waren nicht nur religiöse Begeisterung, sondern auch Streben nach weltlicher Ehre, Abenteuerlust und Hoffnung auf Beute oder ein Lehen in den neu gegründeten Kreuzfahrerstaaten wesentliche Motive vieler Ritter. Ideal und Wirklichkeit – zu der auch brutale Massaker gehörten – deckten sich häufig nicht.

Der Sinn des Minnedienstes

Eine von der Kirche weitgehend unabhängige Vertiefung der ritterlichen Kultur entwickelte sich mit dem *Minnekult*. An den vornehmen deutschen Höfen übernahm man die in Südfrankreich aufgekommene öffentliche Verehrung einer Frau höheren Standes (frouwe: adelige Herrin), um deren Zuneigung der ihr dienende Ritter warb. Es war ein Spiel der höheren Gesellschaft, der verehrende Ritter und die verehrte – bereits verheiratete – Dame wussten um die Spielregeln, die eine sinnliche Erfüllung als Lohn für den Minnedienst ausschloss. Der ritterlich Minnende konnte nur sein Leid und seine Sehnsucht immer wieder entsagungsvoll neu artikulieren. Tieferer Sinn des Minnedienstes war die mit der Verehrung der Herrin verbundene Vervollkommnung des Ritters. Sein Bemühen, sich durch die Aneignung höfischer Tugend der Herrin würdig zu erweisen, bedeutete eine Verfeinerung der Ritterideale.
Gefordert wurden vom Ritter nicht nur galantes und höfisches Verhalten, also die Beherrschung der an den Adelshöfen erwarteten Umgangsformen (hövescheit). Vor allem war er zur Selbstbeherrschung, zum maßvollen Verhalten (mâze) verpflichtet, was Respekt vor den Frauen ebenso umfasste wie die großzügige Behandlung eines besiegten Gegners. Zur ritterlichen Ehre trugen nicht alleine die kühne Tat, sondern auch das sittlich geläuterte Verhalten, Anstand und Einsicht des Minnenden bei.

Die höfische Dichtung – Ideal und Wirklichkeit

Für die Verbreitung des neuen Menschenbildes sorgten *Minnelyrik* und *höfische Epik* (➧ M5). Neben wandernden Dichtern trugen auch Angehörige des niederen (und hohen) Adels Dichtungen über Liebe und ritterliche Ehre an den Fürstenhöfen öffentlich vor. Sogar Kaiser Heinrich VI. (1191-97) schrieb in seiner Jugend im Geist der neuen Zeit.
Die Literatur war nicht mehr wie bisher auf lateinische Texte geistlichen Inhalts fixiert. Französische Sprache und Sagenstoffe gewannen an Einfluss. Antike und christliche Elemente wurden zusammen mit moderner französischer Lebensart der eigenen höfischen Wirklichkeit angepasst. All diese Elemente fanden ihren Ausdruck in einer formstreng gehandhabten volkssprachlichen Dichtung.
Wenn man der deutschen Geistes- und Kulturgeschichte der Stauferzeit und insbesondere ihrer Literatur geradezu „Klassizität" zuschreibt, so denkt man an *Hartmann von Aue*, *Wolfram von Eschenbach* oder *Gottfried von Straßburg* oder an Lieder, Sprüche und Minnesang bedeutender Lyriker wie *Walther von der Vogelweide*. Erstmals seit der Antike versanken Künstler nicht mehr in der Anonymität, sondern wurden sich ihrer Individualität bewusst. Zur Sicherung ihres Broterwerbs waren sie aber noch voll und ganz auf die Unterstützung und das Mäzenatentum der großen Fürsten angewiesen. Die Residenz der Babenberger in Wien oder die Wartburg des Landgrafen Hermann von Thüringen waren glanzvolle Mittelpunkte des dichterischen Lebens. Demonstrativ zeigten die Territorialherren so ihre wachsende politische Bedeutung.
Die in der Dichtung der Stauferzeit gezeichnete höfische Idealwelt entsprach keineswegs der Realität, in der die ethischen Forderungen an den zum Vorbild erhobenen Tugendadel nur ganz unvollkommen erfüllt wurden. Noch am Ende der staufischen Epoche wandte sich eine „nachhöfische" Dichtung von der Scheinwelt ritterlich-höfischer Idealität ab und schilderte wieder realistisch die Lebenswirklichkeit. Das Vorbild ritterlicher Kultur blieb jedoch noch über Jahrhunderte lebendig.

2.4 Die Stadt im Mittelalter

▲ *Wandbild für den Monat Dezember aus dem Adlerturm zu Trient, um 1400 (Ausschnitt).*

12.-14. Jhd.
Eine Urbanisierungswelle im Reich hilft den starken Bevölkerungszuwachs aufzufangen

13.-15. Jhd.
In den Städten kämpfen Gruppen der Einwohnerschaft um Macht und Verfassung

1370
Ein militärischer Sieg über das Königreich Dänemark zeigt den Städtebund der Hanse auf dem Höhepunkt der Macht

Seit dem 15. Jhd.
Die Hanse verliert ihren Einfluss

M1

Das Gründungsprivileg für Freiburg im Breisgau

Herzog Konrad von Zähringen verleiht im Jahre 1120 – die Zeitangabe ist umstritten – einer Gruppe von Kaufleuten folgende Vorrechte:

Bekannt sei allen Künftigen und Gegenwärtigen, dass ich, Konrad, in einem Ort meines Eigentums, nämlich Freiburg, im Jahre nach der Fleischwerdung des Herrn 1120 einen Markt begründet habe. Mit den von überall her zusammengerufenen angesehenen Kaufleuten habe ich in einer beschworenen Vereinbarung beschlossen, diesen Markt zu beginnen und auszubauen.

Deshalb habe ich in dem gegründeten Markt jedem Kaufmann ein Grundstück zum Hausbau als Eigentum zugeteilt und entschieden, dass mir und meinen Nachfolgern als Zins jedes Jahr am Fest des heiligen Martin von jedem Grundstück ein Schilling öffentlicher Münze zu zahlen sei. So sei allen bekannt, dass ich gemäß ihrer Bitte und Hoffnung die Privilegien, die folgen, bewilligt habe. Und es erschien mir ratsam, wenn sie in einer Urkunde niedergeschrieben würden, damit sie während langer Zeit im Gedächtnis gehalten würden, so dass meine Kaufleute und ihre Nachkommen von mir und meinen Nachfahren dieses Privileg in aller Zeit behaupten können.

1. Ich verspreche Frieden und Sicherheit des Weges allen, die meinen Markt aufsuchen, in meinem Machtbereich und Herrschaftsgebiet. Wenn jemand von ihnen in diesem Gebiet beraubt wird, werde ich, wenn er den Räuber namhaft macht, dafür sorgen, dass ihm das Geraubte zurückgegeben wird, oder ich werde es bezahlen.

2. Wenn einer meiner Bürger stirbt, soll seine Frau mit seinen Kindern alles besitzen und ohne jede Einschränkung behaupten, was ihr Mann hinterlassen hat.

3. Allen Besitzern am Markt verleihe ich, dass sie der Rechte meines Volkes und der Landsleute teilhaftig werden, soweit ich es vermag, das heißt, dass sie frei von Herrschaftsrechten die Weiden, Flüsse, Gehölze und Wälder benutzen.

4. Allen Kaufleuten erlasse ich den Zoll.

5. Niemals werde ich meinen Bürgern einen anderen Vogt[1], niemals einen anderen Priester ohne Wahl vorsetzen, sondern wen immer sie dazu wählen, sollen sie unter der Bedingung meiner Bestätigung haben.

6. Wenn ein Zwist oder Rechtsstreit unter meinen Bürgern entsteht, soll er nicht nach meinem Gutdünken oder dem ihres Rektors[2] entschieden, sondern er soll gerichtlich verhandelt werden nach der Gewohnheit und dem Recht aller Kaufleute, besonders aber der von Köln.

7. Wenn jemand durch Mangel am Lebensnotwendigen dazu genötigt wird, soll er seinen Besitz verkaufen, wem immer er will. Der Käufer aber soll von dem Grundstück den festgelegten Zins zahlen.

8. Damit meine Bürger den vorgenannten Versprechungen keinen geringen Glauben zuwenden, habe ich ihnen Sicherheit geleistet, indem ich mit zwölf meiner namhaftesten Ministerialen auf die Reliquie der Heiligen geschworen habe, dass ich und meine Nachfolger das oben Genannte immer erfüllen werden. Und damit ich nicht in irgendeiner Notlage diesen Eid breche, habe ich mit meiner Rechten dem freien Manne (es fehlt ein Name) und denen, die den Markt beschworen haben, unverletzlich Treue in dieser Sache geschworen. Amen.

Hartmut Boockmann, Das Mittelalter, München 1988, S. 142 f.

1. *Als frühestes Beispiel für eine „Gründungsstadt" ist die Entstehung Freiburgs in der deutschen Stadtgeschichte von besonderer Bedeutung. Stellen Sie die von Konrad ausgehenden Aktivitäten beim Gründungsvorgang zusammen.*
2. *Welche unterschiedlichen Vorteile sollten die Bürger Freiburgs genießen? Versuchen Sie, Einzelprivilegien gruppenweise zusammenzufassen.*
3. *Überlegen Sie, welche Vorteile Könige und Fürsten von der Gründung einer Stadt erwarten konnten.*

---

[1] *Der Vogt wurde zwar von den Bürgern gewählt, blieb aber zugleich Vertreter des Stadtherrn; wahrscheinlich übte er die herrschaftliche Gerichtsbarkeit in Freiburg aus.*

[2] *Wohl der in Abschnitt 5 genannte Vogt*

M2
Deutsches Recht im Königreich Polen

Im Jahre 1290 übergibt der König von Polen die Stadt Miechow einem Krakauer Bürger mit Namen Gerhard. Die Stadt gehörte bis dahin dem Kloster zum Heiligen Grab und unterstand polnischem Recht.

Wir [...] machen bekannt, dass wir in dem Wunsche, den Zustand unseres Landes um Krakau zu verbessern, die nach polnischem Recht lebende Stadt M. mit Wissen und Willen des Propstes Peter, des Küsters Heinrich, des Priors Boguphal und der übrigen Brüder des Konvents einem unserer Bürger aus Krakau, Gerhard, übertragen haben. Er soll sie nach deutschem Siedelrecht und nach der Gewohnheit von Neumarkt austun. [...]

Und damit Siedler umso williger in die Stadt ziehen und vor allem auch Lust gewinnen zu bleiben, geben wir den Städtern auf bebaute Äcker sechs, auf noch zu rodende Flur aber zehn Freijahre. Auf Grund dieser Freiheit entfallen für sie alle Abgaben, Steuern, Dienste und Zinse, auch aller Zwang. Dies gilt entsprechend auch für die aus polnischem Recht herrührenden Lasten, Rechts- und Gerichtsverhältnisse [...]. In diesem Zusammenhang ordnen wir an: Wenn der Vogt oder ein Bürger durch die Kastellane [...] oder ihre beauftragten Richter bzw. andere Beamte vor Gericht zitiert werden [...] dann sollen sie nur nach deutschem Recht antworten. Wir bestimmen weiter, dass sie zu keiner Heerfahrt verpflichtet werden können, die nicht der Gewohnheit der Stadt Krakau entspricht. Zu Dienstleistungen sollen die Bürger ebenfalls nur in dem Maße herangezogen werden, wie es bei den nach deutschem Recht im Lande um Krakau angesetzten Stadtgemeinden üblich ist.

Wir übergeben außerdem dem gen. Gerhard und seinen Nachkommen 600 große Hufen, die zum Bereich (territorium) der Stadt gehören. Sie haben Macht, diese Hufen mit Siedlern nach deutschem Recht zu besetzen, und es wird ihnen dort das Schultheißenamt erblich zugestanden. Alle Gerechtsame[1], die der gen. Vogt von seinen Herren, dem Propst, dem Prior und dem Küster (des Konvents) genießt, sollen unverbrüchlich gehalten werden.

Damit die Bürger sich gegen Feindesgewalt umso sicherer halten können, erlauben wir, die Stadt mit Wall und Graben, Palisaden und anderen Wehranlagen zu befestigen. Der Vogt, die Bürger und die Bauern des Einzugsbereiches der Stadt dürfen, soweit sie nach deutschem Recht angesetzt sind, weder vom Kämmerer noch von einem Offizial[2] vor uns zitiert werden. Nur unser Brief, eigenhändig von uns mit unserem eigenen Ring besiegelt, kann sie rufen.

Wolfgang Lautemann, Geschichte in Quellen, Mittelalter, München, 2. durchgesehene Auflage 1978, S. 634 f.

▲ *Eine Krämerin bietet in ihrem Laden Beutel und Gewürze zum Verkauf an, ein Gaukler begutachtet die Ware. Miniatur aus dem Codex des Balthasar Behem, um 1505.*

1. *Mutmaßen Sie, welche Motive der polnische König zur Niederlassung westlicher Siedler und zur Übernahme deutschen Stadtrechts gehabt haben mochte.*
2. *Überlegen Sie, welchen Nutzen sich der Krakauer Bürger Gerhard als Siedlungsunternehmer von der ihm übertragenen Umgründung Miechows nach Neumarkter Vorbild versprechen konnte.*
3. *Durch welche Vergünstigungen sollten Siedler zum Zuzug nach Miechow bewegt werden?*

1) Vorrechte

2) (lat.) Beamter

M3

Ein junges Ehepaar sorgt für seinen Lebensunterhalt

Aus der spätmittelalterlichen Autobiographie des späteren Augsburger Bürgers Burkart Zink:

Danach, das war als man das Jahr 1419 zählte, kam ich wieder nach Augsburg zu einem reichen Mann, Jos Kramer [...]. Er hatte das Amt des städtischen Baumeisters inne. Doch gehörte er der Gemeinde an, und zwar der Weberzunft. Jedoch übte er sein Handwerk nicht aus, weil er dessen nicht bedurfte. Er trieb Handel mit Pelzwerk aus der Steiermark und auch anderen Handel mit Venedig und so weiter. [...] Für den übernahm ich all seine Geschäfte mit Venedig, mit Frankfurt und mit Nürnberg. Er war in der Tat ein tüchtiger Mann und tat mir Gutes. [...]
Als ich bei meinem Herrn war, da nahm ich meine erste Frau [...]. Sie war eine arme tüchtige Frau und gab mir nicht mehr als ein kleines Bett und eine kleine Kuh und sonst kleine geringwertige Dinge wie Pfannen und so weiter. Das war alles keine zehn Pfund wert. So hatte ich gewiss auch nicht viel: Ich hatte gute Kleider und wenig bares Geld, doch war ich ein wenig imstande, gut dienen zu können, und das tat ich willig und gern. Und mein Herr war mir gewogen – das war all unser Gut, das wir zusammenbrachten. Meine Frau hieß Elisabeth und war damals meines Herrn Jos Kramer Magd, während ich sein Diener war [...]. Und als wir nun miteinander Hochzeit gehabt hatten, da wusste ich gewiss nicht, was ich tun sollte, denn ich hatte nichts, da ich die Huld meines Herrn nicht hatte und hatte die Huld verloren, denn es ärgerte ihn, dass ich meine Frau genommen und ihn nicht deshalb um Rat gefragt hatte, und er wollte mir weder raten noch helfen. So wusste ich nicht, was ich anfangen sollte. Doch hatte ich meine Frau lieb, und ich war gern bei ihr, und so überlegte ich mit meiner Ehefrau, die mir zugeneigt war und mich tröstete und sagte: „Mein Burkart, lass es dir wohl sein und verliere nicht den Mut. Lass uns einander helfen. Wir werden wohl auskommen. Ich will mit dem Rad spinnen und in jeder Woche gegen vier Pfund Wolle spinnen, das sind 32 Pfennig." Und da die Frau so trostreich war, schöpfte ich Mut und dachte: Ich kann doch ein bisschen schreiben. Ich will sehen, ob ich einen Geistlichen finden kann, der mir etwas zu schreiben gibt. Wie wenig du auch verdienst: Deine Frau nimmt 32 Pfennig ein, und die Preise sind niedrig. Vielleicht hilft Gott dazu, dass wir einigermaßen auskommen. So gab es einen Geistlichen an der Kirche Unserer Lieben Frau, der hieß Herr Konrad Seybolt von Memmingen, der war Kaplan an der Pfarrkirche zu Unserer Lieben Frau [...]. Der gute Herr war froh, dass ich gern schreiben wollte [...] und sagte: „Willst du für mich schreiben, so will ich dir ein ganzes Jahr zu schreiben geben und will es dir gut bezahlen.„ [...] Und also begann ich zu schreiben und schrieb in dieser Woche vier Sextern von großem Papier [...] und brachte die vier Sexternen dem Herrn. Es gefiel ihm gut, dass ich so rasch angefangen hatte, und ihm gefiel auch die Schrift gut, und er versprach mir vier Groschen für einen Sextern. Also schrieb ich ihm gegen fünfzig Sextern und erwarb genug Geld. Und meine Frau und ich saßen zusammen, und ich schrieb und sie spann, und wir erwarben oft und gut drei Pfund in einer Woche. Doch haben wir oft die ganze Nacht zusammen gesessen. Und es erging uns wohl, und wir erwarben was wir brauchten. Und man soll wissen, dass eine große Seuche herrschte, als wir unsern Hausstand begründeten. Die fing im Herbst an, als man das Jahr 1420 zählte, und viele starben, und alle Dinge waren billig [...]. Auch als mein Herr nun sah, dass ich mich wohl einrichtete und emsig schrieb und genug einnahm, stellte er mich wieder ein, und ich führte ihm seinen Handel, wie ich das vorher auch getan hatte.

Hartmut Boockmann, Das Mittelalter, a.a.O., S. 367 ff.

1. *Kennzeichnen Sie die gesellschaftliche Stellung Jos Kramers, des Arbeitgebers von Burkart. Wie erklären Sie sich sein Verhalten gegenüber Burkart Zink?*
2. *Zur sozialen Lage der Eheleute: Welche Güter brachten Mann und Frau in die Ehe ein?*

M4

Die wichtigsten Handelsbeziehungen in Mitteleuropa vom 12. bis zum 14. Jahrhundert

Mit dem Aufblühen des Städtewesens wuchs nicht nur der Export städtischer Gewerbeprodukte aus Deutschland an. Deutsche Kaufleute übernahmen auch eine immer wichtigere Rolle im Transithandel zwischen dem Norden und dem Süden, dem Osten und dem Westen Europas.

In dem europäischen Fernhandelssystem machten sich Anfang des 14. Jahrhunderts zwei Verschiebungen bemerkbar. Die alte Landverbindung zwischen Italien und den Niederlanden durch das östliche Frankreich verlor an Bedeutung. Damit hing der Niedergang der Champagnemessen zusammen. An ihre Stelle trat einerseits die direkte Seeverbindung zwischen italienischen und niederländischen Städten, andererseits gewann der Weg durch das Rheinland eine verstärkte Bedeutung. Dabei wirkte es sich aus, dass schon in der ersten Hälfte des 13. Jh.s ein neuer Alpenpass gangbar gemacht worden war, nämlich der Gotthard-Pass. In Frankfurt zweigte von den Handelswegen, die von den Niederlanden kamen, ein Weg ab, der über Nürnberg, Regensburg, die Ostalpen zu dem deutschen Fondaco[1] in Venedig führte [...]. Trotz der hohen Zölle blieb [...] die Rheinstrecke für den europäischen Nord-Süd-Handel wichtig. [...]
Die andere Verschiebung im europäischen Handelssystem trat durch die große Entwicklung der Silberförderung in einigen osteuropäischen Ländern, besonders in Böhmen, ein. Länder wie Böhmen und Ungarn zogen jetzt in einer neuen Weise den Strom europäischer Luxuswaren auf sich. Die Importe vermittelten zu einem großen Teil deutsche Kaufleute. Flandrische Tuche kamen über Nürnberg, Mittelmeerwaren über Regensburg nach Böhmen. Diese Veränderungen nahmen dem Exportgeschäft das bisherige Übergewicht im deutschen Handel. Der deutsche Raum erhielt eine zentrale Stellung im europäischen Umschlag. Dadurch wurde die Ausbildung großer Messen in Deutschland, voran jener von Frankfurt, begünstigt.

Rolf Sprandel in: Hermann Aubin und Wolfgang Zorn (Hrsg.), Handbuch der deutschen Wirtschafts- und Sozialgeschichte, Band 1, Stuttgart 1971, S. 221

1. *Welche Räume profitierten von den wichtigsten Verbindungen im europäischen Fernhandelssystem besonders?*
2. *Entnehmen Sie der Karte, worin die wirtschaftliche Leistung der Hanse bestand.*
3. *Inwieweit lässt sich die obige Beschreibung an der Skizze nachvollziehen?*

[1] *alte Bezeichnung für Kaufhäuser in den Mittelmeerländern und im Orient, vor allem die Niederlassungen auswärtiger Kaufleute*

▶ *Hanse in Europa.*

Bedeutung städtischer Lebensform im Mittelalter

Verstädterung
Landflucht

Schon zur Zeit der Römer gab es nördlich der Alpen auf deutschem Boden Städte. Urbane Lebensformen gingen in den wirtschaftlichen Krisenzeiten vor und während der Völkerwanderung fast völlig unter, konnten sich aber seit dem 10./11. Jahrhundert neu ausbilden. Während des 12. bis 14. Jahrhunderts wurde das Reich von einer *Urbanisierungswelle* erfasst. Sie half den Bevölkerungszuwachs aufzufangen, denn zwischen der Jahrtausendwende und dem Ende des 13. Jahrhunderts scheint sich die Bevölkerung in Nord-, West- und Mitteleuropa auf 36 Millionen verdreifacht zu haben.

Mit dieser Entwicklung ging ab 1150 die Hauptphase der *Ostsiedlungsbewegung* einher. Hauptsächlich wegen der Nahrungs- und Raummenge verließen in den folgenden hundert Jahren etwa 200 000 Menschen ihre Heimat. Zumeist von einheimischen Landesherren angeworben, legten die aus den westlichen Altsiedellanden stammenden Auswanderer östlich von Elbe und Saale zahlreiche Dörfer und rund 250 neue Städte an. Ab 1300 reichte diese Bewegung bis tief in slawisch besiedelte Gebiete Ostmitteleuropas. Bis zum Baltikum und nach Galizien, sogar in Ungarn und Siebenbürgen entstanden planmäßig angelegte neue Städte, die sich nach deutschen Stadtordnungen organisierten (▸ M2).

Im Spätmittelalter spielten die Städte im Reich bereits eine bedeutende Rolle. Etwa jeder Fünfte lebte in einer der 3500 bis 4000 Städte, auf die der größte Teil unserer heutigen deutschen Städte zurückgeht. Über lange Zeit hinweg war Köln mit ca. 35 000 Einwohnern mit großem Abstand die bevölkerungsreichste Stadt Deutschlands. Es gab circa 25 Großstädte mit über 10 000 Einwohnern, circa 200 Mittelstädte (ab 2000 Ein-

▲ *Winterlicher Marktplatz in Augsburg. Gemälde von Jörg Breu oder aus seiner Werkstatt, um 1531. Der Marktplatz war das Zentrum der Stadt. Darstellungen städtischen Lebens aus früheren Jahrhunderten sind in Deutschland kaum bekannt, da sich die Künstler fast ausschließlich auf kirchliche Themen konzentrierten.*

- *Beschreiben Sie die dargestellten Personengruppen und die Wirkung der Bildkomposition.*

wohner), die meisten Städte des späten Mittelalters waren Kleinstädte; viele hatten weniger als 500 Einwohner. Moderne Wirtschaftsformen entwickelten sich vor allem in den besonders dynamischen Städten mit ausgeprägtem Exportgewerbe oder wichtiger Bedeutung für den Fernhandel. Dort sammelten sich große Vermögen an, entstanden die eindrucksvollsten Zeugnisse bürgerlicher Kunst und Kultur. Über neun Zehntel der Städte waren jedoch „Ackerbürgerstädte“. Ein großer Teil ihrer Einwohner war noch landwirtschaftlich tätig; Gewerbe und Handel spielten nur eine bescheidene Rolle für ein lokal begrenztes Absatzgebiet. Zwischen den großen Wirtschaftszentren und den Ackerbürgerstädten sind die „mittleren Gewerbestädte“ einzuordnen. In ihnen wurde die Fertigwarenproduktion bereits durch eine sich spezialisierende Handwerkerschaft übernommen. Ihre Kaufleute waren – wenn auch nicht an führender Stelle – am Fernhandel beteiligt.

Mit der Zeit bildete sich in den Städten ein eigener Lebensstil heraus, der sich deutlich von den ritterlichen und ländlichen Gepflogenheiten unterschied. Die sich ausprägende Schriftlichkeit schuf die Voraussetzung für eine Teilnahme des Bürgertums am geistigen Leben und eine „bürgerliche“ Kultur. Das Bildungsmonopol des Klerus war endgültig gebrochen.

▲ *Ratssitzung. Darstellung aus der Bilderhandschrift des Hamburger Stadtrechts, 1497.*

Der Stadtbegriff

Über den Stadtbegriff wurde viel diskutiert. Definitionsversuche blieben meist umstritten, weil sie nicht auf jeden historischen Einzelfall eindeutig anwendbar erscheinen. Die folgenden Gesichtspunkte spielen bei der Abgrenzung der Stadt von ländlichen Siedlungsformen eine Rolle:

- Kennzeichen der Stadt ist die „Zusammenballung von Menschen auf engem Raum“. Seit dem Hochmittelalter war ihr äußeres Erscheinungsbild häufig von einer Ummauerung geprägt.
- Zur „Stadt“ gehört die Existenz einer arbeitsteiligen Gesellschaft. Die Einwohner müssen wenigstens zum Teil im sekundären und tertiären Produktionsbereich, also Gewerbe und Handel, beschäftigt sein. Als wichtigstes Merkmal gilt daher der *Markt*, obwohl es Märkte auch außerhalb von Städten gab.
- Die Stadt übernimmt für das umliegende Land Mittelpunktsfunktion. Städte waren nicht allein Standorte des Wirtschaftslebens, sondern dank entsprechender Einrichtungen auch Zentren von Administration und Justiz, Bildung, Kultur oder kirchlich-religiösem Leben. Als „Residenzstädte“ dienten sie der fürstlichen Hofhaltung.
- Im Gegensatz etwa zu den städtischen Siedlungsformen der Slawen hebt sich die mittelalterliche deutsche Stadt als besonderer Rechtsbezirk von der ländlichen Umgebung ab. Frühere Historiker haben den besonderen Rechtsstatus der Stadt sogar als ausschlaggebendes Kriterium für den Stadtbegriff verstehen wollen. Heute geht man eher von dem beschriebenen Kriterienbündel aus.

Wurzeln der Stadtentstehung

Bischofspfalzen – sie wurden vielfach in den Überresten römischer Städte angelegt –, Klöster und Stifte bildeten oft das Zentrum einer langsam anwachsenden Siedlung von Gewerbetreibenden und Kaufleuten. Auch die befestigten Pfalzen und Burgen weltlicher Herren waren attraktive Anziehungspunkte. Nicht nur wegen der Sicherheit, die sie bei kriegerischen Ereignissen zunächst boten, sondern weil sich hier ein günstiges Absatzgebiet für Waren aller Art auftat. Handwerker und Kaufleute ließen sich außerdem gerne an Orten nieder, wo mit der Erlaubnis eines Herrn wichtige Märkte abgehalten werden durften. Je nach ihrer Entstehungsgeschichte nannte man die Städte civitas (Bischofsstadt) oder Burgus (Burgsiedlung), woraus sich der Begriff „Bürger" entwikkelte.

Ansiedlungen entstanden auch an Handelsplätzen für den Fernhandel mit Luxuswaren. Diese vor allem in Norden Deutschlands verbreiteten „Wike" dienten einer vom König geschützten, überwiegend kaufmännischen Bevölkerung zunächst wahrscheinlich nur zum zeitweiligen Aufenthalt, entwickelten sich aber offenbar häufig zur Dauersiedlung („Wik"-Orte, vergleiche Namen wie Schleswig, Braunschweig). Überhaupt war für das Entstehen einer Stadt häufig ihre günstige Verkehrslage an Flüssen, Fernstraßen oder Brücken entscheidend.

Neben der Erhebung bereits vorhandener älterer Siedlungen zur Stadt wurden Städte auch häufig neu gegründet. Die Initiative ging von Königen oder Fürsten aus, die sich in erster Linie zusätzliche Einnahmen aus Steuern und Abgaben erhofften. Ältestes Beispiel einer Gründungsstadt auf deutschem Boden ist Freiburg im Breisgau (1120) (➧ M1).

Stadtherr und Stadtgemeinde – der Gewinn städtischer Autonomie

Alle Städte unterstanden zunächst einem Stadtherrn, ihre Einwohner waren Untertanen wie die Bauern. Die Stadtherrschaft beruhte auf der Grundherrschaft oder auf besonderen Privilegien. So erhielten die Bischöfe im Rahmen des ottonisch-salischen Reichskirchensystems königliche Hoheitsrechte wie das Befestigungsrecht, Münz-, Zoll- und Marktrecht und die Gerichtsbarkeit verliehen. Anfangs waren die Bischofsstädte von besonderer Bedeutung. Stadtherr konnte aber auch der König selbst oder ein weltlicher Großer sein. Die Territorialfürsten gelangten oft als Gründer neuer Städte zur Stadtherrschaft.

Bald bildete sich ein eigenes städtisches Recht aus. Das enge Zusammenleben der Menschen und die sich entwickelnde Arbeitsteilung machten zusätzliche Rechtsvorschriften notwendig, für die in ländlichen Grundherrschaften kein Bedarf bestand. Schon früh sicherte der „Marktfrieden" den Marktbesuchern Rechtssicherheit. Auf dem Weg zum oder am Markt sollte jedermann vor Gewalttätigkeiten, selbst vor der Blutrache eines Gegners, sicher sein. Zweikampf und Gottesurteil, traditionelle Mittel der Rechtsfindung, wichen in der Stadt rationaleren Formen der Urteilsfindung, etwa bei Streitigkeiten zwischen Kaufleuten.

Interessiert am Gedeihen ihrer Stadt, gestanden die Stadtherren einzelnen Gruppen oder allen Einwohnern weitere wichtige Privilegien zu. Vor allem bei Neugründungen sollten großzügige Sonderrechte und Freiheiten oft den schnellen Zuzug einer größeren Anzahl von Kaufleuten und Handwerkern garantieren. So trat dem Stadtherrn als eigenständiger Rechtspartner und wichtiger politischer Faktor die Stadtgemeinde gegenüber. In ihre Hände gelangten immer mehr Rechte, die der Stadtherr zunächst selbst oder durch eigene Beamte ausübte, zum Beispiel die Garantie des Marktfriedens usw. In Geldnot geratene Stadtherren ließen sich ihre Befugnisse auch abkaufen oder verpfändeten sie an die Stadtgemeinde oder „Bürgerschaft". Führungsorgan der Stadtgemeinde bei der Zusammenarbeit oder auch bei Auseinandersetzungen mit dem Stadtherrn war der „Rat". Dieser entwickelte sich zumeist aus einzelnen einflussreichen Führungsgruppen, beispielsweise Kaufmannsgilden oder (ehemaligen) Ministerialen, die im Auftrag des Stadtherrn Gerichts- und Verwaltungsaufgaben innehatten. Streitigkeiten endeten gelegentlich sogar mit der Vertreibung des Stadtherrn. Aber auch dort, wo er formal weiter anerkannt wurde, bestimmten die Städte am Ende dieser Entwicklung ihre innere Ordnung weitgehend selbstständig. Sie waren zugleich handlungsfähig nach außen und konnten Bündnisse schließen.

Reichsstädte, Freie Städte und Landesstädte

Rechtlich sind drei Gruppen von Städten zu unterscheiden:

- *Reichsstädte* unterstanden dem König (Kaiser) und Reich unmittelbar. Ihre Steuerabgaben waren für den König von großer Bedeutung. Ende des 15. Jahrhunderts waren mehr als ein halbes Hundert meist wichtiger Städte mit dem Reich verbunden (unter anderem Nürnberg, Ulm, Frankfurt).
- Eine Sondergruppe bildeten die *Freien Städte* (Augsburg, Regensburg, Straßburg, Speyer, Worms u.a.). Sie hatten ihren bischoflichen Stadtherrn vertrieben und sich dem Schutz des Reiches unterstellt, betrachteten aber den König nicht als neuen direkten Stadtherrn und zahlten keine regulären Reichssteuern. Anders als die Reichsstädte konnten sie vom König auch nicht an einen Fürsten verpfändet werden, wenn er sich in Geldnot befand.
- Alle übrigen Städte, unter ihnen die Masse der Kleinstädte, waren „mediat"[1]. Sie unterstanden einem Landesherrn, dem sie steuerpflichtig waren. Dennoch besaßen sie ein im Einzelnen unterschiedlich großes Maß an kommunaler Unabhängigkeit. Man bezeichnet sie als *Landesstädte* oder *Territorialstädte*.

„Stadtluft macht frei"

Weil Städte im Mittelalter „Inseln eines freieren Rechts" waren, zogen sie – zum Verdruss der betroffenen Grundherren – viele Menschen vom Lande an. Diese wollten ihre persönliche Abhängigkeit (Leibeigenschaft, Frondienstverpflichtungen) abstreifen und von den größeren ökonomischen Chancen in der Stadt profitieren. Der bekannte, allerdings erst im 19. Jahrhundert geprägte Satz „Stadtluft macht frei" spielt auf die in Privilegien und Rechtaufzeichnungen vielfach überlieferte Bestimmung an, dass mit der Aufnahme in die Stadt die persönliche Unfreiheit verloren ging. Der Grundherr konnte in der Regel in einer bestimmten Zeitspanne (binnen „Jahr und Tag") seinen Eigenmann noch zurückfordern. Danach schützte die Stadt diesen vor jedem Versuch, ihm den neu gewonnen Status der persönlichen Freiheit wieder zu entziehen.
Von der Stadtfreiheit profitierten auch die Frauen, die in zahlreichen Stadtrechten den Männern rechtlich gleichgestellt und in vielen Gewerben tätig waren. Allerdings blieben sie von politischen oder kirchlichen Ämtern ausgeschlossen. Ihnen oblag die Verantwortung für die Haushaltsführung.

---

[1] *(lat.): mittelbar, das heißt, die Städte waren kein selbstständiger Bestandteil des Reiches*

Innerhalb der Mauern herrschte Rechtsgleichheit. So war das Strafrecht egalitär. Der Städter verfügte über Freizügigkeit, durfte Besitz frei erwerben und darüber verfügen. Gerade diese rechtlichen Möglichkeiten führten allerdings zu einer zunehmenden Differenzierung des städtischen Gesellschaftsaufbaus.

Ohne Teilhabe am Bürgerrecht: die Unterschichten

Nicht allein Mitbewohner, sondern vollgültiges Mitglied der Stadtgemeinschaft war nur, wer das *Bürgerrecht* besaß. Dieser Kreis beschränkte sich weitgehend auf die Ober- und Mittelschicht. Der Bewerber entrichtete ein Aufnahmegeld und verpflichtete sich in einem Bürgereid zur Einhaltung der städtischen Rechtsordnung und zur Erfüllung aller finanziellen und militärischen Verpflichtungen. Dafür genoss er den besonderen Schutz der Stadt, die seine Rechtssicherheit garantierte und ihn z.B. bei einer Gefangennahme im Krieg freikaufte.
Zwar persönlich frei, aber politisch rechtlos und sozial der Unterschicht zugehörig waren alle unselbstständigen Lohnempfänger: die Gehilfen und Knechte der Kaufleute, Handwerksgesellen, Tagelöhner und Mägde (▸ M3). Ebenso vom Bürgerrecht ausgeschlossen blieben Kranke und Arme – unter ihnen befanden sich viele unverheiratete Frauen – und die Bettler, also die so genannte „Stadtarmut". Sie waren auf die Hilfe kirchlicher Einrichtungen, städtische Unterstützungsmaßnahmen oder private Wohltätigkeit angewiesen. Nicht aufgrund einer verzweifelten wirtschaftlichen Situation, sondern wegen ihrer Tätigkeit in „unehrlichen" Berufen zählten beispielsweise Henker, Abdecker und Prostituierte zu den sozial Verachteten, ebenso umherziehende Schausteller und Gaukler.

Die Zünfte

Zur Mittelschicht gehörten Kleinhändler, Fuhrleute und wohlhabende Ackerbürger, vorwiegend aber Handwerker. Vor allem in den großen Städten spezialisierten sich die handwerklichen Berufe immer mehr. Besonders die für den gehobenen Bedarf und Export zuständigen Gewerbe profitierten vom Aufschwung des Handwerks im 14. Jahrhundert. Zwar dominierten insgesamt die mittleren Vermögen, aber sowohl zwischen den einzelnen Gewerben als auch innerhalb desselben Gewerbes traten bemerkenswerte Unterschiede zunehmend auffälliger hervor.
Kennzeichnend für das städtische Handwerk war der Zusammenschluss der Handwerksmeister eines Gewerbes in Korporationen[1]. Von den *Zünften* wurden nicht nur wirtschaftliche und berufliche Angelegenheiten geregelt. Sie bildeten eine Art Lebensgemeinschaft. In den Zunfthäusern traf man sich zu geselligem Zweck. Zunftmitglieder waren bei Kirchgang und Prozession vereint und besaßen einen eigenen Altar. Sie halfen sich bei Krankheit oder in anderen Notfällen gegenseitig und kümmerten sich um die Versorgung von Witwen und Waisen. Wenn die Stadt angegriffen wurde, übernahm jede Zunft bestimmte vorher festgelegte militärische Aufgaben.
Den Zünften ging es in erster Linie darum, Herstellung und Absatz ihrer Produkte gemeinsam zu regeln und dem einzelnen Zunftmitglied ein ausreichendes Einkommen zu garantieren. Gemeinsam wurden die Rohstoffbeschaffung organisiert, Produktionsverfahren festgelegt und Verkaufspreise abgesprochen. Es bestand *Zunftzwang*. Den Zunftgenossen sollte möglichst ein „Kollektivmonopol" gesichert werden, die Unter-

1) *Körperschaften, Innungen*

bietung durch nicht organisierte Konkurrenz wollte man verhindern. Die Zunft entschied über die Aufnahme neuer Mitglieder, legte die Zahl der Gesellen und Lehrlinge fest und regelte die Ausbildung des Nachwuchses. Den Käufern handwerklicher Produkte kam die von der Zunft organisierte Qualitätskontrolle zugute. „Pfuscharbeit" einzelner Mitglieder wurde nicht geduldet.
Die Aufnahme in die Zunft war an bestimmte Voraussetzungen, etwa ein Vermögensminimum, gebunden. Meister, Meistersfrau und Gesellen mussten ehelicher Abstammung sein. Nichtchristen (Juden) konnten keiner Zunft beitreten. In nord- und ostdeutschen Städten verweigerten manche Zünfte auch „Undeutschen" (zum Beispiel Slawen) den Zugang. Weil die Zahl der Zunftmitglieder beschränkt blieb, hatten viele Gesellen kaum eine Chance, sich als Meister selbstständig zu machen. Es entstanden eigene Gesellenverbände, die ihre spezifischen Interessen gegenüber den Meistern durchzusetzen suchten. Nicht überall konnten die Zünfte ihre Ziele uneingeschränkt erreichen. In welchem Umfang das gelang, ob die Bildung von Zünften überhaupt gestattet wurde, war abhängig von der städtischen Obrigkeit (Stadtherr oder Rat). Jedoch erstarkte die Zunftbewegung vor dem Hintergrund des handwerklichen Aufschwungs im 14. Jahrhundert. Die wirtschaftlichen Korporationen gewannen an politischer Bedeutung.

▲ *Hafnerin (Steingutmacherin) an der Töpferscheibe. Bild auf einer Spielkarte, um 1425.*

Das Patriziat

Bei der Emanzipation der Stadtgemeinde von ihrem Stadtherrn hatten reiche Kaufmannsfamilien zusammen mit den sich verselbstständigenden Ministerialen (Burggraf, Schultheiß etc.) des Stadtherrn die entscheidende Rolle gespielt. Dieser Personenkreis und zugezogene Landadelige bildeten das *Patriziat*, die gesellschaftliche und politische Führungsschicht in den aufblühenden Städten. Grundlage der Macht und des Ansehens der vornehmen „Geschlechter" waren der durch Fernhandel erworbene Reichtum oder das Prestige der ministerialen Oberschicht. Vielfach orientierte sich das Patriziat am feudalen Lebensstil des ländlichen Adels und erwarb beträchtlichen Grundbesitz auch außerhalb der Stadtmauern. Allerdings bildeten die Angehörigen der Oberschicht keine ein für alle Mal abgeschlossene Schicht. Reich gewordene Handwerksmeister konnten ebenso in den Kreis der Patrizier aufsteigen wie verarmte Familien ihre Zugehörigkeit zu diesem Kreis wieder verlieren konnten. Die Gesellschaftsordnung war also nicht erstarrt, sondern ließ eine gewisse Mobilität zu.
Nach der Gewinnung der städtischen Autonomie beanspruchte das Patriziat das alleinige Stadtregiment. Nur seine Angehörigen hatten Sitz und Stimme im Rat, in dem über innere Angelegenheiten und die äußere Politik der Stadt entschieden wurde. Die alleinige Ratsfähigkeit der „Geschlechter" blieb bis zum 14. Jahrhundert meist unangefochten.

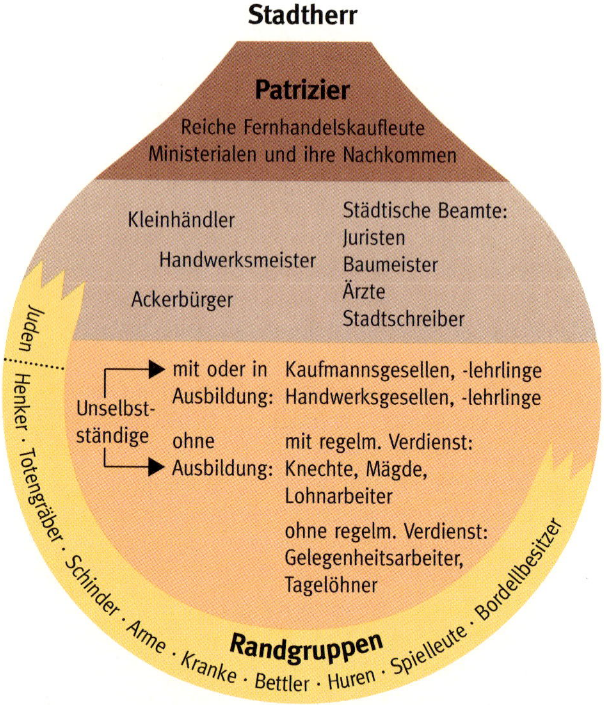

Bürgerkämpfe in der Stadt

Zwischen dem 13. und 15., vor allem im 14. Jahrhundert, kam es innerhalb der städtischen Einwohnerschaft zu Kämpfen um Macht und Verfassung. Ärmere Gruppen und Einwohner waren an dieser Bewegung häufig mitbeteiligt und verliehen ihr mehr Stoßkraft. Sozialstruktur und Eigentumsverhältnisse wurden aber nicht grundsätzlich in Frage gestellt. Entscheidend waren vor allem die Interessen der wohlhabenden Zünfte und besonders angesehener, aber am Stadtregiment nicht beteiligter Kaufmannsfamilien. Diese ökonomisch erstarkten Gruppen wurden maßgeblich zur Aufbringung der städtischen Lasten herangezogen und verlangten nun nach Teilhabe an der politischen Macht. Direkter Anlass der Erhebung gegen den Rat war oft die Unzufriedenheit über eine Erhöhung des „Ungeldes". Mit diesen indirekten Steuern auf Getränke oder Lebensmittel oder andere Sondersteuern versuchten die Ratsherren wachsende finanzielle Verpflichtungen der Stadt auszugleichen. Das traf besonders die ärmeren Schichten existenziell.
Die Bürgerkämpfe verliefen von Stadt zu Stadt anders. Nicht überall kam es zu gewaltsamen Aufständen. Der patrizische Rat reagierte auch sehr unterschiedlich auf die Forderungen der Unzufriedenen. In Nürnberg verjagten die Aufständischen den Rat und wurden dann rücksichtslos niedergeschlagen, die Zünfte blieben verboten. Meist ging das Ringen um eine Neuverteilung der politischen Macht günstiger für die Mittelschicht aus. Oft wurden die Zünfte in einem erweiterten Rat am Regiment beteiligt, manchmal stellten sie die Mehrheit im neuen Rat (Augsburg), gelegentlich trat ein völlig neuer Rat an die Stelle des alten patrizischen (Köln). Auch in Städten mit neuen „Zunftverfassungen" behielten die reichen Kaufleute noch eine dominierende Stellung.

Meist folgte die Institutionalisierung der neuen Führungsschichten nur dem zuvor schon vollzogenen sozialen Wandel. Von einer Demokratisierung kann nicht gesprochen werden, denn selbst da, wo den bürgerlichen Mittelschichten der Griff nach dem Stadtregiment gelang, blieben die Unterschichten weiterhin von jeder Mitsprache ausgeschlossen.
Mit Beginn der Neuzeit wurde jegliche soziale Durchlässigkeit erschwert. Im selben Maße, wie der Adel sich von dem wirtschaftlich aufholenden Bürgertum durch „Ahnennachweise“ und vergleichbare Maßnahmen abzuheben trachtete, bauten die bürgerlichen Ratsfamilien eigene Schranken auf: Kleiderordnungen und ähnliche Reglementierungen sollten ständische Unterschiede auch in der Stadt festhalten.

▲ *Die „Kölner Weberschlacht“ von 1371. Nachträglich kolorierter Holzschnitt von 1499. Der Protest der Zünfte gegen die Ratsherren löste im 13./14. Jahrhundert auch z.B. in Augsburg, Braunschweig, Bremen, Hamburg, Lübeck und Magdeburg Bürgerkämpfe aus. Die Hanse griff nur in wenigen Fällen ein.*

Städtebünde Die Städtebünde des späten Mittelalters dienten dazu, gemeinsame politische Ziele zu verwirklichen, zum Beispiel

- die Sicherung des Friedens selbst zu organisieren, wenn eine starke Reichsgewalt fehlte;
- städtische Interessen gegen Adel und Fürsten zu schützen, vor allem die eigene Reichsunmittelbarkeit vor dem Zugriff der Territorialherren zu bewahren;
- den König von einer für die städtische Unabhängigkeit gefährlichen Verpfändungspolitik und einer zu hohen finanziellen Belastung der Reichsstädte zurückzuhalten.

Dem erstgenannten Zweck dienste vor allem der nach dem Ende der Staufer gegründete *1. Rheinische Städtebund* von 1254, dem sich neben circa 70 Städten auch bedeutende Bischöfe und weltliche Fürsten anschlossen. Sein Einfluss reichte von Zürich und Regensburg im Süden bis an die Küsten von Nord- und Ostsee, verfiel aber schnell wieder, als sich die Bündnispartner nicht einigen konnten, welcher König nach einer Doppelwahl (1257) unterstützt werden sollte.
Gegen Fürsten und König gerichtet war der *Schwäbische Städtebund* von 1376, dem circa 40 Städte angehörten. 1388 unterlagen die schwäbischen Städte und im selben Jahr auch die Mitglieder des mit ihnen zusammengeschlossenen *2. Rheinischen Städtebundes* (gegründet 1381) den Heeren der Fürsten. Wenn auch die meisten Reichsstädte ihre Unabhängigkeit bewahren konnten und die wirtschaftliche und kulturelle Bedeutung vieler Städte noch anwuchs, so spielten sie im oberdeutschen Raum doch nie mehr eine politische und militärische Führungsrolle. Die Überlegenheit der territorialen Gewalten wurde nach 1388 hier nicht mehr in Frage gestellt.

Von der Kaufmanns- zur Städtehanse

Ganz anders lagen die Dinge im niederdeutschen Raum. Der Städtebund der Hanse bestimmte nicht nur lange die wirtschaftliche, politische und kulturelle Entwicklung in diesem Teil des Reiches, sondern betrieb auch eine erfolgreiche Wirtschafts- und Außenpolitik jenseits seiner Grenzen. Am Anfang der Entwicklung stand die Bildung von Kaufmannshansen: Durch genossenschaftliche Zusammenschlüsse wollten die Kaufleute sich und ihre Waren unterwegs schützen. Geschlossenes Auftreten diente auch dazu, die zahllosen Zölle zu bekämpfen und wertvolle Handelsprivilegien im Ausland zu gewinnen. Aus dem Zusammenschluss von Privatpersonen ging in nachstaufischer Zeit dann ein Bund von Städten hervor, die ein besonderes Interesse am Fernhandel hatten.
An der Spitze des relativ locker organisierten Bundes, dem zeitweise rund 70 aktive und 100 mittelbare Städte an der Nord- und Ostseeküste und im Binnenland angehörten, stand Lübeck. Die wichtigsten Entscheidungen wurden auf den dort stattfindenden *Hansetagen* getroffen. In den bedeutendsten nordeuropäischen Wirtschaftszentren bestanden privilegierte Handelsplätze („Kontore“ in Brügge und London im Westen, Bergen im Norden, Nowgorod im Osten). Weit wichtiger als der Export eigener Produkte war für Aufstieg der Hanse der Transithandel (▸ M4). Ihre große Leistung bestand in der Schaffung eines relativ geschlossenen Wirtschaftsraumes um Nord- und Ostsee, im Warenaustausch von Massengütern wie Getreide, Holz, Fisch aus dem Osten und Norden in die bevölkerungsreichen Gewerbezentren West- und Mitteleuropas, die dafür handwerkliche Produkte und Salz lieferten. Ein militärischer Sieg über das Königreich Dänemark im Jahre 1370 zeigte die Hanse auf dem Höhepunkt ihrer wirtschaftlichen und politischen Macht.

◀ *Hafenszene in Hamburg. Darstellung aus der Bilderhandschrift des Hamburger Stadtrechts, 1497. Am Kai liegen Boote und kleine Schiffe, die Fracht zu den weiter draußen vor Anker liegenden Seeschiffen bringen.*
In der unteren Bildmitte werden dazu Fässer, in denen die Güter transportiert werden, verladen. Auf der rechten Bildseite stehen Reeder, Seeleute und Kaufleute. Die drei Personen, die in dem Haus hinter dem Tisch sitzen, bilden vermutlich ein Gericht, vor dem ein Streit verhandelt wird.

Der Niedergang der Hanse

Seit dem ausgehenden 15. Jahrhundert begann der Stern der zur nordischen Großmacht emporgewachsenen Hanse zu sinken. Viele Hansestädte wurden durch innere Bürgerkämpfe und später durch religiöse Auseinandersetzungen geschwächt. Zusehens wuchs auch der Druck nord- und ostdeutscher Territorialfürsten. Ebenso wie der Hohenzollern-Kurfürst von Brandenburg 1442 Berlin-Cölln zum Austritt aus dem Städtebund zwang, verloren auch andere Städte ihre Unabhängigkeit.
Die beherrschende Stellung im nordosteuropäischen Handel ging verloren, als die erstarkten ausländischen Staaten die Vorrechte der Hanse nicht mehr dulden wollten und immer mehr Kontore schlossen (zuerst in Brügge und Nowgorod). Holländische Konkurrenten durchbrachen das Handelsmonopol des niederdeutschen Städtebundes im Ostseeraum. Im Nord-Süd-Handel entwickelten sich süddeutsche Unternehmer-Kaufleute zu erfolgreichen Konkurrenten. Wachsende Interessengegensätze lockerten den Zusammenhalt der Hansestädte. Der hansische Wirtschaftsraum geriet vollends in den Windschatten, als nach der Entdeckung Amerikas der Überseehandel mehr Gewinn versprach. Der letzte, nur noch von sechs Städten besuchte Hansetag fand 1669 statt.

3 Interpretation und Bewertung des Mittelalters

3.1 Zur Aktualität des Mittelalters

▲ *Jörg Frank, Europa. Diptychon (zweiteiliges Bild), 1995.*

Einleitung

„Silvis horrida" – „schrecklich mit seinen Wäldern", so beschrieb der römische Historiker Tacitus das Land der Germanen im Altertum. Wilde Wälder prägten auch im frühen Mittelalter (500-950) weithin die Landesnatur und trennten die bescheidenen Ansiedlungen der Menschen voneinander. Das noch immer verbreitete Wort vom „dunklen Mittelalter" meint freilich nicht die dunklen, nur mühsam zu durchquerenden Urwälder, sondern lässt an Unwissenheit, überwiegendes Analphabetentum, derbe Sitten, Fehden und grausame Strafen denken. Auch der Begriff „Mittel-Alter" selbst, der zur Bezeichnung für die zehn Jahrhunderte zwischen 500 und 1500 üblich geworden ist und von den Humanisten stammt, war abwertend gemeint. Die eigene Zeit sah man durch die Wiederanknüpfung an die Antike geadelt, die Epoche dazwischen erschien eher als unnötige Zwischenperiode.

Aber stimmt das Bild vom dunklen Mittelalter überhaupt? Schon der von Tacitus beschriebene vorherrschende Landschaftscharakter wurde durch die Rodungstätigkeit der Menschen des hohen Mittelalters mit Axt und Brand entscheidend verändert. In Deutschland wurde bis etwa 1300 ein Gebiet von der Größe Englands von Wildnis in Kulturland verwandelt. Zugleich weitete sich auch der geistige Horizont des Menschen. Im Hochmittelalter (950-1250) begann mit dem Denkstil der Scholastik „der Triumphzug beweisender Vernunft im Abendland" (Johannes Fried). Zur Wissensverbreitung trug die Auseinandersetzung der Gelehrten mit antiken Autoren ebenso bei wie die Begegnung mit der islamisch-arabischen Kultur. Das Christentum blieb dabei die Grundlage des mittelalterlichen Menschen- und Weltbildes. Kaiser und Papst, Staat und Kirche rangen allerdings mehrfach erbittert um Vorrang.

Zu den Hinterlassenschaften des Mittelalters gehört die in der Neuzeit fortgeführte ständische Gesellschaftsordnung mit Adel und hoher Geistlichkeit an der Spitze. Ihr Grundbesitz machte beide zu Herren der bäuerlichen Bevölkerung. Im Spätmittelalter (1250-1500) stieg die Zahl der Stadtgründungen sprunghaft an. Kaufmännisches Denken und das Kapitalwesen entstanden, die Vielfalt der Berufe nahm zu, es entwickelten sich Bürgerrechte. Im Umfeld größerer Städte wurden wegen eklatanten Holzmangels nun sogar Wälder aufgeforstet. Bei aller verbleibender Fremdheit – es lohnt sich, das Mittelalter in seiner Vielschichtigkeit unvoreingenommen wahrzunehmen und auf seinen Einfluss auf die Gegenwart zu prüfen.

▲ *Marc Chagall. Die Taufe Chlodwigs. Glasfenster in der Kathedrale von Reims, 1974.*

M1
Überall ist Mittelalter

Der Historiker Horst Fuhrmann bewertet die Bedeutung des Mittelalters für die Gegenwart:

Aber wer mit offenen Augen durch's europäische Leben geht, kommt an der Feststellung nicht vorbei, dass seine Umgebung und die Daseinsgestaltung vielfach im Mittelalter ihre „Prägung" erhalten haben, um einen Ausdruck der Verhaltensforschung aufzunehmen. An das Mittelalter erinnern nicht nur die himmelstürmenden Dome und die Ruhe ausstrahlenden Klosterbauten – Benediktiner auf der Höhe, Zisterzienser im Tal -, in denen, wenn säkularisiert, auf der Suche nach einem vernünftigen Verwendungszweck häufig „Begegnungs- und Tagungszentren" untergebracht sind. An das Mittelalter erinnern auch die alten Stadtkerne mit ihren Ringmauern, nicht nur die Lorscher Königshalle, das Lübecker Holstentor und das Breslauer Rathaus. Vor allem die katholische Kirche und das Papsttum stellen uns weitgehend mittelalterliche Formen und Rituale vor Augen. Man besehe den Papst in seiner „Paradeuniform": Geschmückt mit einer Bischofsmütze, der Mitra, die ihm im 12. Jahrhundert um neunzig Grad gedreht wurde, damit sie nicht wie der „Hörner"-Schmuck des jüdischen Hohepriesters aussieht; seit Bonifaz VIII. (1294-1303) bis vor wenigen Jahren angetan mit der monströsen dreikronigen Tiara, dem zugleich irdischen Herrschaftszeichen, das aus diesem Grund Paul VI. (1963-1978) ablegte und das die beiden folgenden Päpste Johannes Paul I. (1978) und Johannes Paul II. (seit 1978) bei der Krönung sich nicht mehr hatten aufsetzen lassen; dafür trägt der Papst jetzt lieber die Mitra und das im 6. Jahrhundert aufgekommene Pallium, ein aus Schafwolle gewebtes, etwa drei Finger breites, mit vier schwarzen Kreuzen verziertes weißes Band, das daran erinnert, der Bischof solle „wie Jesus seine Schäflein auf den Schultern tragen" (Th. Klauser).
Dies alles sind sichtbare Zeugnisse des Mittelalters. Indes auch unsere geistige Ausstattung hat mittelalterliche Züge, angefangen mit dem alltäglichen Gruß vom „Guten Morgen" bis zum „Ciao"; von dem Friedenskuss des Mafioso bis zu den Anspielungen einer italienischen politischen Partei, die sich in Erinnerung an den Widerstand gegen den staufischen Kaiser Friedrich I. „Lega Nord" nennt; von dem „moralischen Schatten", der immer noch auf der Zinsnahme liegt (so das Mitglied des Direktoriums der Deutschen Bundesbank O. Issing), bis zu dem Ruf, der den Deutschen anhaftet, „plump" und „brutal" zu sein, denn nicht erst die Untaten des Nationalsozialismus haben das Bild dunkel gefärbt. [...] Anderes wird als überwundenes Mittelalter begreifbar und erhält aus diesem Gegensatz Kontur. Selbst die Kirche hat ihren im Mittelalter auf vielfache Weise verkündeten und geübten Widerstand gegen Zins und Wucher aufgegeben; das vatikanische Istituto delle Opere Religiose arbeitet wie eine normale Bank – hoffentlich. Die heutige Katholische Kirche trägt

schwer an der ihr im Mittelalter aufgebürdeten Last des Priesterzölibats; wäre hier nicht ein Verzicht angebracht, im Umfeld der Amtskirche ohnehin schon vielfach praktiziert? Jedes Jahr werden bei uns Ordenskreuze für die Verdienste verliehen: im Mittelalter eine Unmöglichkeit, denn die Gnade des Verdienstes liegt in der Hand Gottes, wie kann ein Mensch mit einem prahlerischen Abzeichen sich seiner Verdienste rühmen?

Horst Fuhrmann, Überall ist Mittelalter. Von der Gegenwart einer vergangenen Zeit, München 1998, S. 9f.

▲ *Filmszene aus „Der Name der Rose", 1986*

M2
Rückkehr zu den Wurzeln

Im Jahre 1980 veröffentlicht Umberto Eco, Professor der Semiotik an der Universität Bologna, seinen Roman „Der Name der Rose". Das Buch erzählt die Geschichte des Besuchs eines jungen Benediktinernovizen, Adson von Melk, und seines Meisters, Wilhelm von Baskerville, in einer entlegenen Abtei in den Bergen Norditaliens Ende November 1327. Eingebettet in eine Kriminalgeschichte werden im Buch wesentliche Aspekte des mittelalterlichen Denkens vorgestellt. Der Roman traf auf unerwartet große Resonanz beim Publikum, 1986 wurde er – ebenfalls mit großem Erfolg – verfilmt. 1983 versucht Eco das Interesse an seinem mittelalterlichen Romanstoff zu erklären:

Aber in Wirklichkeit ist die wahre Wiederentdeckung des Mittelalters als Werk der Massenmedien des zwanzigsten Jahrhunderts anzusehen, in dem sich erst ein neues und intensiveres Interesse daran entwickelt hat. Meine These lautet, dass jedes Mal, wenn Europa eine Krise, eine Unsicherheit über seine Ziele und Aufgaben spürt, es sich zu seinen eigenen Wurzeln zurückzieht. Und die Wurzeln der europäischen Gesellschaft liegen nun einmal ohne Frage im Mittelalter. Alles, was derzeit im Europarat diskutiert wird, wurde im Mittelalter geboren: die kapitalistische Wirtschaftsordnung, Banken (gemeinsam mit Schecks und der Prime Rate), Handelsstädte, moderne Sprachen, der Kampf zwischen Arm und Reich, die demokratische Regierungsform, der Aufbau des modernen Staates und der modernen Armee, die Idee des internationalen Zusammenschlusses – und der technologische Wandel. Windmühlen, Hufeisen, Kompasse, der Siegeszug der arabischen Mathematik, nicht zu vergessen die Tastatur, die schnell zu dem wird, womit wir schreiben und unsere Gedanken strukturieren… Die grundlegenden Konzepte dafür mögen aus dem alten Griechenland und dem alten Rom stammen, aber im Mittelalter haben wir gelernt, mit ihnen umzugehen. Ich denke, dass wir mit dem Altertum, d. h. dem ägyptischen, griechischen oder römischen Altertum, so umgehen: Wir restaurieren seine Monumente und betrachten sie respektvoll – im Britischen Museum oder, ähnlich einem Museum, auf einem Hügel wie beim Parthenon. Mit dem Mittelalter gehen wir dagegen anders um, das Mittelalter leben wir noch. Wir leben oder beten immer noch in Kathedralen, wir leben immer noch auf der italienischen Piazza, die eine mittelalterliche Erfindung ist, wir leben oder arbeiten immer noch in einer Bank, die ebenfalls im Mittelalter erfunden wurde. Sicher, wir „recyceln" und rekonstruieren das Mittelalter, aber wir tun das, indem wir in ihm leben.

Christopher Frayling, Geheimnisvolle Welt. Eine Reise durch das Mittelalter. Aus dem Englischen von Uwe Bork, Köln 1995, S. 12 f

◀ *Idealbildnis Kaiser Karls des Großen, Gemälde von Albrecht Dürer, Nürnberg 1511, mit Rahmen 2,15 x 1,15 m. Auf dem lebensgroßen Bild hat Dürer Karl als älteren und vollbärtigen Mann in vollem Kaiserornat mit den Reichskleinodien festgehalten. Seit 1424 wurden die Reichskleinodien in Dürers Heimatstadt Nürnberg verwahrt und dort alljährlich auf dem Hauptmarkt in einer „Heiltumsweisung" dem Volk gezeigt. Für die sog. Heiltumskammer malte Dürer im Auftrag des Rates dieses Bild. Auf dem Rahmen steht: „Dis ist der gestalt vnd biltnis gleich / Kaiser Karlus der das Remisch reich / Den teitschen undertenig macht / Sein Kron vnd Klaidung hoch geacht / Zaigt man zu Nürenberg alle Jar / Mit anderm haltum offenbar."*
Auf dem Bild befindet sich die Aufschrift: „Karolus magnus imp[er]avit Annis. 14." (Karl der Große herrschte 14 Jahre).
• Weder Ornat noch Herrschaftszeichen stammen aus karolingischer Zeit. Informieren Sie sich über Alter, Herkunft und Bedeutung der Reichskleinodien.

M3
Rückbesinnung auf Karl den Großen

Über die Bedeutung Karls des Großen für die Herausbildung einer europäischen Identität schreibt der Historiker Joachim Ehlers:

Schon Zeitgenossen nannten ihn den „Vater Europas" (pater Europae) und meinten damit die Impulse, die Karls Herrschaft dem Leben der westlichen Christenheit zwischen Irland und den noch heidnischen Slawenländern, zwischen Skandinavien und dem Mittelmeer gegeben hatte. Das fränkische Großreich, auf galloromanischer Grundlage entstanden, hatte eine Vielzahl von Völkern in seinem Verband integriert und war durch ein jahrzehntelanges Reformwerk auf neue Grundlagen gestellt worden. Reichsverwaltung und Wehrverfassung, Kirchenorganisation, Theologie und Liturgie, Recht, Wissenschaft und Literatur hatte Karl unter dem Gesichtspunkt christlich bestimmter und Gott unmittelbar verantwortlicher Herrschaft verbindlichen Normen anpassen wollen. Auf diese Weise entstand eine neue, nachantike Zivilisation, wurde Karls Regierung zur Grundfigur der europäischen Monarchie schlechthin, sowohl im Hinblick auf das geweihte Königtum (das gilt in besonderer Weise für Frankreich bis zur Revolution von 1789) als auch für das Kaisertum, von dem die deutsche Geschichte bis 1806 und noch lange darüber hinaus entscheidend geprägt worden ist.

Der Mainfranke Einhard, Karls erster Biograph und zugleich der erste Verfasser einer Herrscherbiographie im lateinischen Mittelalter überhaupt, sah in ihm den herausragendsten und größten König seiner Zeit. Dabei ist es bis heute geblieben, denn nach den beiden großen Kriegen unseres Jahrhunderts, die Europa verändert, zu großen Teilen zerstört und in seiner Substanz nachhaltig verletzt haben, war die Rückbesinnung auf diesen Vater ein mächtiger therapeutischer Anstoß. Besonders in Deutschland machte man davon gerne Gebrauch, um mit den neuen Kleidern einer alten abendländischen Autorität weniger seine Wunden als vielmehr jene Schandflecken zu bedecken, die seit dem großen Exzess nicht verblassen wollen.

Gleichwohl war und ist diese Rückbesinnung mehr als bloße Sehnsucht nach der heilen westeuropäischen Welt, ja dieser Versuch konnte nur deshalb so ausdauernd unternommen werden und in erstaunlichem Maße gelingen, weil es eben nicht um pure Geschichtspropaganda handelt. Die Erinnerung an Karl den Großen entband Substanz weit über kulturgeschichtliche Konstanten hinaus ins Politisch-Pragmatische; die deutsch-französische Achse war nur deshalb als Kern der Europäischen Union plausibel und bis zu einem sehr weitgehenden Grade akzeptabel zu machen, weil es nach dem Ende eines von nationalstaatlichen Prioritäten gezeichneten Diskurses durch den Appell an gemeinsame karolingische Ursprünge möglich schien, die erwünschten postnationalen Strukturen historisch begründet zu vermitteln.

Die mit der Regierung Karls des Großen abgeschlossene Verlagerung des europäischen Schwerpunktes vom Mittelmeer in die Gebiete nördlich der Alpen mit deutlicher Präponderanz[1] des gallischen Raums zwischen Loire und Rhein, der Ausgriff in das langobardische Italien und nach Osten über Weser bis zur Elbe durch die Christianisierung und politische Integration der Sachsen haben geopolitische Tatsachen geschaffen, die sich als irreversibel[2] erweisen sollten. Dass diese Tatsachen durch die Erweiterung der Europäischen Union nach Osten an politischer Substanz verlieren werden, ist gewiss, Umfang und Konsequenzen des Verlustes sind aber noch nicht absehbar.

Joachim Ehlers, Charlemagne – Karl der Große, In: Etienne François/Hagen Schulze (Hrsg.), Deutsche Erinnerungsorte, Bd. 1, München ³2002, S. 41-55, hier S. 41 f

M4
Internationaler Karlspreis zu Aachen

Seit 1950 wird jährlich der Internationale Karlspreis in Aachen verliehen, wo sich die Lieblingspfalz Karls des Großen befand. Zu den Preisträgern gehören u.a. Richard Graf Coudenhove-Kalergi, der Begründer der Paneuropa-Bewegung, Robert Schuman, Konrad Adenauer und im Jahre 2001 Bill Clinton. Aus der Proklamation von 1949:

Die Stadt Aachen, einst Mittelpunkt der gesamten abendländischen Welt, dann zur Stadt an der Grenze geworden, ist sich der historischen Aufgabe wahren Grenzertums: „Zu vermitteln und die Grenzen zu überwinden" immer bewusst gewesen. Bande des Blutes verknüpften die Einwohner unserer Stadt mit der Bevölkerung der Nachbarstaaten und immer gab es in Aachen geistig überlegene und weit schauende Männer, die gegen alle nationale Engstirnigkeit und vermeintliche Interessen versuchen, das Gemeinsame und Verbindende des abendländischen Raumes und abendländischer Kultur zu finden.

Nach zwei Weltkriegen, in denen die Grenzlage unserer Stadt sich besonders nachteilig auswirkte und in denen das redliche Bemühen mehrerer Generationen um Überwindung imaginärer nationaler Gegensätze sich als vergeblich erwies,

1) *lat.: Übergewicht*

2) *unumkehrbar*

müht sich unsere in Trümmer gesunkene Stadt um ihr Lebensrecht. Aber sie ist, durch furchtbare Erfahrungen bereichert, mehr als je bereit, für die abendländische Einigung und als unerlässliche Vorstufe dazu, für wirtschaftliche Einheit sich einzusetzen. Da die Fortschritte der Menschheit immer von einzelnen genialen Persönlichkeiten ausgegangen sind, die sich trotz aller Widerstände ganz ihrer Idee hingegeben haben, muss es nützlich und förderlich sein, auf diese Männer als Vorbilder hinzuweisen, zur Nachahmung und zur Verwirklichung ihrer Ideen aufzufordern.

Daher haben eine Anzahl Bürger unserer Stadt Aachen, dieser durch ihre Geburt oder durch Erfüllung ihrer Lebensaufgabe auf immer verbunden, beschlossen, einen Internationalen Preis der Stadt Aachen zu stiften, der in Erinnerung an den großen Begründer abendländischer Kultur „Karlspreis der Stadt Aachen" genannt werden soll. Er wird jährlich an verdiente Persönlichkeiten verliehen, die den Gedanken der abendländischen Einigung in politischer, wirtschaftlicher und geistiger Beziehung gefördert haben.

1990 veröffentlichen der Rat der Stadt Aachen und die Gesellschaft für die Verleihung des Internationalen Karlspreises zu Aachen e. V. eine zusätzliche Erklärung:

In Respekt vor den Stiftern des Internationalen Karlspreises der Stadt Aachen und in Anerkennung der historischen Proklamation von 1949 erklären der Rat der Stadt Aachen und die Gesellschaft für die Verleihung des Internationalen Karlspreises zu Aachen:

Wir sind wie die Begründer des Karlspreises der Auffassung, dass die Stadt Aachen durch ihre Jahrhunderte lange Situation an der Grenze, durch ihre Geschichte und durch ihre heutige Lage im Herzen Europas dem Zusammenwachsen unseres Kontinents, der Überwindung der Grenzen und der Freundschaft der europäischen Völker besonders verpflichtet ist.

Durch die Entwicklungen seit 1989 in Deutschland und Osteuropa ist der Aufbruch zu einem umfassenden Zusammenschluss nicht mehr Utopie. Darüber hinaus wird Europa beim Ausgleich des Nord-Süd-Gegensatzes eine besondere Rolle zuwachsen, immer deutlicher wird auch das Problem der Bewahrung unserer Lebensgrundlage durch den Schutz der Umwelt in Europa und auf unserer übervölkerten Erde.

Die Stadt Aachen und die Gesellschaft für die Verleihung des Internationalen Karlspreises bekräftigen deshalb erneut ihren Willen, am Himmelfahrtstage im historischen Krönungssaal des Aachener Rathauses den Internationalen Karlspreis zu Aachen an Persönlichkeiten, aber auch an Gremien zu verleihen, die die oben genannten Ziele in besonderer Weise gefördert haben.

Die Preisträger werden von dem Direktorium der Gesellschaft für die Verleihung des Internationalen Karlspreises zu Aachen, einem unabhängigen Gremium, ausgewählt.

http://www.karlspreis.de/geschichte/geschichte49.html und http://www.karlspreis.de/geschichte/geschichte90.html, 1. August 2004

M5
Bürger gegen Adel

Der Historiker Ferdinand Seibt geht der Bedeutung mittelalterlicher Städtegründungen für die gegenwärtige europäische Gesellschaft nach:

Städte gab es überall auf altrömischem Boden. Städte gab es auch schon in Babylon oder in Ägypten, ebenso im nordalpinen Bereich bei den Kelten wie bei den Slawen, den Wikingern, den Balten. Das waren befestigte Handels- oder Herrschaftssitze mit Handelsmöglichkeiten und der Ansiedlung von Kaufleuten und Dienstleuten. Jeder antike Bischof residierte in einer Stadt, oft aus uralter religiöser Tradition. Slawische Handelsplätze, Hafenplätze waren im Fernhandel weithin bekannt. Die neuen Städte, die sich seit der agrarischen Intensivierung vermehrten, waren den alten in mancher Hinsicht ähnlich, aber in anderer überlegen. Namentlich auf italienischem, spanischem, südfranzösischem Boden gab es unmittelbar antike Kontinuität. Dagegen brachten die jungen Städte, auf römischem Grund von neuem besiedelt, neben alten Siedlungen oder ganz auf grüner Wiese aufgebaut, neue Rechte mit in die Welt von Herren und Knechten: Bürgerfreiheit und Marktfreiheit. [...] Beides war an einen fest umschriebenen Platz gebunden und durch Rechtsprivilegien gesichert. Die Neuerung war in der zeitgenössischen Welt bedeutsam genug, dass man auch nach einem neuen Namen für die neuen Gebilde suchte, einem Gattungsnamen. Er wäre nicht notwendig gewesen, wenn sich die neuen Städte nicht deutlich vom Herkömmlichen abgehoben hätten, von civitas, cuidad, cité, city.

Der neue Name „Stadt" heißt Stätte, Platz, und bezeichnet einen bestimmten und umgrenzten Ort, wo die neue Rechtsordnung galt. Er hob die räumliche Qualität der Rechtssetzung hervor. Er zielte auf den festgelegten Freiraum, noch heute manchmal als Burgfriede bezeichnet und ausgewiesen, wo Kaufleute unter Rechtsschutz Markt halten konnten, wo die Einwohner feste Steuern zahlten und im Übrigen frei über ihren Erwerb verfügten, wo sie vererben und nach ihrer Wahl heiraten konnten, von niemanden verkauft, oder zur Arbeit gezwungen wurden. Die alten Städte auf einst römischem Boden schlossen die ansässigen Adeligen ein zu einer mehr oder minder deutlichen Oberschicht. Die neuen Städte mit ihren neuen Gründungsrechten schlossen sie aus. Bürger gegen Adel! In den Städten, alt oder neu, verbanden sich alle Einwohner zu einer Schwurgemeinschaft, genauer, alle Hausbesitzer, die sich mit „Gut und Blut" an ihren Ort gebunden wussten, als Gemeinde, Mente, communita, community, obec. Eine dementsprechend auch politische Kommunalbewegung erfasste vornehmlich den städtischen Mittelstand, zunächst

▲ *Förderturm der Zeche Hannover in Bochum-Hordel. Foto um 1990. Um 1850 setzte in der Zechenarchitektur des Ruhrgebiets eine Rezeption mittelalterlicher Stilelemente ein, nachdem eine historisierende Formensprache schon vorher in der Architektur üblich geworden war. Steinerne Schachttürme und Maschinenhäuser sowie Verwaltungs- und Belegschaftsgebäude wurden durch Friese, Gesims, Zinnen und Türmchen reich verziert.*

- *Überlegen Sie, was mit dem ähnlichen Erscheinungsbild von „Schloss" und „Fabrikschloss" ausgedrückt werden soll.*

in den etablierten italienischen Städten, danach aber auch im Norden. Sie erkämpfte oder erhielt das Recht, ihre eigene Obrigkeit zu wählen, ihre Richter, ihre Pfarrer. Sie durfte auch ihre Siedlung durch eine Mauer schützen, und sowie sie sich dahinter „bergen" konnte, wurde die Stadt zur Festung. Ihr politischer Spielraum war nicht unbegrenzt, aber im Vergleich zur vorangehenden Zeiten waren die Städte „frei". Freiburg im Breisgau, in Süddeutschland die älteste dieser Gründungsstädte, hat dafür einen entsprechenden Namen. [...]
Es fällt schwer zu sagen, was an der Neuerung wichtiger war: die materielle Leistungsökonomie, die ähnlich auch bei den neuen Rodesiedlern in den Dorfgemeinden galt, oder der Aufstieg von Unfreien zu Bürgern, die mit Grundherren Verträge schlossen. Oder die wachsende Geldwirtschaft, wie sie die neuen Märkte und die neuen Bedürfnisse bei handwerklicher Spezialisierung und damit Produktionsteilung mit sich brachten. Auf jeden Fall wurde hier wahrhaftig „der Boden bereitet" für die neue Welt, für die bürgerliche Freiheit, die bürgerliche Wirtschaft, für den viel berufenen rationalen Trend in der europäischen Gesellschaft und für die künftige Macht des solcherart erworbenen Geldes, denn etwas anderes als das hatten die neuen Bürger nicht einzusetzen für die Sicherung ihrer Daseinsrechte: nicht die Macht der Schwerter, nicht uralte Herrschaftsmythen, nicht sakrales Ansehen, nicht blaues Blut.

Ferdinand Seibt, Die Begründung Europas. Ein Zwischenbericht über die letzten tausend Jahre, Frankfurt am Main 2002, S. 25 ff.

M6
Merkmale Europas

Der französische Historiker Jacques Le Goff über den „Charakter" des mittelalterlichen Europas:

Das Mittelalter hat die realen und problematischen Merkmale Europas sichtbar gemacht und vielfach begründet: Die Verknüpfung der potentiellen Einheit mit einer fundamentalen Vielfalt, die gemischten Bevölkerungen, die Spaltungen und Gegensätze zwischen Osten und Westen, Norden und Süden, die ungewisse Ostgrenze, das einigende Primat der Kultur. [...]
Der „westliche" Charakter des lateinisch-christlichen Europa, aus dem das heutige Europa hervorgegangen ist, wurde im 12. und 13. Jahrhundert von einigen christlichen Intellektuellen mit einer Theorie untermauert, die besagt, dass die Macht und die Zivilisation im Lauf der Geschichte von Osten nach Westen gewandert seien: Translatio imperii, translatio studii – wobei die Übertragung der Macht von Byzantinischen auf das Deutsche Reich und der Übergang der Gelehrsamkeit von Athen und Rom nach Paris besonders betont wurden. Dieser Marsch der Zivilisation nach Westen hat sicher viele Europäer der folgenden Jahrhunderte in der Überzeugung von einer Überlegenheit der abendländischen Kultur bestärkt.
Anders als oft angenommen wird, stammt diese Vorstellung nicht aus den ersten Jahrhunderten des Christentums. Gewiss, zur Zeit Karls des Großen sprach man von einem christlichen Reich, aber erst die „kämpfende Kirche" des 11. Jahrhunderts, die so genannte Gregorianische Reform, der Einfluss des großen religiösen Ordens von Cluny und die Kreuzzugsideologie haben die „Christenheit" zu einer Bezeichnung für das Territorium gemacht, dass der Schoß Europas werden sollte. Der Ausdruck „Christenheit" kann Verwirrung stiften. Es geht nicht darum, die wesentliche Bedeutung des Christentums für die Entstehung Europas und die Ausbildung eines europäischen Identitätsgefühls in Abrede zu stellen. Sogar nachdem der Geist der Aufklärung und der Laizismus Europa eingenommen hatten, blieb dieser christliche Grundbestand, ob offen oder unterschwellig, von größter Bedeutung. Aber die Christenheit war nur eine lange und sehr wichtige Episode einer Geschichte, die vor dem Christentum begonnen hat und über sein Abflauen hinausgeht.

Jacques Le Goff, Die Geburt Europas im Mittelalter, aus dem Französischen von Grete Osterwald, München 2004, S. 15 und 17f.

Gegenwartsbezug

Stellen Sie aus M1 bis M6 die Aspekte des mittelalterlichen Europas zusammen, die Einfluss auf die Gegenwart haben. Wählen Sie einen dieser Aspekte aus und recherchieren Sie eigenständig. Stellen Sie Ihre Ergebnisse in Form eines Referates oder einer Präsentation vor.

Stadtspaziergang

Begeben Sie sich in Ihrem Wohnort oder in Ihrer Umgebung auf Spurensuche nach mittelalterlichen Zeugnissen. Die Gründung der Stadt, Kirchen, Klöster und Straßennamen können Ihnen hier Anhaltspunkte liefern. Oft werden auch entsprechende Themenführungen von Geschichtsvereinen oder kommerziellen Veranstaltern angeboten. Erstellen Sie einen eigenen Stadtspaziergang und führen Sie Ihre Klasse/Ihren Kurs oder bereiten Sie eine Stadtralley vor.

Literatur

Neben Umberto Eco thematisieren weitere zeitgenössische Autoren die mittelalterliche Welt, z.B. Dieter Kühn, Adolf Muschg oder Tanja Kinkel. Suchen Sie weitere Autoren, wählen Sie Titel aus deren Werk aus und stellen Sie diese vor.

Mittelalter-Rezeption in der Musik

Die „Carmina Burana" aus dem 13. Jahrhundert ist die berühmteste Anthologie mittelalterlicher Lyrik. Carl Orff vertonte sie 1937, bis heute wird sie gerne aufgeführt. Richard Wagner hat in seinem Musikdrama „Der Ring der Nibelungen" von 1853 sowie in weiteren Werken ebenfalls mittelalterliche Stoffe behandelt. Suchen Sie weitere Beispiele und recherchieren Sie Hintergrund der Entstehung und Rezeption dieser Werke.

Mittelalter-Filme

Zahlreiche Historienfilme beschäftigen sich mit dem Mittelalter. Bei der Analyse stellt sich die Frage nach der „historischen Richtigkeit" bzw. nach historischen Fakten oder nach einer zeitgemäß dargestellten Ausstattung. Vor allem auch im Hinblick auf die filmische Gestaltung, auf die Intentionen der Produzenten, die Wirkung des Films auf Publikum und Filmkritik oder auch auf den Zeitgeist während der Entstehungszeit des Films hin können Historienfilme kritisch hinterfragt und als Quellen ihrer Entstehungszeit untersucht werden. Suchen Sie aus der folgenden Auswahl oder anhand eigener Recherchen mehrere Filme aus, die Sie in Kleingruppen bearbeiten wollen, und legen Sie zunächst im Plenum gemeinsame Kriterien für die Analyse fest. Sichten und analysieren Sie dann die Filme in Ihrer Gruppe, stellen Sie Ihre Ergebnisse anhand ausgewählter Ausschnitte im Plenum vor und vergleichen Sie Ihre Ergebnisse.
Filmauswahl: Fritz Langs „Die Nibelungen" (1922-1924), „Ritter der Kokosnuss" (1974), „Jabberwocky (1977; die beiden letztgenannten von der englischen Komikergruppe Monty Python), „Der Name der Rose" (1986), „Braveheart" (1995) und „Ritter aus Leidenschaft" (2001).

Werbewelten

Recherchieren Sie nach mittelalterlichen Motiven in der Werbung. Auf welche Personen oder Themen mittelalterlicher Geschichte wird dabei verwiesen? Wie schätzen Sie die Aussagekraft dieser Werbung ein? Dokumentieren Sie Ihre Ergebnisse.

Zeitreise

Entwerfen Sie für ein imaginäres Reisebüro einen Werbeprospekt für eine Zeitreise ins Mittelalter: Welche Orte, Themen und Personen möchten Sie hervorheben?

3.2 Konstruktion und Dekonstruktion von Mittelalterbildern: Der Kyffhäuser-Mythos

▲ *Die Barbarossa-Figur am Kyffhäuser-Denkmal in Thüringen. Foto von 1993.*
Friedrich I. ist dargestellt im Moment des Erwachens nach vierhundertjährigem Schlaf. Gleichsam aufgeschreckt greift der Kaiser mit der Linken in seinen gewaltigen Bart und fasst mit der Rechten das Reichsschwert fester. Den weiten Krönungsmantel trägt er geöffnet und zurückgeschlagen. Auf seinem Kopf sitzt die imaginäre neue Reichskrone. Gleich dreifach wird das Rabenmotiv aufgenommen: Raben standen im Mittelalter als Symbol für Heiden, Juden und Irrlehrer, manchmal auch für den Teufel. Im Märchen gilt der Rabe wegen seiner Farbe und seines Krächzens als Unglücks- oder Seelenvogel. Im Mittelpunkt des oberen Rundbogens über der Kaiserfigur breitet ein Rabe seine Flügel aus. In den inneren Rundbogen sind Rabenschädel eingefügt, auf den Säulenkapitellen rechts und links Barbarossas sitzen ebenfalls zwei Raben.

Einleitung

Kein anderes deutsches Herrschergeschlecht hat die Mit- und Nachwelt derart beschäftigt wie die Staufer. Friedrich II. wurde bereits während seiner Herrschaft zum Mythos. Seine Auseinandersetzung mit dem Papsttum (siehe S. 54 f.) ließ ihn für die Gegner zum „Antichristen“, für seine Anhänger zum Messias werden. Sein plötzlicher Tod 1250 förderte die Entstehung einer Sage, nach der er sich nur verborgen halte, um bei nötiger Gelegenheit wieder zu erscheinen. In der Folge entwickelten sich verschiedene Sagen, die den weiterlebenden König an unterschiedlichen Orten wie auf dem Trifels im Pfälzer Wald, zu Kaiserslautern, im Elsass oder im Untersberg bei Salzburg ansiedelten. Bereits in der ersten Hälfte des 15. Jahrhunderts wurde als Ort auch der Kyffhäuser in Thüringen genannt. Etwas später vollzog sich ein Rollenwechsel: Im „Volksbüchlein von Kaiser Friedrich“ von 1519 trat nicht mehr Friedrich II., sondern sein Großvater Friedrich I. Barbarossa auf, der ihn schließlich gänzlich in den Sagen verdrängte. Dabei traten die historisch-individuellen Züge der Herrschergestalt in den Hintergrund zugunsten eines sentimental-resignativen Bildes vom wartenden, schlafenden Kaiser.

Als im 19. Jahrhundert – nach dem Zerfall des Heiligen Römischen Reiches Deutscher Nation (1806) und den napoleonischen Befreiungskriegen – die deutsche Nationalbewegung erstarkte, wurde die thüringische Regionalsage zum deutschen Nationalmythos erhoben: Der Rückgriff auf die alte Kaiserherrlichkeit der Stauferzeit verband sich mit der Sehnsucht nach einem geeinten Deutschen Reich, die schließlich mit der Reichsgründung 1871 in Erfüllung zu gehen schien. Zu Stein wurde dieser Traum im Kyffhäuserdenkmal, das in den Jahren 1890-1897 als Kaiser-Wilhelm-Denkmal erbaut wurde: Der Hohenzollernherrscher Wilhelm I. – in direktem Bezug zu Friedrich Barbarossa auch „Barbablanca“ genannt – wurde als „Vollender“ der hohenstaufischen Reichsidee gefeiert. Das Denkmal verleibte sich dabei geradezu die Vergangenheit ein: Die Anlage wurde auf den Resten der um 1100 erbauten Reichsburg Kyffhausen errichtet, die dadurch größtenteils zerstört wurde.

Die pathetische Kyffhäuser-Anlage fand bis nach dem Ersten Weltkrieg großen Nachhall in der Bevölkerung. Auch die Nationalsozialisten bemühten die mittelalterliche Kaisersage und brachten die „dritte Reichsgründung“ in Verbindung mit den alten Vorstellungen des schlafenden „Heilsbringers“. Dabei missbrauchten sie den Staufermythos und planten unter dem Decknamen „Barbarossa“ den deutschen Angriff auf die Sowjetunion 1941 (siehe auch Bildlegende S. 85).

M1
Friedrich Rotbart auf dem Kyffhäuser

Seit dem 13. Jahrhundert entstehen verschiedene Lokalsagen um den staufischen Kaiser Friedrich II. (1194-1250). 1519 wird dieser in dem anonym erschienenen „Volksbüchlein von Kaiser Friedrich" das erste Mal mit seinem Großvater Friedrich I. Barbarossa verwechselt, der 1190 auf dem 3. Kreuzzug ertrank. Die folgende Fassung der Sage setzt sich im 19. Jahrhundert gegen andere Varianten durch.

Von diesem Kaiser gehen viele Sagen im Schwange. Er soll noch nicht tot sein, sondern bis zum jüngsten Tag leben, auch kein rechter Kaiser nach ihm mehr aufkommen. Bis dahin sitzt er verhohlen in dem Berg Kyffhausen und wann er hervorkommt, wird er seinen Schild hängen an einen dürren Baum, davon wird der Baum grünen und eine bessere Zeit werden. Zuweilen redet er mit den Leuten, die in den Berg kommen, zuweilen lässt er sich auswärts sehen. Gewöhnlich sitzt er auf der Bank an dem runden steinernen Tisch, hält den Kopf in der Hand und schläft, mit dem Haupt nickt er stetig und zwinkert mit den Augen. Der Bart ist ihm groß gewachsen, nach einigen durch den steinernen Tisch, nach andern um den Tisch herum, dergestalt dass er dreimal um die Rundung reichen muss, bis zu seinem Aufwachen, jetzt aber geht er erst zweimal darum.
Ein Bauer, der 1669 aus dem Dorf Reblingen Korn nach Nordhausen fahren wollte, wurde von einem kleinen Männchen in den Berg geführt, musste sein Korn ausschütten und sich dafür die Säcke mit Gold füllen. Dieser sah nun den Kaiser sitzen, aber ganz unbeweglich. Auch einen Schäfer führte ein Zwerg hinein, da stand der Kaiser und fragte: Fliegen die Raben noch um den Berg? Und auf die Bejahung des Schäfers rief er: Nun muss ich noch hundert Jahre länger schlafen.

Brüder Grimm (Hrsg.), Deutsche Sagen, Berlin 1816, S. 29f

M2
Barbarossa-Gedicht von 1817

Der alte Barbarossa,
Der Kaiser Friederich,
Im unterird`schen Schlosse
Hält er verzaubert sich.

Er ist niemals gestorben,
Er lebt darin noch jetzt,
Er hat im Schloß verborgen
Zum Schlaf sich hingesetzt.

Er hat hinabgenommen
Des Reiches Herrlichkeit
Und wird einst wiederkommen
Mit ihr, zu seiner Zeit.

Der Stuhl ist elfenbeinern,
Darauf der Kaiser sitzt;
Der Tisch ist marmelsteinern,
Worauf sein Haupt er stützt.

Sein Bart ist nicht von Flachse,
Er ist von Feuersglut,
Ist durch den Tisch gewachsen,
Worauf sein Kinn ausruht.

Er nickt als wie im Traume,
Sein Aug halb offen zwinkt,
Und je nach langem Raume
Er einem Knaben winkt.

Er spricht im Schlaf zum Knaben:
Geh hin vors Schloß, o Zwerg,
Und sieh, ob noch die Raben
Herfliegen um den Berg.

Und wenn die alten Raben
Noch fliegen immerdar,
So muß ich auch noch schlafen,
Verzaubert hundert Jahr.

Friedrich Rückert, Gesammelte Gedichte, 2. Teil, Frankfurt am Main 1843, S. 216 f.

M3

„Deutschland. Ein Wintermärchen"

Der Schriftsteller Heinrich Heine (1797-1856) begleitet die politische Entwicklung in Deutschland durch zeitkritische und spöttische Veröffentlichungen. Nachdem seine Schriften in Deutschland verboten sind, lebt er seit 1831 in Paris, kommentiert aber weiterhin die deutschen Zustände. 1844 veröffentlicht er sein Versepos „Deutschland. Ein Wintermärchen":

Mich schläferte und ich entschlief,
Und siehe! Mir träumte am Ende,
Dass ich mich in dem Wunderberg
Beim Kaiser Rotbart befände.

Er saß nicht mehr auf steinernem Stuhl,
Am steinernen Tisch, wie ein Steinbild;
Auch sah er nicht mehr so ehrwürdig aus,
Wie man sich gewöhnlich einbildt.

Er watschelte durch die Säle herum
Mit mir im trauten Geschwätze.
Er zeigte wie ein Antiquar
Mir seine Kuriosa und Schätze.

Im Saale der Waffen erklärte er mir,
Wie man sich der Kolben bediene,
Von einigen Schwertern rieb er den Rost
Mit seinem Hermeline.

Er nahm ein Pfauenwedel zur Hand,
Und reinigte vom Staube
Gar manchen Harnisch, gar manchen Helm,
Auch manche Pickelhaube.

Die Fahne stäubte er gleichfalls ab,
Und er sprach: „Mein größter Stolz ist,
Dass noch keine Motte die Seide zerfraß,
Und auch kein Wurm im Holz ist."

Und als wir kamen in den Saal,
Wo schlafend am Boden liegen
Viel tausend Krieger, kampfbereit,
Der Alte sprach mit Vergnügen.

„Hier müssen wir leiser reden und gehn,
Damit wir nicht wecken die Leute;
Wieder verflossen sind hundert Jahr,
Und Löhnungstag ist heute."

Und siehe! Der Kaiser nahte sich sacht
Den schlafenden Soldaten,
Und steckte heimlich in die Tasch
Jedwedem einen Dukaten.

Er sprach mit schmunzelndem Gesicht,
Als ich ihn ansah verwundert:
„Ich zahle einen Dukaten per Mann,
Als Sold, nach jedem Jahrhundert."

Im Saale, wo die Pferde stehn,
In langen, schweigenden Reihen,
Da rieb der Kaiser sich die Händ,
Schien sonderbar sich zu freuen.

Er zählte die Gäule, Stück vor Stück,
Und klätschelte ihnen die Rippen;
Und zählte und zählte, mit ängstlicher Hast
Bewegten sich seine Lippen.

„Das ist noch nicht die rechte Zahl" –
Sprach er zuletzt verdrossen –
„Soldaten und Waffen hab ich genug,
doch fehlt es noch an Rossen.

Roßkämme habe ich ausgeschickt
In alle Welt, die kaufen
Für mich die besten Pferde ein,
Hab schon einen guten Haufen.

Ich warte, bis die Zahl komplett,
Dann schlag ich los und befreie
Mein Vaterland, mein deutsches Volk,
Das meiner harret mit Treue."

So sprach der Kaiser, ich aber rief:
Schlag los, du alter Geselle,
Schlag los, und hast du nicht Pferde genug,
Nimm Esel an ihrer Stelle.

Der Rotbart erwiderte lächelnd: „Es hat
Mit dem Schlagen gar keine Eile,
Man baute nicht Rom an einem Tag,
Gut Ding will haben Weile."

Wer heute nicht kommt, kommt morgen gewiss,
Nur langsam wächst die Eiche,
Und chi va piano va sano[1], so heißt,
Das Sprüchwort im römischen Reiche."

Heinrich Heine, Sämtliche Schriften, hg. v. Klaus Briegleb, Bd. 4, München 1997, S. 610 ff.

▲ *Das Kyffhäuserdenkmal aus der Vogelperspektive. Foto von 1996. Gut zu erkennen ist die Anlage des Denkmals: Unten der „Schlosshof", in dem man in das Berginnere mit dem sitzenden Barbarossa hineinzublicken meint. Direkt zu Häupten des erwachenden Barbarossa steht die Reiterstatue Kaiser Wilhelm I. – dargestellt im Waffenrock. Die Turmspitze wird gekrönt durch die neue, hohenzollernsche Krone, deren Form bewusst an die der alten Reichskrone erinnert.*

1) *Ital.: Wer langsam geht, geht gesund.*

M4
„Hoch Kaiser Wilhelm"

Vom 16. bis 18. Juni 1871 – ein knappes halbes Jahr nach der Proklamation des Deutschen Kaiserreichs in Versailles – findet in Berlin ein „Friedensfest" zum Abschluss des Deutsch-Französischen Krieges statt, in dessen Verlauf das zu diesem Anlass verfasste einaktige Festspiel „Barbarossa" von Julius Hein aufgeführt wird. Das Stück endet folgendermaßen:

DER KAISER:
Ich sah das Vaterland zertreten
Von fremder Herrschaft Tyrannei;
Ich hört` in seinen höchsten Nöten
Des Schmerzes wildes Wehgeschrei.
Da schallt ein Ruf durch Preußens Lande,
Schallt an sein Volk des Königs Ruf.
Der sprengt der fremden Herrschaft Bande
Durch die Begeist`rung, die er schuf.
Ich sah ein ganzes Volk in Waffen,
Von tapfern Helden ein Geschlecht
Die Freiheit Deutschlands neu erschaffen
Und siegen für sein heilig Recht.
(Bild 1813)
Wie stand bereit zum heil`gen Kriege
Ganz Deutschland stark und einig da!
Schon wähnt`ich, dass nach solchem Siege
Mir der Erlösung Stunde nah.
O Einheit, Traum auf ros`gen Schwingen,
Wie warst du selbst als Traum so schön!
Ich sah die Völker dich erringen,
Was musstest du, ein Traum, vergehn?
Auf`s neue trennt, was kaum verbunden,
Bald Eifersucht, bald eitler Wahn;
Die Hoffnung war auch mir entschwunden,
Dass je mir Rettung könnte nahn.
Und trüber ward ihr Schein und trüber,
Und ganz erlosch ihr Morgenrot.
Des Aufruhrs Sturmflut braust vorüber
Und bringt Verwirrung, Angst und Not.
Und kaum, dass heil`ger Ordnung Walten
Den Strom ins alte Bette weist,
Seh` ich mein Reich noch tiefer spalten
Der alten Zwietracht finstern Geist.
Ein Heldenkönig greift zum Schwerte
Für Ehr` und Recht – er steht allein.
Kein Deutschland wird sein Kampfgefährte,
Kein Deutschland tritt für Preußen ein.

Doch kämpft mit ihm und seinen Scharen
Des Himmels unsichtbare Macht;
Was sonst der Krieg in langen Jahren,
In Tagen hat`s sein Schwert vollbracht.
(Bild 1866)

CHOR:
Was Preußens Beispiel nicht gelungen
Im Kampfe für sein höchstes Gut,
Hat wider Willen uns errungen
Des fremden Volkes Übermut.

DER KAISER:
Der Franken Adler seh` ich schweben,
Sie rücken gegen Preußen an;
Ich seh` die Deutschen sich erheben,
Stark, fest und einig wie ein Mann.
Sie einen sich um Preußens Fahnen,
Und seines Königs Heldenarm
Führt sie zu neuen Siegesbahnen,
Jagt vor sich her der Feinde Schwarm.
(Bild 1870)

CHOR:
Und Friede! Friede! tönt`s im Land,
Ertönt`s von Berg und Auen,
Und sich`rer Eintracht festes Band
Umschlingt die deutschen Gauen.

DER ZWERG:
Herr, Herr, erwacht aus Eurem Schlummer,
Geendet ist nun Eure Bahn!
Geendet sind nun Gram und Kummer,
Denn deutsche Siegesheere nahn!
Der Ruf von König Wilhelms Ruhme,
Er dringt vom Tal zur Höh` empor;
Der Ritter mit der Wunderblume,
Er naht des Bergs verschloss`nem Tor.
In neuer Einheit frischem Glanze
Strahlt Deutschland, die beglückte Braut;
Schon harrt der Stunde sie im Kranze,
Da sie den Bräutigam erschaut.
(Der Kaiser erwacht.)

DER KAISER (mit ganzer Kraft):
Die Stunde ist da! Die Fesseln fallen!
Erlösung wird auch mir zuteil!
In lautem Jubel hör` ich`s schallen:

Die Neugestaltung Deutschlands gestattet nun auch dem Alten vom Kyffhäuser, seinen Posten aufzugeben und sich endlich in den so wohlverdienten Ruhestand zurückzuziehen. Möge ihm das Kaiserreich der Friede sein!

▲ *Zeichnung aus dem Kladderadatsch Nr. 29/30, 1871.*

Heil! Heil! Dem deutschen Kaiser Heil!
So ist der Bann von mir genommen,
Der Ritter löst den langen Schmerz,
Er ist in König Wilhelm kommen,
Die Wunderblume ist sein Herz.
Das trübe Leid ist nun entschwunden,
Die Krone, die der Welt geraubt,
Sie hat die rechte Statt gefunden
Auf König Wilhelms würd`gem Haupt.
Das deutsche Reich erschuf auf`s neue,
Ein großes Reich der Einigkeit,
Der Hohenzollern deutsche Treue
Und König Wilhelms Tapferkeit.
(Bild: Germania krönt Borussia
mit der deutschen Krone.)

DER KAISER:
Drum, deutsche Lande, jauchzt in froher Lust:
Hoch Kaiser Wilhelm, Hoch aus voller Brust!

CHOR:
Drum, deutsche Lande, jauchzt in froher Lust:
Hoch Kaiser Wilhelm, Hoch aus voller Brust!
(Der Vorhang fällt.)

Arno Borst, Reden über die Staufer, Frankfurt am Main 1978, S. 167 ff.

M5
„Mahnung für die kommenden Geschlechter“

Das Kyffhäuserdenkmal wurde in den Jahren 1891 bis 1897 auf Initiative des Kyffhäuserbundes, dem Dachverband der deutschen Landes-Kriegerverbände, errichtet. Bereits 1881/82 wurde auf dem Kyffhäuser der Verband der Vereine deutscher Studenten gegründet. Zur Einweihung des Denkmals hält der Schriftführer des Denkmalsausschusses am 18. Juni 1896 eine Rede, aus der der folgende Ausschnitt stammt:

Allerdurchlauchtigster Kaiser und König! Königliche Majestäten! Durchlauchtigste Fürsten! Hohe Festversammlung! Liebe Kameraden! Zu einem Feste von hoher Bedeutung hat sich heute der sagengeweihte Kyffhäuser geschmückt. Zum ersten Male seit mehr denn sieben Jahrhunderten betritt ein deutscher Kaiser den Boden des ehrwürdigen Berges! Und welch ein Gegensatz gegen früher! Heute ist das erlauchte Oberhaupt der Nation, im Verein mit den hohen Reichsgenossen, als den festesten Stützen des neuen Reichsgedankens, erschienen, um einem Werke die Weihe der Vollendung zu geben, welches dem Begründer des neuen Reiches und dem dankbaren Gedanken an seine unsterblichen Taten geweiht ist! Wie anders in jenen vergangenen Zeiten! Wenn damals deutsche Kaiser hier unten am Kyffhäuser in der Kaiserpfalz Tilleda rasteten, so galt ihr Verweilen meist schweren Kämpfen mit den Großen des Reiches, Kampfesgetön, Rosseschnauben und Waffengeklirr schallen uns entgegen, wenn wir den Geist in jene ferne Zeiten schweifen lassen. [...]
Das Denkmal soll die Erinnerung an den ersten Kaiser des neuen deutschen Reiches wach erhalten. Das Denkmal soll künden von der Mitwirkung der deutschen Krieger an der Wiederaufrichtung des Reiches und es soll eine Mahnung sein für die kommenden Geschlechter, festzuhalten an der Treue zu Kaiser und Reich, an der Vaterlandsliebe und an Einrichtungen des monarchischen Staates, dessen Segnungen die neue Größe des Reiches zu verdanken sind.

Friedrich Weigend u.a., Keine Ruhe im Kyffhäuser. Das Nachleben der Staufer, Stuttgart 1978, S. 143 ff.

Architektur des Kyffhäuserdenkmals
Die Architektur des Kyffhäuserdenkmals bietet dem Betrachter eine „stufenweise Abfolge der Geschichte". Informieren Sie sich zu diesem Aspekt, indem Sie Grundrisse, schematische Darstellungen und/oder Fotos auswerten oder organisieren Sie nach Möglichkeit eine Exkursion vor Ort. Dokumentieren Sie Ihre Ergebnisse.

Barbarossa in der Literatur
Suchen Sie weitere literarische Texte zum Barbarossa- bzw. Kyffhäusermythos und erstellen Sie eine chronologisch geordnete Anthologie. Fügen Sie Ihrer Textauswahl eine Einleitung bei, die die Entstehungszeit und Funktion der jeweiligen Texte berücksichtigt.

Heutige Präsentation
Recherchieren Sie, wie das Kyffhäuserdenkmal heute seinen Besuchern präsentiert wird. Anhaltspunkte bieten die Internetseiten des Tourismusverband Kyffhäuser e.V.: http://www.kyffhaeuser-tourismus.de/de/sagen/kyffhaeuser_denkmal.asp. Besorgen Sie sich weiteres Werbematerial, werten Sie dieses aus und verfassen Sie eine eigene Stellungnahme.

Modernes Kyffhäuserdenkmal
Erarbeiten Sie künstlerische Konzepte für ein modernes Kyffhäuser-Denkmal, das den Barbarossa-Mythos aufarbeitet.

Weitere Denkmäler mit Mittelalter-Bezug
Sowohl der Kölner Dom als auch die thüringische Wartburg (siehe S. 96) sind mittelalterliche Bauten, die im 19. Jahrhundert zu nationalen Symbolen stilisiert und in Zuge dessen weiter- bzw. umgebaut wurden. Informieren Sie sich über Maßnahmen, Hintergründe und Zielsetzungen dieser Umbauprojekte.

Literaturhinweise
Gunther Mai (Hrsg.), Das Kyffhäuser-Denkmal 1896 - 1996. Ein nationales Monument im europäischen Kontext. Köln 1997

Ulrich Mayer, Der ewige Friedrich. Staufermythos und Stauferrezeption, in: Geschichte lernen 66/1998, S. 60-65

Ulrich Schlie, Die Nation erinnert sich. Die Denkmäler der Deutschen, München 2002

Klaus Schreiner, Die Staufer in Sage, Legende und Prophetie, in: Die Zeit der Staufer, hg. v. Württembergischen Landesmuseum, Bd. 3, Stuttgart 1977, S. 249-262

Michael Stuhr, Das Kyffhäuser-Denkmal – Symbol und Gestalt, in: Karl-Heinz Klingenburg (Hrsg.), Historismus. Aspekte zur Kunst im 19. Jahrhundert, Leipzig 1985, S. 157-182

Internet-Tipps
www.kyffhaeuser-denkmal.de/web/de/home/home.asp
www.kyffhaeuser-tourismus.de/de/sagen/kyffhaeuser_denkmal.asp
www.harz-saale.de/Impressionen/Harzvorland/Kyffhauser/Das_Denkmal/das_denkmal.html

Teamarbeit

Von Abiturientinnen und Abiturienten wird heute überall erwartet, dass sie in einem Team arbeiten können. Das muss man lernen. Eine Gruppe ist nur dann leistungsfähig, wenn ihre einzelnen Mitglieder mit den Regeln der Teamarbeit gut vertraut sind und sich daran halten.

Regeln für die Teamarbeit

ORGANISATION

- Gruppengröße 4–8 Schüler (je nach Thema)
- Thema/Aufgabe(n) klar formulieren
- Zeitplan aufstellen
- Arbeitsschritte gemeinsam planen
- Aufgabenbereiche auf Einzelteams/Einzelne verteilen
- Entscheidungen gemeinsam treffen
- Ergebnisse gegenseitig vorstellen
- Präsentation planen
- Erfahrungen austauschen

Dabei auch „Atmosphärisches" berücksichtigen:

- Angenehme Arbeitsatmosphäre schaffen
- Arbeitspausen einplanen

KOMMUNIKATION

- Eigene Lernbedürfnisse formulieren
- Fragen zu Stoff, Gruppe, Methodik stellen
- Konflikte in der Gruppe sofort direkt ansprechen

Grundregeln:

- Jedes Mitglied der Gruppe respektieren
- Kompromissbereit und offen sein, aber auch eigene Interessen wahren
- Aktiv zuhören und Blickkontakt halten
- Ich-Botschaften äußern
- Vorwürfe, Angriffe, Unterstellungen vermeiden
- Konstruktive Kritik üben
- Eigene Verbesserungsvorschläge einbringen
- Zuverlässigkeit fordern und selbst beweisen

Mind-Map

Mind-Maps – „Gedankenlandkarten" – sind eine Möglichkeit, Ideen zu entwickeln, zu ordnen und übersichtlich darzustellen. Sie eignen sich also bestens dazu, Problemlösungen zu finden. Das Arbeiten mit Mind-Maps ist leicht erlernbar. Man benötigt ein Blatt Papier im Querformat und einen Stift. Zunächst wird in der Mitte des Blattes das Thema notiert und umrahmt. Von diesem Zentrum aus laufen Linien in alle Richtungen. Sie stellen die Hauptaspekte des Themas dar und werden mit Stichworten beschriftet. Jeder neue Gedanke erhält eine eigene Linie (Ast).

Danach sind die Nebenaspekte an der Reihe: Den Stichworten werden alle weiteren Ideen zugeordnet, die auf zusätzlichen Verästelungen festgehalten werden. So entsteht allmählich ein übersichtliches Gedankennetz, das jederzeit erweitert werden kann, wenn neue Aspekte auftauchen.

Ein *Vorzug* von Mind-Maps besteht darin, dass diese Methode durch die Verbindung von bildlichem und begrifflichem Denken der Funktionsweise des menschlichen Gehirns entgegenkommt. Dadurch wird die Kreativität angeregt.

Gestaltungsregeln für Mind-Maps

- Blatt im Querformat benutzen
- In Druckschrift schreiben
- Worte, Farben und Symbole benutzen
- Thema in der Mitte platzieren
- Äste und Zweige mit jeweils nur einem Begriff beschriften
- Äste symbolisieren Hauptaspekte, Verzweigungen führen zu Nebenaspekten

TIPP

Beim ersten Arbeiten mit Mind-Maps nicht sofort die zeichnerische Darstellung anstreben, sondern zunächst alle Ideen in einer Liste notieren und daraus dann die Grafik erstellen.

Mind-Maps sind vielfältig einsetzbar: Vorwissen und neue Informationen können geordnet werden, Wichtiges und Nebensächliches lassen sich unterscheiden, Zusammenhänge werden deutlich und Präsentationen gewinnen an Überzeugungskraft.
Außerdem helfen Mind-Maps einer Gruppe die *Arbeit aufzuteilen*: Dazu erstellt jeder Teilnehmer ein individuelles Mind-Map zum Thema. Die Varianten werden verglichen und zu einem Gruppen-Mind-Map entwickelt. Die Zuordnung der Aufgabenfelder erfolgt beispielsweise dadurch, dass jeder die Bereiche bearbeitet, zu denen er/sie mehrere Begriffe eingebracht hat. Mit unterschiedlichen Farben können sie markiert und so veranschaulicht werden.

▼ *Mind-Map zum Thema „Das Frankenreich"*

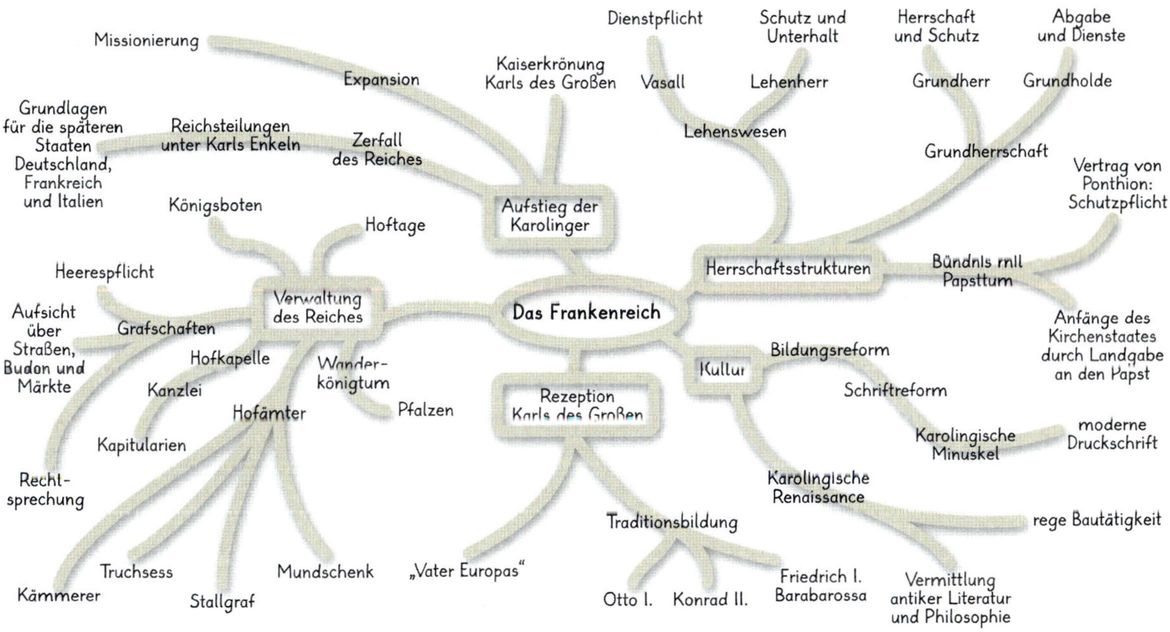

Gruppenpuzzle

Das Gruppenpuzzle ist eine arbeitsteilige Teamarbeit, bei der die Gruppenmitglieder die einzelnen Puzzleteile erarbeiten. Indem sie ihre individuell oder gemeinsam erzielten Resultate verzahnen, entsteht ein in sich geschlossenes Gesamtergebnis.

Phase 1
- *Stammgruppen* werden gebildet.
- Arbeitsmaterialien werden ausgegeben.
- Die Gruppenmitglieder sichten die Materialien und entscheiden, wer für welches Thema Experte werden will.

Phase 2
- Die Stammgruppen werden vorübergehend aufgelöst und stattdessen *Expertengruppen* (entsprechend der Festlegung in Phase 1) gebildet.
- Die Experten bearbeiten die Arbeitsmaterialien, diskutieren die Aufgaben und klären offene Fragen.
- Sie planen die Unterrichtung der Kursmitglieder (Infopapier, Kontrollfragen).

Phase 3
- Die Expertengruppen werden aufgelöst und jede/r kehrt in die Stammgruppe zurück.
- Jeder Experte berichtet über seinen Bereich (evtl. anhand des Infopapiers).
- Am Ende sollte jedes Mitglied der Stammgruppe den Zusammenhang verstanden haben.
- Die Stammgruppe erarbeitet eine Präsentation zum gesamten Thema.

Phase 4
- Präsentation

▲ *Verlaufsschema Gruppenpuzzle*

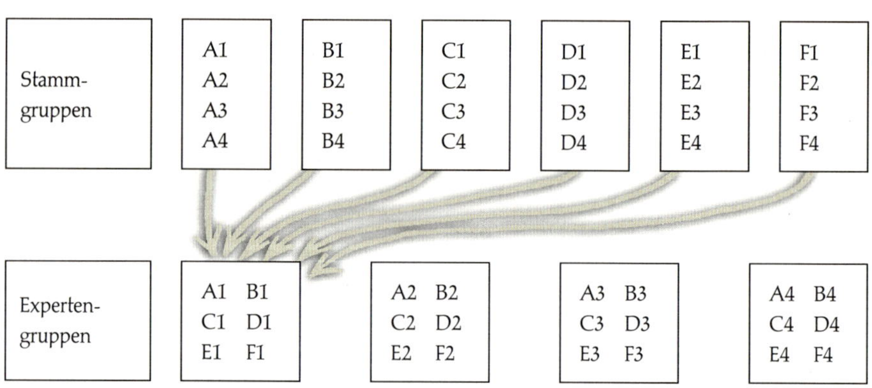

▲ *Einteilung der Gruppen beim Gruppenpuzzle*
Die Einteilung der Expertengruppen 2, 3 und 4 erfolgt nach dem gleichen Verfahren wie die Bildung der Gruppe 1 und wurde aus Gründen der Übersichtlichkeit in der Grafik nicht dargestellt.

TIPP

1. Die Zahl von vier Mitgliedern pro Stammgruppe sollte nicht überschritten werden. Bei größeren Kursen empfiehlt es sich, gegebenenfalls mehr Stammgruppen zu bilden.
2. Es fördert die Arbeit im Team, wenn die Stammgruppen aus Schülerinnen und Schülern unterschiedlicher Leistungsstärke zusammengesetzt sind.

Moderation

Die Moderationsmethode eignet sich vor allem zur Bearbeitung umfangreicher Problem- und Fragestellungen. Das Interessante an diesem Verfahren ist, dass die Schülerinnen und Schüler weitgehende Entscheidungsfreiheit bei der Gestaltung des Arbeitsprozesses haben. Sie beschließen gemeinsam, welche Schritte sie gehen wollen, wann und wo die Arbeit stattfindet. Die Lehrkraft gibt den zeitlichen Rahmen und die Problemstellung vor, liefert jedoch kein Arbeitsmaterial. Sie moderiert lediglich den Gang der Arbeit, d.h. sie unterstützt die Gruppe bei der Willensbildung. Inhaltlich greift sie aber nicht ein.

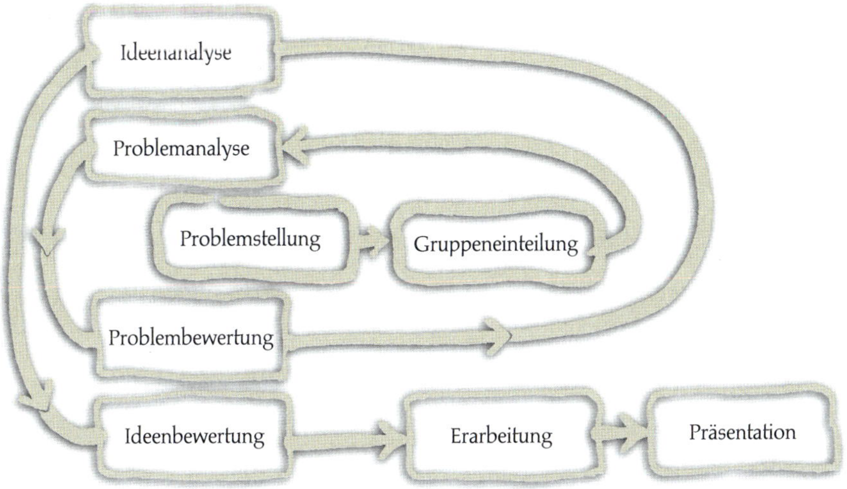

▲ *Moderationsschnecke*

Problemanalyse

Zunächst sammelt die Gruppe möglichst viele Informationen. Jeder Schüler/jede Schülerin notiert auf Kärtchen Ideen zum Problem (jeweils nur einen Begriff). Diese werden auf einem Tisch ausgebreitet. Die Kärtchen, deren Informationsgehalt miteinander in Beziehung steht, werden zu kleinen Stapeln zusammengefasst. Für jeden entstandenen Stapel wird von der Gruppe eine Deckkarte formuliert, die den Inhalt der darunter liegenden Informationen als Oberbegriff bündelt. Die zunächst unüberschaubare Aufgabe ist damit in Teilbereiche gegliedert.

Problembewertung
Jetzt werden die herausgearbeiteten Bereiche bewertet. Dazu ordnet sie jeder individuell in eine Prioritätenskala ein. Diese hat folgende Stufen:
- in hohem Maße bearbeitungswürdig,
- bedingt bearbeitungswürdig,
- kaum bearbeitungswürdig,
- nicht bearbeitungswürdig.

Die Auswertung ergibt eine Rangordnung der Themenfelder.

Ideenanalyse
Im Anschluss daran suchen die Teilnehmer nach Ideen, um die analysierten und bewerteten Probleme zu bearbeiten. Dabei werden inhaltliche und organisatorische Arbeitsschritte berücksichtigt. Jedes Kursmitglied erhält zwei leere Blätter, schreibt maximal drei Vorschläge untereinander auf und legt sie in die Mitte eines Tisches. Hat ein Schüler keine Ideen mehr, greift er nach einem fremden Blatt auf dem Tisch und liest die notierten Vorschläge. Wenn ihm durch die Lektüre ein neuer Gedanke kommt, schreibt er ihn auf dieses Papier unter die vorhandenen Vorschläge. Abgeschlossen ist dieser Prozess, wenn niemandem mehr etwas einfällt.

Ideenbewertung
Zur Bewertung werden zunächst die gesammelten Blätter von den Teilnehmern vorgelesen und auf einem Poster festgehalten. Jeder sagt seine Meinung zu den einzelnen Vorschlägen. Anschließend werden die mehrheitlich favorisierten Vorschläge herausgefunden und das weitere Vorgehen wird abgesprochen.

Bearbeitung
Der gemeinsamen Festlegung des Problemlösungsweges durch die Moderationsmethode folgt die inhaltliche Arbeit im Team oder in Einzelarbeit. Hierzu wird in Übereinstimmung mit der Lehrkraft ein zeitlicher Rahmen festgelegt. Notwendige Arbeitsmittel beschaffen die Gruppenmitglieder selbst.

Präsentation
Abgeschlossen wird die Arbeit durch eine Präsentation der Ergebnisse.

Spielregeln für die Moderationsmethode
- ☑ Die Bereitschaft zu gemeinsamer Arbeit ist Voraussetzung für den Erfolg.
- ☑ Alle Arbeitsschritte müssen von der Gruppe beschlossen und durchgeführt werden.
- ☑ (Teil-)Ergebnisse werden nicht diskutiert, kritisiert oder kommentiert.
- ☑ Die Lehrkraft moderiert den Arbeitsprozess.
- ☑ Eine Gruppe besteht aus maximal acht Personen.

TIPP
Das zu bearbeitende Modul sollte vom Kurs zu Beginn des Schuljahrs festgelegt werden, sodass die Schüler Zeit haben, sich Informationen zu beschaffen.

Präsentationsformen

Mit mediengestützten Präsentationen können die Ergebnisse von Team- oder Einzelarbeit vorgestellt werden. Es können ganz unterschiedliche Formen einer Präsentation eingesetzt werden. Ziel ist es die Zuhörer informieren und überzeugen zu wollen. Dazu muss eine Präsentation sowohl den Verstand als auch die *Gefühle* des Publikums ansprechen.

Z *„Um sich begreiflich zu machen, muss man zum Auge reden."*
(Johann Gottfried Herder)

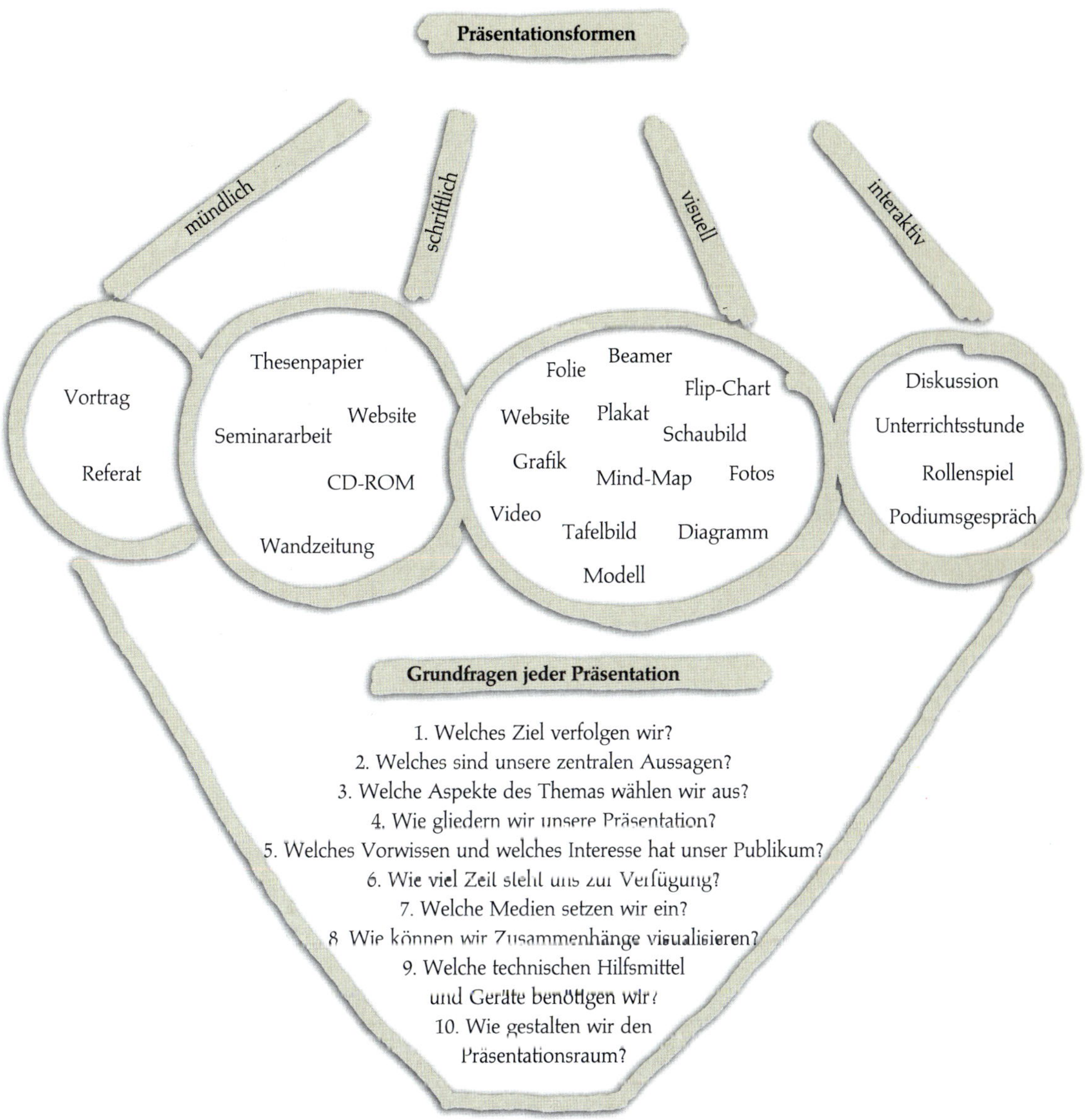

„Beherrsche die Sache, dann folgen die Worte“
(Cato)

Referat

Referate sind in der Oberstufe eine wichtige Möglichkeit der Leistungsmessung. In einem Referat wird ein Publikum über einen fachlich abgegrenzten und inhaltlich bearbeiteten Sachbereich informiert. Wie aber erstellt man ein Referat? Den Ausgangspunkt bildet ein klar formuliertes und eingegrenztes Thema mit einer durchdachten Fragestellung. Informationsbeschaffung, -auswahl und -ordnung führen zu einer sachlichen Gliederung, die die Stofffülle bündelt.

TIPP
Um sich einen Überblick über ein Thema zu verschaffen oder es einzugrenzen, eignet sich ein Mind-Map.

▼ *Arbeitsschritte beim Anfertigen eines Referats*

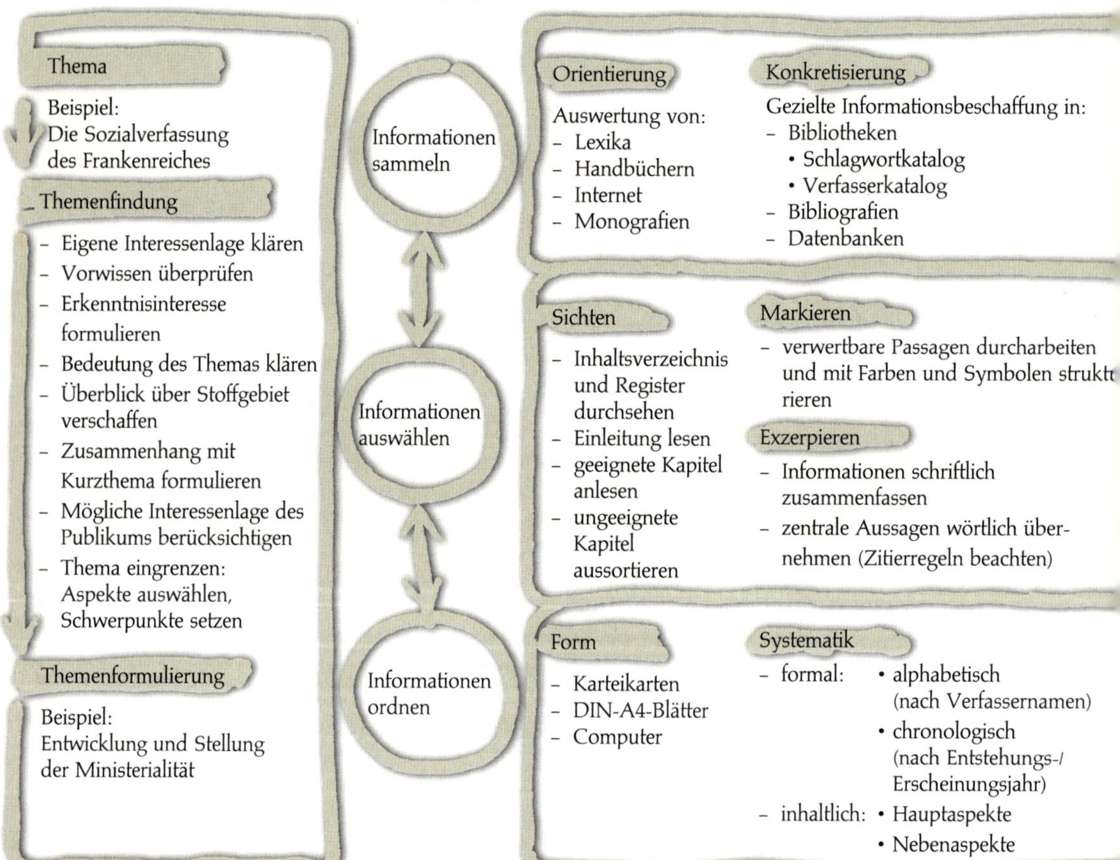

Jede Präsentation bedarf einer guten Vorbereitung und genauen Planung. Meist gibt es einen festen Termin, an dem das Referat fertig sein muss. Die zur Verfügung stehende Zeit muss daher sinnvoll genutzt werden, die folgenden Fragen können dabei helfen:

- ☑ Wie ist mein persönlicher Arbeits- und Leistungsrhythmus?
- ☑ Wie ist mein persönliches Arbeitstempo?
- ☑ Welche parallel laufenden Arbeiten muss ich erledigen?
- ☑ Welche technischen Hilfsmittel benötige ich?
- ☑ Wie sind die Zugriffsmöglichkeiten auf Informationen?
- ☑ Wie lange benötige ich zur Fertigstellung und technischen Umsetzung meiner Präsentation?
- ☑ Welche Zeit steht mir für meine Präsentation zur Verfügung?

Im Einzelnen sollte der Referent vorab klären: Wie sieht mein Präsentationsraum aus? Welche Medien stehen mir zur Verfügung? Welche davon möchte ich einsetzen? Wie gestalte ich meine eigenen Redeunterlagen (z. B. Stichworte auf Karteikarten)? Was mache ich, wenn ich den Faden verliere?

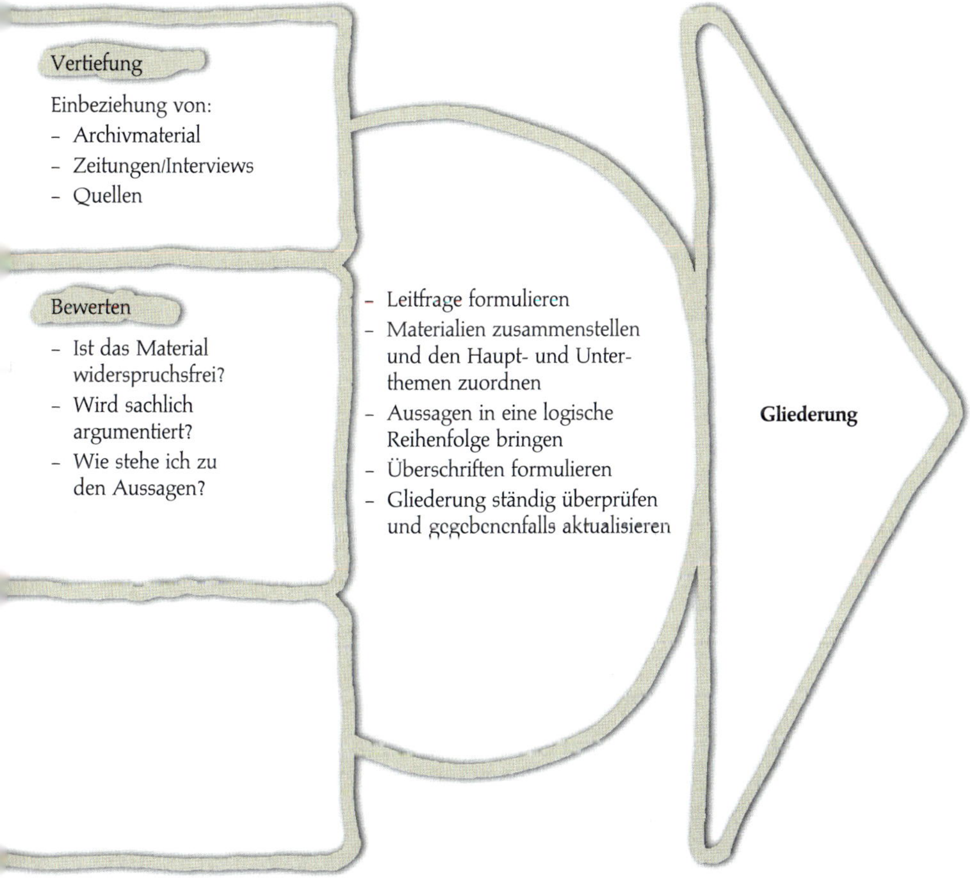

Ein mediengestützter Vortrag sollte immer nach folgendem Muster gegliedert sein:

▼ *Struktur einer Rede*

Neben dem argumentativen Hauptteil, in dem die wesentlichen inhaltlichen Ergebnisse dargelegt werden, kommt der Begrüßung und dem Schluss eine hohe Bedeutung zu, da die Zuhörer diese Teile eines Vortrags besonders aufmerksam wahrnehmen. Die Elemente einer gelungenen Präsentation veranschaulicht die Grafik:

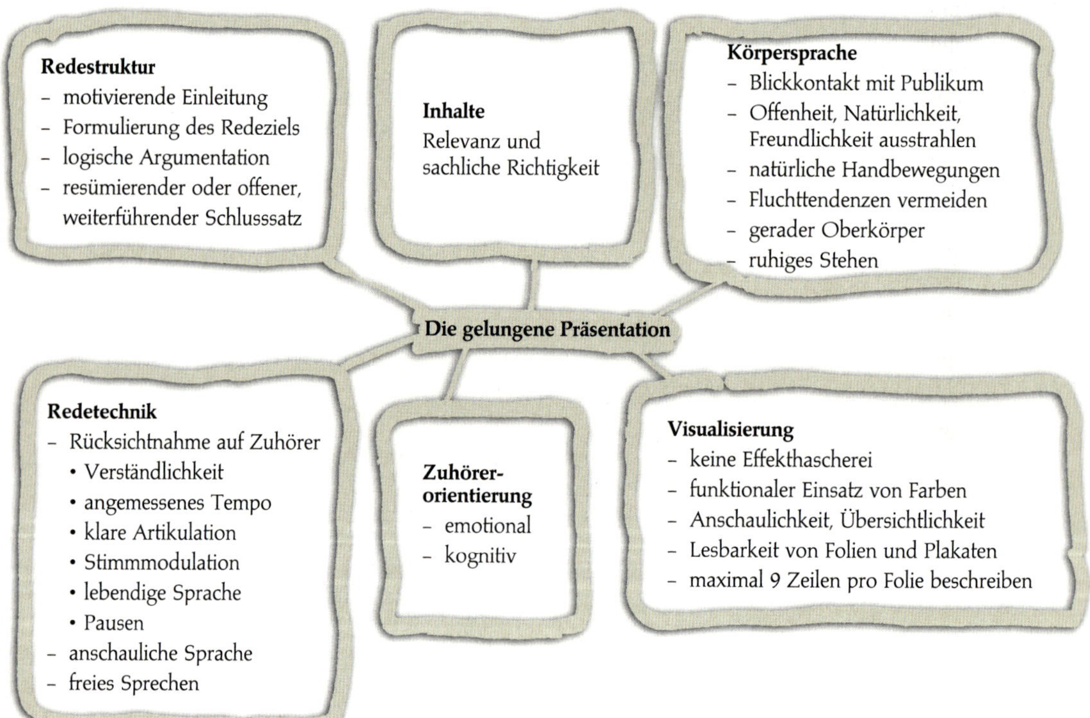

▲ *Elemente einer gelungenen Präsentation*

Protokoll

Protokolle fassen die Ergebnisse einer Diskussion, einer Besprechung oder eines Vortrags zusammen und dokumentieren sie. Mit ihrer Hilfe können sich auch Personen, die bei der Veranstaltung nicht anwesend waren, informieren. Protokolle sind sachlich, knapp und frei von Wertungen. Grundsätzlich werden zwei Formen unterschieden:

Das *Verlaufsprotokoll* hält den genauen Ablauf einer Sitzung in Stichworten fest. Dabei wird der Austausch von Argumenten in sachlicher Form wiedergegeben.
Das *Ergebnisprotokoll* dokumentiert Stundenergebnisse oder Beschlüsse von Gruppensitzungen. Es ist kurz, enthält die wesentlichen Arbeitsresultate und ist thematisch gegliedert.

Alle Protokolle stehen im Präsens und nennen:
- Ort, Zeit und Thema der Veranstaltung
- Name des Protokollanten
- Teilnehmerinnen und Teilnehmer
- Behandelte Sachverhalte

Thesenpapier

Ein Thesenpapier richtet sich an einen Kreis von Diskussionsteilnehmern. Es soll diese über die Ansichten des Verfassers zu einem Problem unterrichten. Darüber hinaus will es die Adressaten zu einer Diskussion anregen. Dementsprechend ist das Thesenpapier nicht ausgewogen, sondern es präsentiert die Meinung des Autors in zugespitzter Form. Aus einer Fülle von Material werden wenige zentrale Aspekte des Themas ausgewählt.

Z *„Was nicht auf einer einzigen Manuskriptseite zusammengefasst werden kann, ist weder durchdacht noch entscheidungsreif."*
(Dwight D. Eisenhower)

Der Aufbau eines Thesenpapiers lässt sich folgendermaßen gestalten:
- Einführung ins Thema und seine Bedeutung
  Darlegung der Problemstellung
- Darlegung der Kernthesen mit stützenden Begründungen und Belegen
  Entkräftung möglicher Gegenargumente
- Schlussfolgerungen

Im Rahmen eines mündlichen Vortrags oder einer Präsentation erläutert, ergänzt und vertieft ein Verfasser sein Thesenpapier.

TIPP Das Thesenpapier sollte nicht umfangreicher als eine DIN-A4-Seite sein.

Auf den folgenden vier Seiten finden Sie kompakt und übersichtlich einige grundlegende Hinweise zur methodischen Arbeit im Geschichtsunterricht.

Eine schriftliche Quelle analysieren und interpretieren

- Klären Sie zunächst Ihnen unbekannte oder unklare Begriffe.
- Sammeln Sie Hinweise und Informationen über
  - den Autor: seine Funktion, seinen Beruf, seine soziale Stellung und Lebensumstände, seine politische Haltung, seinen Bezug zum Thema,
  - die Entstehungszeit der Quelle, die Einordnung in den historischen Kontext (Anlass, Umstände),
  - die Gattung der Quelle (primär: Urkunde, Vertrag, Rede, Brief, Tagebuch, Flugblatt, Denkschrift, Biografien (Lebenserinnerungen), Zeitungsartikel; sekundär: nachträglich verfasste Beschreibung eines Ereignisses oder einer Person; wissenschaftliche Arbeit) und deren spezifische Kennzeichen sowie ihre begrifflichen und sprachlichen Besonderheiten,
  - die Intentionen (Absichten), die Perspektive der Darstellung, die Interessenlage und den Standort des Verfassers, seine Wertungen, Belege, Lücken, Glaubwürdigkeit und Urteilsfähigkeit,
  - die Adressaten des Textes (eventuelle Beeinflussungsversuche durch den Autor?).
- Erarbeiten Sie aus Ihren Notizen strukturiert und prägnant
  - die formalen Merkmale der Quelle, beschreiben Sie in eigenen Worten den Aufbau und Gang der Argumentation,
  - die inhaltlichen Aussagen, um das Verständnis zu klären, und belegen Sie Ihre erläuternden Aussagen mit wichtigen, markant formulierten Zitaten aus der Vorlage. Ziehen Sie ein Fazit.
- Prüfen Sie abschließend kritisch den Gehalt, nennen Sie erkannte Probleme. Ordnen Sie die Ergebnisse Ihrer Quellenanalyse in den historischen Kontext ein.

Mit wissenschaftlichen Texten (Sekundärliteratur) arbeiten

- Bestimmen Sie nach dem ersten Lesen das Problem, um das es dem Autor geht, und seine Absicht.
- Gliedern Sie den Text. Unterstreichen Sie wichtige Aussagen. Beschränken Sie sich dabei weitgehend auf das Markieren einzelner Wörter (Schlüsselbegriffe). Fassen Sie in eigenen Worten die wesentlichen Aussagen zusammen. Zitieren Sie dabei kurze, besonders aussagestarke Textstellen und erläutern Sie diese. Formulieren Sie ein abstrahierendes Fazit ohne Wiederholungen.
- Prüfen Sie die Art der Darstellung: Überwiegen Thesen und Beispiele oder werden Argumente sorgfältig entwickelt? Was wird festgestellt? Was wird erklärt? Was will der Autor zeigen? Werden die Aussagen belegt? Ist die Darstellung multiperspektivisch? Wie wird gewertet? Welche Kriterien sind dem Autor dabei wichtig? Formulieren Sie Einwände gegen die Darstellung, falls es Ihnen notwendig erscheint.

Eine Statistik auswerten

Zu unterscheiden sind Zahlentabellen und Diagramme. Sie präsentieren und veranschaulichen ermittelte Daten und zeigen, wie sich Mengen im Laufe einer Zeiteinheit verändern, wie sich eine Gesamtzahl in Teile gliedern lässt oder welchen Anteil bestimmte Gruppen am Ganzen haben. Um gültige Aussagen zu erlangen, benötigen wir möglichst viele, einheitliche, untereinander vergleichbare, lückenlose Angaben über eine Sache oder einen Zusammenhang. Meistens sind die in diesem Buch abgedruckten Tabellen bereits bearbeitet worden. Die ihnen zugrunde liegenden ursprünglichen Rohdaten wurden beispielsweise für eine Region zusammengefasst, in einer überschaubaren Messgröße vereinheitlicht, umgerechnet oder nach bestimmten Gesichtspunkten ausgewählt und sortiert.

- Sammeln Sie zunächst Aussagen zu Thema, Zeit, Raum, Messgrößen sowie ihre Beziehung zueinander.
- Ermitteln Sie die Art der verwendeten Daten. Achten Sie auf Prozentwerte oder Indexierungen (Verhältniszahlen, die sich auf einen gleich 100 gesetzten Wert eines Ausgangsjahres beziehen).
- Vergleichen Sie die Angaben in den einzelnen Zeilen und Spalten miteinander. Achten Sie auf besonders hohe und niedrige Werte. Suchen Sie nach Schwerpunkten und Trends. Beschreiben und erläutern Sie die Veränderungen. Ermitteln Sie Gründe.
- Stellen Sie Ihre Erkenntnisse in den Zusammenhang mit anderen Informationsquellen. Vergleichen Sie die Aussagen miteinander.
- Fassen Sie Ihre Arbeitsergebnisse in einem strukturierten Text prägnant und so klar nachvollziehbar zusammen, dass sie für andere ohne Blick auf das bearbeitete Material verständlich sind.

TIPP

Sie können Statistiken sich selbst und anderen veranschaulichen, indem Sie diese in Diagramme umwandeln. Für den Vergleich absoluter Werte eignen sich Säulen, für langfristige Entwicklungen bieten sich Kurven an und in Kreisen lassen sich gut prozentuale Teile eines Ganzen zeigen.

Historische Karten lesen

Geschichtskarten berücksichtigen räumliche, chronologische, thematische und quantitative Aspekte. Sie setzen geografische Bedingungen in eine Beziehung zu historischen Zuständen und Entwicklungen.

- Worüber informiert die Karte? Auf welche Region und Zeit beziehen sich ihre Aussagen? Zeigt sie einen Zustand oder eine Entwicklung? Welche Bedeutung haben die Zeichen der Legende? Was ist wann wo in welchem Ausmaß vorhanden?
- Formulieren Sie anschließend, welche Schlussfolgerungen sich ziehen lassen, wenn Sie die einzelnen Fakten miteinander verknüpfen und im Zusammenhang betrachten. Ziehen Sie bei Bedarf andere Quellen heran, um Ihre Erkenntnisse abzusichern oder zu erweitern.

Bildquellen interpretieren

Karikaturen

Karikaturen sind gezeichnete Kommentare. Sie gehen von der Realität aus, die sie jedoch subjektiv vereinfachen und verzerrt wiedergeben, um einen zentralen Aspekt hervorzuheben. Sie zeigen Schwächen von Personen, kritisieren Zustände und Entwicklungen, wollen sie vielleicht verändern.
Meist finden Sie unter dem Bild eine kurze Textzeile, beispielsweise die Aussage einer Person, eine bekannte Redewendung, ein mehrdeutiges Stichwort.

- Klären Sie zunächst den Bildinhalt.
- Erläutern Sie dann seinen historischen Kontext, bevor sie schließlich
- die Intention bestimmen und
- die Wirkung kommentieren.

Plakate

Plakate sollen Aufmerksamkeit wecken und müssen auf den ersten Blick wirken. Sie vereinfachen deshalb eine beabsichtigte Aussage.

- Beschreiben Sie die bildliche Darstellung. Achten Sie auf dominierende Farben, die mit ihnen verbundenen Assoziationen und auf Symbole.
- Erläutern Sie den Text und stellen Sie eine Beziehung zwischen ihm und dem Motiv her. Berücksichtigen Sie die Entstehungszeit und den Ort der Veröffentlichung.
- An welche Adressaten wendet sich das Plakat? Wer hat es entwerfen lassen? In welcher Absicht?

TIPP

Schließen Sie aufgrund Ihrer Kenntnisse aus anderen Materialien auf die Mentalität der Zielgruppen. Berücksichtigen Sie dabei den „Zeitgeist".

Fotos

- Beschreiben Sie möglichst genau, was das Bild zeigt (Personen, Objekte, Umgebung).
- Handelt es sich um eine (zufällige) Amateur- oder um eine (geplante / bestellte) Profiaufnahme?
- In welcher Absicht wurde fotografiert? Für wen? Beachten Sie den Kontext (Entstehungszeit und -ort).
- Entdecken Sie Hinweise auf Manipulationen (Retuschen, Montagen, unpassende Übergänge und Perspektiven)?

Gemälde

- Ausgangspunkt ist wie bei jeder Bildquelle die genaue Beschreibung des Kunstwerks (Formen, Farben, Bildaufbau, Personen, Gegenstände, Raumbeziehungen, Größenverhältnisse, Perspektive).
- Erklären und deuten Sie danach die verwendeten bildlichen Elemente vor dem historischen Hintergrund des Dargestellten.
- Bestimmen Sie schließlich die Bildaussage des Künstlers (Intention).
- Hatte der Künstler einen Auftraggeber? Aus welchem Anlass und für welchen Zweck entstand das Kunstwerk?
- Berücksichtigen Sie bei jedem Arbeitsschritt Ihre im Kunstunterricht erworbenen spezifischen Kenntnisse oder informieren Sie sich aus der Literatur über Kennzeichen jener Epoche, der das Bild zuzuordnen ist.

Filme

- Fassen Sie zunächst den Gang der Handlung knapp zusammen. Nennen Sie dabei besonders Ort und Zeit. Wird fortlaufend „erzählt" oder gibt es Sprünge?
- Charakterisieren Sie die wichtigsten Personen. Bestimmen Sie ihre Beziehung(en) zueinander.
- Ermitteln und erläutern Sie zeittypische Merkmale des Films. Berücksichtigen Sie allgemeine Grundsätze filmischer Gestaltung. Ziehen Sie ein Filmlexikon zu Rate, um Ihren Blick zu schärfen.
- Informiert der Film sachlich? Prüfen Sie kritisch politische oder ideologische Aussagen vor dem Hintergrund der Entstehungszeit des Films.
- Gab es Reaktionen auf den Film, die Ihnen bei der Interpretation helfen?

TIPP

Ist der Film ein historisches Dokument? Erläutern und begründen Sie Ihr zusammenfassendes Urteil.

Bauwerke

Wir gehen hier davon aus, dass Sie gelegentlich mit Abbildungen von Bauwerken arbeiten. Deshalb zählen wir sie zu den *Bild*quellen.

- Wer war der Auftraggeber des Gebäudes/Bauwerks?
- Welchen Zwecken sollte das Bauwerk dienen?
- Wurde der Bau verwirklicht? Wie lange wurde von wem an dem Bauwerk gearbeitet? Wer bezahlte es?
- Was kennzeichnet das Bauwerk (Stilelemente, Form, Größe, Platzierung, Besonderheiten)?
- In welchem Zusammenhang stehen Stil und Funktion des Baus? Ziehen Sie bei Bedarf für architekturgeschichtliche Aspekte ein Fachbuch oder Speziallexikon heran.
- Welche Reaktionen auf das Bauwerk gab es? Wurde es später verändert? Warum?

Literaturhinweise

Lexika

Peter Dinzelbacher (Hrsg.), Sachwörterbuch der Mediävistik, Stuttgart 1992

Lexikon des Mittelalters, hrsg. von Robert-Henri Bautier u. a., 9 Bde., München 2002

Wilhelm Volkert, Adel bis Zunft. Ein Lexikon des Mittelalters, München ^{4}2004

Quellen

Hartmann Boockmann, Das Mittelalter. Ein Lesebuch aus Texten und Zeugnissen des 6. bis 16. Jahrhunderts, München 1988

Wilfried Hartmann (Hrsg.), Frühes und hohes Mittelalter 750-1250 (Deutsche Geschichte in Quellen und Darstellung, Bd. 1), Stuttgart 1995

Jean-Marie Moeglin und Rainer Müller (Hrsg.), Spätmittelalter 1250-1495 (Deutsche Geschichte in Quellen und Darstellung, Bd. 2), Stuttgart 2000

Arno Borst, Lebensformen im Mittelalter, Neuausgabe, Berlin 2002

Otto Borst, Alltagsleben im Mittelalter, Frankfurt am Main 1983

Siegfried Epperlein, Bäuerliches Leben im Mittelalter. Schriftquellen und Bildzeugnisse, Köln 2003

Einführende Literatur

Hartmut Boockmann, Einführung in die Geschichte des Mittelalters, München ^{7}2001

Horst Fuhrmann, Einladung ins Mittelalter, München ^{5}1997

Ders., Überall ist Mittelalter. Von der Gegenwart einer vergangenen Zeit, München ^{3}1998

Joachim Leuschner und Hartmann Boockmann, Europa im Hoch- und Spätmittelalter (Studienbuch Geschichte. Darstellung und Quellen, Heft 4), Stuttgart 1982

Ernst Pitz, Europa im Früh- und Hochmittelalter (Studienbuch Geschichte. Darstellung und Quellen, Heft 3), Stuttgart 1982

Weiterführende Literatur

Gert Althoff, Hans-Werner Goetz, Ernst Schubert, Menschen im Schatten der Kathedrale. Neuigkeiten aus dem Mittelalter, Darmstadt 1998

Arnold Angenendt, Geschichte der Religiosität im Mittelalter, Darmstadt ^{2}2000

Peter Arens, Wege aus der Finsternis, München 2004

Hartmut Boockmann, Stauferzeit und spätes Mittelalter. Deutschland 1125-1517 (Siedler Deutsche Geschichte. Das Reich und die Deutschen), durchgesehene und auf den neuen Stand gebrachte Auflage, Berlin 1994

Arnold Bühler u.a., Das Mittelalter, Stuttgart 2004

Ulf Dierlmeier/Gerhard Fouquet/Bernd Fuhrmann, Europa im Spätmittelalter 1215-1378 (Oldenbourg Grundriss der Geschichte, Bd. 8), München 2003

Peter Dinzelbacher, Europa im Hochmittelalter 1050-1250. Eine Kultur- und Mentalitätsgeschichte, Darmstadt 2003

Georges Duby, Die Zeit der Kathedralen. Kunst und Gesellschaft 980 – 1420, Frankfurt am Main ^{2}1984

Edith Ennen, Frauen im Mittelalter, München ^{6}1999

Edith Ennen, Die europäische Stadt des Mittelalters, Göttingen ^{4}1987

Johannes Fried, Die Formierung Europas 840 – 1046 (Oldenbourg Grundriss der Geschichte, Bd. 6), München ^{2}1993

Hans-Werner Goetz, Leben im Mittelalter vom 7. bis zum 13. Jahrhundert, München ^{7}2002

Johannes Grabmayer, Europa im späten Mittelalter. Eine Kultur- und Mentalitätsgeschichte, Darmstadt 2004
Alfred Haverkamp/Friedrich Prinz, Perspektiven deutscher Geschichte während des Mittelalters. Europäische Grundlagen deutscher Geschichte (Gebhardt. Handbuch der deutschen Geschichte, 10. Aufl., Bd. 1), Stuttgart 2004
Alfred Haverkamp, 12. Jahrhundert 1125-1198 (Gebhard. Handbuch der deutschen Geschichte, 10. Aufl., Bd. 5), Stuttgart 2003
Bernd-Ulrich Hergemöller (Hrsg.), Randgruppen der spätmittelalterlichen Gesellschaft. Ein Hand- und Studienbuch, neu bearbeitete Auflage, Warendorf 2001
Hermann Jakobs, Kirchenreform und Hochmittelalter 1046-1215 (Oldenbourg Grundriss der Geschichte, Bd. 7), München [2]1988
Jacques Le Goff, Die Geburt Europas im Mittelalter, München 2004
Erich Meuthen, Das 15. Jahrhundert (Oldenbourg Grundriss der Geschichte, Bd. 9), 3., überarbeitete und erweiterte Auflage, München 1996
Michael Mitterauer, Warum Europa? Mittelalterliche Grundlagen eines Sonderwegs, München [3]2004
Reinhard Schneider, Das Frankenreich (Oldenbourg Grundriss der Geschichte, Bd. 5), 4., überarbeitete und erweiterte Auflage München 2001
Hans K. Schulze, Vom Reich der Franken zum Land der Deutsche. Merowinger und Karolinger (Siedler Deutsche Geschichte. Das Reich und die Deutschen), durchgesehene und auf den neuen Stand gebrachte Ausgabe, Berlin 1994
Hans K. Schulze, Hegemoniales Kaisertum. Ottonen und Salier (Siedler Deutsche Geschichte. Das Reich und die Deutschen), durchgesehene und auf den neuen Stand gebrachte Ausgabe, Berlin 1994
Gustav Seibt, Die Begründung Europas. Ein Zwischenbericht über die letzten tausend Jahre, Frankfurt am Main 2002

Kreuzzüge

Hans-Jürgen Kotzur / Brigitte Klein (Hrsg.), Die Kreuzzüge. Kein Krieg ist heilig, Mainz 2004
Hans Eberhard Mayer, Geschichte der Kreuzzüge, Stuttgart [9]2000
Peter Thorau, Die Kreuzzüge, München 2004

CD-ROM

Winfried Bogon u.a., Quellensammlung zur mittelalterlichen Geschichte. Quellen des Mittelalters in Latein und Deutsch auf CD-ROM, 2., durchges. Auflage, Berlin 1999
Thomas Müller / Alexander Pentzel, Continuatio fontium medii aevi. Fortsetzung der Quellensammlung zur mittelalterlichen Geschichte, Berlin 1999
Dietrich Herrmann und Manfred Kühr, Rittertum und Mittelalter. Streifzüge durch eine faszinierende Zeit, Stuttgart 2000

Internet-Tipps

www.erlangerhistorikerseite.de/ma/ma_qu.html
www.rittertum.de
www.uni-tuebingen.de/mittelalter/personen/frauenknecht/repetitorium0102/start.htm
www.tu harburg.de/~vbp/docs/medi.html

Personenregister

Adolf II. von Holstein 81
Aistulf 9 f.
Alkuin 38
Arnold von Lübeck 81
Arnulf 35

Balthilde 8
Beatrix von Burgund 51
Bernhard von Clairvaux 58
Berthold von Zähringen 47
Bonifaz VIII. (Papst) 116
Boockmann, Hartmut 49
Brun (Erzbischof von Köln) 36

Chagall, Marc 116
Charibert I. 8
Chilperich 8
Chlodwig 7, 13 f., 116
Chlodwig II. 8
Chlothar II. 14, 28
Chlothar III. 8
Clinton, Bill 119
Coudenhove-Kalergi, Richard Graf 119

Dürer, Albrecht 118

Eberhard 69
Eco, Umberto 117
Eduard I. 63
Efraim ben Jakob 58
Ehlers, Joachim 118
Eike von Repgow 86
Einhard 10, 18, 119
Emmeram 68
Erchinoald 8

Frank, Jörg 114
Fredegunde 8
Fried, Johannes 115
Friedrich I. Barbarossa 45 f., 49 ff., 52 ff., 80 ff., 84 f., 88, 116, 124 ff.
Friedrich II. 45, 48 f., 51, 54 f., 63, 80, 82, 87, 125 f.
Fuhrmann, Horst 116

Gerhard (Krakauer Bürger) 101
Giselbert, Herzog der Lothringer 30
Gisila 68
Gotta 69
Gottfried von Straßburg 98
Graf Gottfried 91
Gregor VII. (Papst) 32 f., 43 f.
Grimm, Brüder 126
Guillaume le Maréchal 91 f.
Gunzelin 81

Hadrian IV. (Papst) 46
Hartmann von Aue 27, 98
Hein, Julius 128
Heine, Heinrich 127
Heinrich der Löwe 50, 80 ff., 85
Heinrich I. 29 f., 35 ff.
Heinrich II. 29, 31, 40
Heinrich III. 20, 40, 42
Heinrich IV. 32 f., 42 ff., 62
Heinrich V. 44
Heinrich VI. 45, 47, 51 ff.
Heinrich von Bayern 40
Hermann von Thüringen 96
Hesso von Reinach 97
Hildebrand 43
Hinkmar von Reims 8
Hizila 69
Hugo von Cluny 43

Ibn al-Athir 60
Immo 68
Innozenz III. (Papst) 47 f., 54 f.

Johannes (Evangelist) 29
Johannes Paul I. (Papst) 116
Johannes Paul II. (Papst) 116
Julius Caesar 30
Justinian 65

Karl der Große 7, 9 ff., 15 ff., 20 f., 25, 27 f., 30, 37 f., 49, 53, 118 f., 122
Karl der Kahle 12, 17
Karl Martell 7, 15
Karlmann 15
Koch, Max 81
Konrad I. 35
Konrad II. 20, 27, 40
Konrad von Zähringen 100
Konstantin der Große 15, 52
Kunibert (Bischof von Köln) 28

Le Goff, Jacques 122
Leo III. (Papst) 10, 16
Leo IX. (Papst) 42
Lothar I. 12, 17
Lothar III. 47, 50
Ludwig der Deutsche 12, 17
Ludwig der Fromme 7, 16 f., 57
Lukas (Evangelist) 29

Markus (Evangelist) 29
Mathilde, Markgräfin von Tuszien 43
Matthäus (Evangelist) 29
Mauritius 35
Meydenbach, Jacob 73
Mohammed 13

Nithard 12

Orth, Elsbert 89 f.
Otto I. (der Große) 28 ff., 36 ff., 49
Otto III. 29, 38 ff.
Otto IV. 47 f., 54
Otto von Cappenberg 45

Paul VI. (Papst) 116
Paulus 10
Perchtram 68
Perngerus 68
Petrus 9 f., 35
Philipp von Schwaben 47 f., 53 f.
Pippin (Sohn Karls des Großen) 20
Pippin der Jüngere 7, 9 f., 14 ff., 37

Rabbi Domatus 57
Rainald von Dassel 46
Rotbart *siehe* Friedrich I. Barbarossa
Rückert, Friedrich 126
Rudolf (Kreuzfahrer) 58
Rudolf I. 83
Rudolf von Rheinfelden 44
Ruosinde 68

Samuel 57
Schuman, Robert 119
Seibt, Ferdinand 121
Silvester I. (Papst) 52
Stephan (Papst) 9
Sybel, Heinrich von 49 f.

Tacitus 115
Tassilo 16

Urban II. (Papst) 64

Villa 68
Vollrath, Hannah 83

Walther von der Vogelweide 92, 98
Widukind 30
Wilhelm I. 125, 128 f.
Wilhelm II. 66
Winfried-Bonifatius 7, 15
Wipo 20
Witulo 68
Wolfram von Eschenbach 93, 98

Zacharias (Papst) 9
Zink, Burkart 102

Aachen 20, 30 f., 119 f.
Abendland 13, 56 ff., 115, 119 f., 122
Abgaben 76
Agrarverfassung 76 f., 121
Ägypten 121
Akklamation 11, 16, 42
Akkon 56, 60, 65, 97
Aktualität 114
Albe 30
Alemannen 14, 20
Allmende 77
Allodialgut 27, 83
Allodialisierungsprozess 27
Alpen 49, 104, 119
Anatolien 64
Antike 13, 18, 38, 115, 117 f., 121
Apulien 55
Aquitanien 17
Araber 13, 15, 56 ff., 115, 117
Arbeitsteilung 77, 79
Architektur 18, 121
Arianischer Glauben 13
Askanier 86
Aufklärung 122
Augsburg 37, 102, 104, 110 f.
Austrien 14
Awaren 16

Babenberger 85
Babylon 121
Bagdad 16, 60
Baltikum 104, 121
Bann 26, 43 f., 76
Bannbullen 61
Basileus 13, 38
Bayern 15 ff., 20, 35, 85
Befreiungskriege 125
Belehnung 19, 28, 40
Benediktinerregel 41
Beneficium 46
Bergen 112
Berlin-Cölln 113
Bevölkerungszuwachs 99, 104
Bibel 8, 65
Bildende Kunst 18
Bildnisdenar 16
Bischofseinsetzung *siehe* Investitur
Böhmen 39, 49
Bologna 52, 65, 117
Brandenburg 49, 113
Braunschweig 85, 106, 111
Bremen 111
Breslau 116
Bruderkriege 17
Brügge 112 f.
Burg 89 ff., 95 f.
Bürgerkämpfe 110
Burgfriede 121

Burgund 14, 34, 40, 46, 51
Byzanz 11, 38, 42, 61, 65, 122

Canossa 43
Cappenberger Portraitkopf 45
Castel del Monte 55
Charisma 14
Christentum 56 ff., 74, 115, 122
Christianisierung 39, 119
Cluniazensische Reform 41
Cluny 40 ff., 122
Codex Manesse 27, 92, 97
Cordoba 13

Dankwarderode 24
Decretale Venerabilem 47
Deutsche Bundesbank 116
Deutsch-Französische Achse 119
Deutsch-Französischer Krieg 128
Diaspora 61
Dictatus papae 32 f., 43
Dienstleistung 76
Dienstmann siehe Ministeriale
Dienstrecht 23
Diptychon 114
Dreifelderwirtschaft 77
Dreiständelehre 73, 78, 115

Ehelosigkeit siehe Zölibat
Einhardsannalen 18
Elbe 39, 104, 119
England 54, 86, 91, 115
Entdeckung Amerikas 113
Episkopat 28
Erbmonarchie 86
Erbrecht 14 f., 17
Erstein (Abtei) 23
Europäische Union 119
Evangelisten 29
Existenzsicherung 75
Expansion 14 ff., 39

Fahne 19, 22
Falkenbuch 54
Fälschung 52
Fehden 14, 115
Fernhandel 62, 65, 103, 112
Feudalgesellschaft 67, 75
Feuerprobe 48
Flächenstaat 83, 87
Flurzwang 77
Förderturm 121
Fränkische Reichsannalen 10
Frankreich 63, 86, 119
Französische Revolution 40, 119
Freiburg im Breisgau 100, 106, 122
Fronhof *siehe* Herrenhof
Fürstenhof 96

Fürstenopposition 43

Galizien 104
Gallien 14
Gelnhausen 84, 89
Gerichtsbarkeit 106
Germanen 7, 13 f., 115
Geschichtspropaganda 119
Gesta Francorum 59
Getto 62
Gewannflur 77
Gnesen 39
Gottesfriedensbewegung 42
Gottesurteil 48, 106
Grafschaft 25
Grafschaftsverfassung 16, 26, 35
Gran 39
Grundherrschaft 17, 22, 28, 42, 44, 68, 70, 72, 74 ff., 79, 87, 95 f., 106 f., 115
Grundholde 76

Hamburg 105, 111, 113
Hanse 99, 103, 111 ff.
Hansetag 112 f.
Hausmeier 8, 14, 24
Heereszug 27
Heerschildordnung 86
Heidelberger Liederhandschrift *siehe* Codex Manesse
Heiliges Land 56, 65
Heiliges Römisches Reich Deutscher Nation 125
Heiltumskammer 118
Herrenhof 76
Herrscherbild 29
Herzogtümer 15, 36, 39
Hofamt 8, 14, 24
Hofgericht 24
Hofkapelle 24, 28, 40
Hoftag 25, 36, 46
Hufen 70, 72, 76
Humanismus 18, 115
Hunnen 13
Hymnik 65

Ikonen 65
Insignien 30
Internationaler Karlspreis 119
Interpretation 114
Investitur 28 f., 31, 43 f.
Investiturproblem 29, 33 f., 43 f., 53, 84
Islam 13, 56 ff., 115
Italien 34, 49 ff., 64, 84, 117, 119
Italienpolitik 38, 45, 49 ff., 80, 85, 87
Itinerar 11

Jagd 89
Jerusalem 56, 59 f., 64 f.
Jiddisch 63
Juden 56 ff.
Judeneid 62
Judenfeindschaft 63
Judengassen 62
Judenknechtschaft 63
Judenverfolgungen 59 ff.
Jungfrauenspiegel 88

Kaiserkrönung 7, 9 ff., 24, 29 f., 36, 49
Kaiserslautern 89, 125
Kalifat 16
Kämmerer 8, 24
Kammerknechte 63
Kanzlei 25, 60
Kapitular von Herstal 21
Kapitularien 21, 25
Karolingische Minuskel 18
Karolingische Renaissance 18
Kaufmannsgilde 107
Kelten 121
Kirchengründer 35
Kirchengut 26
Kirchenorganisation 28
Kirchenrecht 44, 54
Kirchenreform 42 f., 54
Kirchenspaltung 29, 42, 61
Kirchenstaat 15, 37, 54
Kladderadatsch 129
Klosterreform 40
Knappe 95
Köln 86, 110
Kölner Königschronik 46
Kölner Weberschlacht 111
Kolonat 74
Kolonisation 49
Kommendation 75
Königsboten 26
Königsgut 14, 27
Königshof 8, 24
Königsumritt 20, 40
Königswahl 24, 40, 53
Konstantinische Schenkung 15, 52
Konstantinopel 13, 16, 53, 56, 64 f.
Kontore 112 f.
Koscher 62
Krakau 101
Kreuzfahrer 58 ff.
Kreuzfahrerstaaten 56 ff., 65
Kreuzzüge 56 ff., 97, 122, 126
Kriegsdienst 75, 96
Krönungsritus 11
Krummstab 30
Kulturtransfer 65
Kyffhausen 125 f.
Kyffhäuserbund 130
Kyffhäuser-Denkmal 124 ff.
Kyffhäuser-Mythos 51, 124 ff.

Laieninvestitur 43 f.
Laizismus 122
Landesausbau 86
Landesherrschaft 80, 87
Landfriedensordnung 87
Langobarden 9 f., 15
Lateinisches Kaiserreich 65
Laterankonzil 63
Lateranpalast 52
Lechfeld 37
Lehenswesen 21 f., 26 ff., 28, 43 f., 46, 53 f., 81, 85
Leibeigene 74
Literatur 18, 65, 98, 118
Liuthar-Evangeliar 29
Loire 13, 119
Lombardischer Bund 52
London 112
Lorsch 116
Lothringen 35, 40
Lübeck 81, 111 f., 116
Lüneburg 85
Luttrell-Psalter 78

Maas 13
Magdeburg 35, 39, 111
Mainz 39, 62
Mainzer Hoffest 88, 95
Mainzer Reichslandfrieden 87
Mannschaft 19
Marken 17, 25, 39
Markt 104 ff., 121
Marktfrieden 106
Massaker 65, 97
Massenmedien 117
Massentaufen 16
Medizin 66
Meier 76
Merowinger 7 f., 13 f., 75
Mesusah 62
Metropolitanverfassung 16
Metzer Annalen 9
Ministeriale 22, 27, 42, 74, 84, 86, 95, 107, 109
Minne 92 f., 98
Missionierung 7, 14 f., 28, 39
Mittelmeerraum 13, 119
Mundschenk 24, 31
Munt 76
Münzstätte 16
Musik 65, 97
Muslime 56 ff.
Nationalbewegung 125
Nationalgefühl 36
Nationalsozialismus 85, 116, 125
Nationenbildung 39
Neustrien 14
Nordhausen 126
Nord-Süd-Gegensatz 120
Normandie 17
Normannen 17
Nowgorod 112 f.
Nutzeigentum 76

Obereigentum 76
Oldenburg in Holstein 81
Ordinatio imperii 17
Orthodoxie 30, 61
Osmanen 65
Österreich 49
Ostfranken 20
Ostkirche 29
Oströmisches Reich 13, 56, 65 f.
Ostsiedlungsbewegung 104

Paderborn 31
Paneuropa-Bewegung 119
Papstwahl 37, 42
Paradies 8
Pariser Edikt 14
Patriziat 109
Personenverband 24
Personenverbandsstaat 26, 87
Pestepidemien 63
Petersdom 40
Pfalz 8 f., 24, 84, 106
Pilger 64
Pippinsche Schenkung 37
Pogrome 56, 59, 63
Polen 39, 101
Prekarie 26
Preußen 49, 128 f.
Privileg 62, 100, 106, 121
Provence 14
Prüm 70

Rabenmotiv 124
Ramadan 60
Reformkirche 44
Reformpapsttum 42
Regalien 28, 33, 42, 44, 52, 87
Regensburg 39
Regnum 43 f.
Reichsgroße 24 f., 36, 40
Reichsgründung 125, 128
Reichsinsignien 37, 40, 118
Reichskirchensystem 28 f., 37, 40, 44, 106
Reichskleinodien
siehe Reichsinsignien

Reichskrone 37
Reichstag siehe Hoftag
Reichsteilungen 7, 14 f., 17, 36
Reliquiar 45
Renaissance 18, 66
Renovatii Romani Imperii 38
Rhein 13, 15, 119
Rheinischer Städtebund 112
Rheinland 62
Ripuarier 20
Ritter 74, 79, 86, 88 ff., 95 ff.
Ritterschlag 95
Ritualmordbeschuldigungen 63
Rolandslied 22
Römisches Recht 53, 65
Römisches Reich 7, 13
Rota 63
Rothenburg 84
Ruhrgebiet 121
Russland 39

Saale 39, 104
Sacerdotium 43 f.
Sachsen 16, 20, 35, 38, 40, 85 f., 119
Sachsenspiegel 19, 25, 48, 57, 69, 86
Salland 76
Salzburg 125
Sarazenen 60
Schelde 13
Schisma *siehe* Kirchenspaltung
Schlacht von Poitiers 15
Schlacht von Soissons 13
Schlacht von Tertry 7, 14
Schlacht von Tours 15
Schlesien 49
Schleswig 106
Scholastik 115
Scholle 74
Schutzbrief 57
Schutzpflicht 7, 15
Schwaben 35
Schwäbischer Städtebund 112
Schwertleite 88, 95 f.
Seldschuken 64
Seneschall 24
Siebenbürgen 104
Simonie 42
Sizilien 49, 52 ff., 61, 87
Sklaven 8, 74
Slawen 36, 39, 104, 109, 118, 121
Sozialverfassung 8, 78
Spanien 13
Spätantike 13
Speyer 62
Spiritualia 44
Stab 30, 44
Städtebünde 111 f.
Stadtfreiheit 107, 121 f.
Stadtgründung 81, 84, 99 ff., 115, 121
Stadtrepubliken 51
Stammesherzogtum 29, 35, 85 f.
Stammlande 25
Ständebild *siehe* Dreiständelehre
Statutum in favorem principum 80, 82, 87
Stola 30
Straßburger Eide 12, 17
Straßburger Münster 62
Stupor mundi 55
Synagoge 62 f.
Synode von Rom 42
Synode von Sutri 42

Tagelied 94
Talmud 62
Taufe 7, 13
Temporalia 44
Territorialisierung 14, 26 f., 28, 41, 63, 80, 82 f., 86 f.
Thüringen 14, 84
Translatio imperii 122
Treue 27, 37 f., 86, 97
Trifels 125
Truchsess 24
Türken 56, 65
Turnier 89, 91, 96 f.

Umweltschutz 120
Ungarn 35 ff., 39, 104
Universalkirche 43
Unstrut 37
Unternehmen Barbarossa 85, 125
Urbanisierung 79, 99, 104
Urbar 70, 72

Vasallität 16, 19, 22 f., 25, 27 f., 35, 52, 86, 95 f.
Venedig 65
Verhaltensforschung 116
Vertrag von Meersen 7, 17
Vertrag von Ponthion 7, 15
Vertrag von Ribémont 7, 17
Vertrag von Verdun 7, 17
Vogtei 82, 100
Vogtland 84
Völkerwanderung 7, 13, 18, 74, 104

Wahlkönigtum 86
Wallfahrten 61
Wandbild 67, 99
Wanderkönigtum 24
Wappen 95
Wartburg 96, 98
Wasserprobe 48
Weltenchronik 46
Weser 119
Westfalen 86
Westgotenreich 13
Westkirche 29
Weströmisches Reich 7, 13, 18
Wik 106
Wikinger 36, 121
Wittelsbacher 86
Worms 62
Wormser Konkordat 29, 33 f., 44
Wormser Synode 43

Zeche 121
Zehnt 21
Zentralgewalt 27, 29, 35, 54, 82, 87
Zepter 19, 30, 44
Zölibat 28, 42, 117
Zunft 108 f., 111
Zunftzwang 108
Zwangstaufen 62
Zweigewaltenlehre 38
Zweischwertertheorie 38

Bildnachweis

Titel	Museo d`Art de Catalunya, Barcelona
S. 7	Deutsches Historisches Museum, Berlin, Foto: Arne Psille
S. 8	The British Library, London
S. 9	Archiv für Kunst und Geschichte
S. 11	Verlagsarchiv
S. 13	Bibliothèque Nationale, Paris
S. 14	Verlagsarchiv
S. 16	Münzkabinett der Staatlichen Museen, Berlin
S. 17	Verlagsarchiv
S. 18	Verlagsarchiv
S. 19	Universitätsbibliothek Heidelberg
S. 20	Verlagsarchiv
S. 22	Verlagsarchiv
S. 22	Bibliothèque Nationale, Paris
S. 24	Ullstein-Bild, Berlin
S. 25	Universitätsbibliothek Heidelberg
S. 27	Universitätsbibliothek Heidelberg
S. 28	Archiv für Kunst und Geschichte, Berlin
S. 29	Verlagsarchiv
S. 32	AKG, London
S. 35	Metropolitan Museum of Art, New York
S. 37	Kunsthistorisches Museum, Wien
S. 39	Verlagsarchiv
S. 40	Blüte des Mittelalters, Hrsg. Joan Evans, Droemer Knaur, München 1966, S. 69
S. 41	Verlagsarchiv
S. 43	Biblioteca Apostolica Vaticana, Rom
S. 45	Archiv für Kunst und Geschichte, Berlin
S. 46	Hessische Landesbibliothek, Fulda
S. 48	Universitätsbibliothek Heidelberg, Heidelberg
S. 51	Verlagsarchiv
S. 52	Verlagsarchiv
S. 54	Biblioteca Apostolica Vaticana, Rom
S. 55	Verlagsarchiv
S. 56	Real Biblioteca del Escorial, Welt und Umwelt der Bibel. Die Kreuzzüge, Stuttgart 2002: Kat.-Nr. 29.2
S. 57	Universitätsbibliothek Heidelberg
S. 59	Bibliothèque Nationale, Paris
S. 61	Verlagsarchiv
S. 62	Beth Hatefutsoth, The Nahum Goldmann Museum of the Jewish Diaspora, Tel Aviv
S. 64	Verlagsarchiv
S. 66	Burgerbibliothek Bern
S. 67	IMREA, Trient
S. 68	Verlagsarchiv
S. 69	Universitätsbibliothek Heidelberg
S. 73	Verlagsarchiv
S. 75	Bodleian Library, Oxford
S. 77	Verlagsarchiv
S. 78	AKG, British Library
S. 79	Archiv für Kunst und Geschichte, Berlin
S. 80	Städtisches Museum Göttingen, Foto: Hans Starosta
S. 81	Rathaus Lübeck, Foto: Herbert Jäger, Badendorf
S. 84	Verwaltung der Staatlichen Schlösser und Gärten, Bad Homburg
S. 85	Braunschweigisches Landesmuseum, Foto: Ingeborg Simon
S. 88	Kestner-Museum, Hannover
S. 89	Stadt Bozen
S. 92	Universitätsbibliothek Heidelberg
S. 95	Archiv für Kunst und Geschichte, Berlin
S. 96	Deutsche Presse-Agentur, Frankfurt
S. 97	Universitätsbibliothek Heidelberg
S. 99	Baugeschichtliches Archiv, Zürich
S. 101	Preußischer Kulturbesitz, Berlin
S. 103	Verlagsarchiv
S. 104	Archiv für Kunst und Geschichte, Berlin
S. 105	Preußischer Kulturbesitz, Berlin
S. 109	Kunsthistorisches Museum, Wien
S. 110	Verlagsarchiv
S. 111	Verlagsarchiv
S. 113	Preußischer Kulturbesitz, Berlin
S. 114	Jörg Frank, Köln
S. 116	Edition Gaud
S. 117	Cinetext, Frankfurt
S. 118	Germanisches Nationalmuseum, Nürnberg
S. 120	Westfälisches Industriemuseum, Dortmund/Thomas Stachelhaus
S. 124	Archiv für Kunst und Geschichte, Berlin
S. 127	Deutsche Presse-Agentur, Frankfurt
S. 128	Verlagsarchiv

Trotz entsprechender Bemühungen ist es uns nicht in allen Fällen gelungen, den Rechtsinhaber ausfindig zu machen. Gegen Nachweis der Rechte zahlt der Verlag für die Abdruckerlaubnis die gesetzlich geschuldete Vergütung.